HEYNE
BÜCHER

Vom gleichen Autor erschienen außerdem
als Heyne-Taschenbücher

Letzte Station Camp 7 · Band 839
Kein Vaterland · Band 901
Faustrecht · Band 937
Gott schläft in Masuren · Band 981
Held im Turm · Band 998
Mit diesen meinen Händen · Band 5028
Kameraden · Band 5056
Die Wölfe · Band 5111
Aufstand der Soldaten · Band 5133
Fabrik der Offiziere · Band 5163
Wir nannten ihn Galgenstrick · Band 5287
Aufruhr in einer kleinen Stadt · Band 5335
Kultura 5 und der rote Morgen · Band 5403
Die Nächte der langen Messer · Band 5479
Der unheimliche Freund · Band 5525

HANS HELLMUT KIRST

EINE FALLE AUS PAPIER

Roman

Originalausgabe

WILHELM HEYNE VERLAG
MÜNCHEN

HEYNE-BUCH Nr. 5808
im Wilhelm Heyne Verlag, München

Genehmigte, ungekürzte Taschenbuchausgabe
Copyright © 1981 by C. Bertelsmann Verlag, München
Printed in Germany 1981
Umschlagfoto: Bavaria-Verlag, Bildarchiv, München
Umschlaggestaltung: Atelier Heinrichs & Schütz, München
Gesamtherstellung: Ebner Ulm

ISBN 3-453-01270-4

INHALT

1. Teil
DIE VERSUCHUNG ZUR WAHRHEIT
Erste Vorgänge
SEITE 7

2. Teil
DIE VERMUTETE WAHRHEIT
*Die entscheidenden Passagen des
Manuskriptes ›Das Hagen-Komplott‹ –
erstellt von Herbert Klinger*
SEITE 95

3. Teil
DIE WAHRHEIT DER ANDEREN
Unvermeidliches Finale
SEITE 237

1. Teil

DIE VERSUCHUNG ZUR WAHRHEIT

Erste Vorgänge

Rechtsanwalt Dr. Konrad Dreher, fünfundvierzig Jahre alt, Spezialist für Urheberrecht, Verlagsverträge, Verwertung und Nutzung literarischer, musikalischer sowie filmischer Produkte, galt als sachliche, unparteiische Persönlichkeit. Zu seinen zahlreichen Mandanten gehörten sogenannte links-progressive Autoren ebenso wie betont konservative Kulturschaffende. Sie alle betreute er völlig vorurteilsfrei. Wie er durchaus glaubwürdig versicherte, war ihm daran gelegen, dem schöpferischen Geist den nötigen Freiheitsspielraum zu bewahren.

Das geschah wohl in Kenntnis dieser Tatsache, als sich ein Mann namens Herbert Klinger an ihn wandte, indem er ihm ein Manuskript zusandte, das mit den folgenden Worten begann:

»Über alle Fernschreiber sollte es ticken: Kurt Warnemann, Chefredakteur des ›Münchner Kurier‹, ist ein SAUKERL, ein SAUKERL, ein SAUKERL!«

1

Auf dem Schreibtisch des Berichterstatters der nachfolgenden Vorgänge landete – irgendwann in den ersten naßkalten Wintertagen des vergangenen Jahres – ein noch unfertiges Manuskript; ein Romanentwurf, der auf wirklichen Vorkommnissen basierte. Daran war an sich noch nichts Ungewöhnliches.

Der Verfasser dieses Fragmentes, das sich bereits beim ersten Durchblättern als höchst brisant erwies, war indes kein ganz Unbekannter. Bis vor kurzem war Herbert Klinger noch Journalist in München gewesen. Er durfte als ein überaus begabter, wenngleich nicht ungefährlicher Mann gelten. Nicht ungefährlich auch für seine eigene Person, wie sich hiermit herausstellte.

Das hierbei vorgelegte Material, von seinem Verfasser mit dem Titel »Das Hagen-Komplott« versehen, beschäftigte sich mit reichlich fragwürdigen Ereignissen, die noch vor wenigen Wochen erhebliches Aufsehen erregt hatten. Jedoch nur vorübergehend. Gerade in diesem Falle schien der sogenannten »Öffentlichkeit« erheblich daran gelegen zu sein, die Dinge alsbald der Vergessenheit anheimfallen zu lassen.

Das nicht zuletzt, da der Eindruck vermittelt wurde, es handle sich um peinliche politische Machenschaften. Von Heinz Heribert Hagen jedenfalls, jenem Mann, der im Mittelpunkt dieser Affäre stand, hatten sich die führenden Leute seiner Partei alsbald distanziert, behutsam und mit »ehrlichem Bedauern«; wie sie erklärten. Dabei wiesen sie einen möglichen Verdacht im Brustton der Überzeugung weit von sich, sie hätten es bei dieser Gelegenheit unternommen, einen ihnen unbequem gewordenen Mann endlich loszuwerden. Allein um das »Prinzip« sei es ihnen gegangen, um die Erhaltung »wahrer Werte«, um »die Wahrung der Demokratie«.

Zugleich versicherten die eingeschworenen Gegner des Heinz Heribert Hagen ebenfalls, diese Vorgänge mit »ehrlicher Bestürzung« und nicht ohne »tiefes Bedauern« zur Kenntnis zu nehmen. Doch Gerechtigkeit wäre nun einmal unteilbar; und eine »gewisse Vergangenheit« dürfe nicht »unter den Teppich gekehrt werden«. Eben auf die Wahrheit käme es an.

In dem Begleitschreiben zu seinem Manuskript versicherte mir Herbert Klinger: »Ich bin überzeugt, hiermit ganz entscheidende Materialien gesammelt zu haben. Und zwar für die Aufdeckung der bisher weithin unbekannt gebliebenen Hintergründe dieser Vorgänge. Diese wurden eilfertig verfälscht, manipuliert, vernebelt! Und ich, für meine Person, wurde in diesem Zusammenhang offenbar ganz gezielt kaltgestellt, abgeschoben, zum Schweigen gebracht! Doch eben das zu klären, Herr Rechtsanwalt, könnte Ihnen gelingen. Darauf hoffe ich; voller Vertrauen auf Ihre Fähigkeiten, auf Ihre Verbindungen, die Sie in dieser Stadt besitzen. Ich bitte um Ihren juristischen Beistand.«

Woraufhin folgende Aktennotiz von mir für meine Anwaltsunterlagen, meine Mitarbeiter, fixiert wurde:

A) Herr Herbert Klinger wird von unserer Kanzlei juristisch betreut; eine Einigung über ein diesbezügliches Honorar, sowie Verfahrensfragen, vorausgesetzt. B) Von den uns von Herbert Klinger angebotenen Unterlagen sind zunächst drei Kopien anzufertigen, zu numerieren und zu registrieren. C) Vorbeugende, juristisch absichernde Nachforschungen werden allein von mir vorgenommen. D) Über diese Vorgänge ist eine Aktensammlung anzulegen, die jedoch niemandem, ohne mein persönliches, schriftliches Einverständnis, zugänglich gemacht werden darf. Diesbezügliche Auskünfte werden ausschließlich von mir erteilt.

Soweit die ersten, durchaus geboten erscheinenden Maßnahmen. Was sich danach ereignete, mutete wie ein Erdrutsch an. Wobei das Fatale war: Das hätte ich voraussehen müssen!

2

Gleich die ersten Sätze in dem Manuskript des Herbert Klinger mit dem Titel »Das Hagen-Komplott« mögen durchaus als frappierend erscheinen. Doch unüblich ist ein derartig frontaler Überrumpelungsversuch nicht. Nicht bei effektsicheren Schriftstellern.

Dennoch mußten diese Formulierungen auf potenzielle Leser wirken wie ein ganz gezielter Keulenschlag:

›Über alle Fernschreiber sollte es ticken: Kurt Warnemann, Chefredakteur des ›Münchner Kurier‹, ist ein SAUKERL, ein SAUKERL, ein SAUKERL!‹

In diesem Manuskript wurde denn auch geradezu versessen wiederholt, welch schurkische Handlungsweisen sich jener betreffende Warnemann habe zuschulden kommen lassen. Aber auch andere hätten sich dabei die Hände schmutzig gemacht. ›Und die gedenke ich nun alle beim vollen Namen zu nennen‹, schwor der Autor.

Der Berichterstatter bat dann diesen zu seiner ersten Unterredung in seine Kanzlei am Marienplatz.

Dabei sah er sich einem relativ jungen Manne gegenüber; glattrasiert, mit knabenhaften Gesichtszügen und überraschend kindhaft neugierigen Augen. Ein erster Eindruck, der täuschte – denn dieser Dreiunddreißigjährige sollte sich als überaus hartnäckig, entschlossen und kompromißlos erweisen. Als der Typ des Jägers!

»Sie übernehmen also die Vertretung meiner Interessen, Herr Rechtsanwalt«, stellte er einleitend fest.

»Sofern Sie meine Bedingungen akzeptieren, Herr Klinger.« Und die wurden ihm nun genannt: »Ich alleine treffe sämtliche Entscheidungen, führe die Verhandlungen, gebe Auskünfte. Fortan bin ich Ihr Sprachrohr.«

»Sie halten also dieses Manuskript für verwertbar«, konstatierte Klinger ebenso wach wie selbstsicher. »Dann akzeptiere ich Ihre Bedingungen, Herr Rechtsanwalt.«

»Abgemacht, Herr Klinger. Wir werden diesbezügliche Details noch schriftlich festlegen, außerdem werden Sie mir eine ziemlich umfassende Vollmacht erteilen. Doch nun lassen Sie uns methodisch vorgehen. Sie scheinen sich da in erster Linie auf diesen Warnemann konzentriert zu haben. Überzeugung allein reicht jedoch nicht aus – ausschließlich auf beweisbare Tatsachen kommt es an.«

»Soviel weiß ich bestimmt: Von allen in diesem Falle in Erscheinung getretenen schäbigen Charakteren war Warnemann der schlimmste. Der hat so gut wie alle Schlechtigkeiten ausgeheckt und vorangetrieben; ohne Rücksicht darauf, ob Existenzen gefährdet, moralische Werte verletzt, die Ehre anderer angetastet wurde. Ja, es kam ihm nicht einmal auf Menschenleben an.«

Klinger fuhr dann weiter unbeirrbar fort: »Doch die wohl größte Infamie dabei war: Er versuchte sodann diesen ganzen von ihm aufgestapelten Dreck mir anzulasten! Allein mir! Damit aber brachte er mich nicht nur um meinen Job, sondern auch um meinen guten Ruf als Journalist. Er drohte darüber hinaus, mich vor Gericht zu zerren. Und das alles nur, um seinen ganz erheblichen Anteil an diesem ›Hagen-Komplott‹ zu vertuschen; wohl auch, um damit diverse Hintermänner, dabei solche von einiger Prominenz, aus der Schußlinie zu bringen.«

»Das alles klarzulegen, Herrr Klinger, das durchzuziehen, bin ich bereit«, wurde ihm versichert. »Wobei ich wohl nicht anzunehmen habe, daß Sie keinen sonderlichen Wert auf einen spektakulären Prozeß legen?«

»Ich bin schließlich kein Krösus, der sich diverse Gerichtsinstanzen leisten kann; wie etwa ein Zeitungskonzern, bei dem sich derlei unter ›Spesen‹ abbuchen läßt. Was ich will ist dies: Dieses Buch sollte möglichst wirksam präsentiert werden!«

»Werden wir machen – zu machen versuchen, Herr Klinger.«

»Wobei ich ganz bewußt in Kauf nehme, daß dieser Warnemann und seine Helfershelfer nicht davor zurückschrecken werden, mich als ›Provokateur‹ zu bezeichnen; als ›bedenkenlosen Revolverjournalisten‹ oder ›hemmungslosen, sensationsgierigen Intriganten‹. Vielleicht auch als ›kommunistisch Infizierten‹ oder als ›Faschisten‹.

Was alles nicht stimmt! Und was ich hiermit, eben durch dieses Buch, zu beweisen beabsichtige. Das von mir zusammengetragene Material – wohl noch zu ordnen, zu ergänzen, zu untermauern – dürfte ausreichend klarmachen, wo hier die wahren Schuldigen zu finden sind.

Dies gedenke ich festzunageln!«

3

Hierzu eine erste Stellungnahme des Chefredakteurs des ›Münchner Kurier‹, Kurt Warnemann, dem Berichterstatter gegenüber:

Der Ort: das geräumige, doch verwinkelt anmutende Büro des Zeitungsmachers, dessen Schreibtisch sich in einer Fensternische befand. Zahlreiche, sehr verschiedenartige Sitzgelegenheiten waren aufgestellt. Im offenen Nebenraum gruppierten sich Stühle um einen niederen Großtisch. Hier pflegten – Beginn Punkt elf Uhr – die täglichen ›Redaktionskonferenzen‹ stattzufinden. Diese dauerten selten länger als eine Stunde und stellten, nach Ansicht von Klinger, reine ›Befehlsempfänge‹ dar.

Im Augenblick waren hier anwesend: Chefredakteur Warnemann sowie ich, sein Besucher, Rechtsanwalt Dreher, als Rechtsvertreter ersterem gewiß hinreichend bekannt.

Und als solcher versuchte ich nun erstmals, das mir zugespielte Material zum ›Hagen-Komplott‹, soweit möglich, abzuklären, zu ergänzen, zu fundieren. Wir sahen einander lange prüfend an.

Ein tiefschwarzer, stark duftender Kaffee wurde von einer recht ansehnlichen Sekretärin serviert. Wir nahmen ihn beide ohne Zucker und Milch – das durfte als erste vielversprechende Gemeinsamkeit gewertet werden. Die Frage war: würden weitere Übereinstimmungen folgen?

Schließlich ergriff Warnemann in verständnisvollem Ton das Wort: »Verehrtester, diese Vorgänge, den Fall Hagen betreffend, sind doch wohl bereits Vergangenheit.« Immerhin war es erst einige Wochen her, als sich ›diese Vorgänge‹ ereignet hatten. »Daß man versucht, eine derartig kalte dicke Brühe noch einmal aufzuwärmen, verwundert mich. Vor allem bei einer Persönlichkeit wie der Ihren.« Er ließ ein ›Ihres Ranges‹ zwar unausgesprochen, dennoch deutlich durchklingen. »Wie kommt es dazu?«

»Ich halte es für angebracht, Herr Warnemann, mit offenen Karten zu spielen. Sie werden gewiß erkennen, warum – früher oder später. Ich kann dabei nur hoffen: nicht zu spät.«

»Was, bitte«, reagierte Warnemann prompt, »gedenken Sie mir denn anzubieten?«

»Zunächst – so gut wie nichts. Was sich da in meinem Besitz befindet, muß erst noch nachgeprüft werden. Jedenfalls haben mich Unterlagen erreicht, in denen Behauptungen vorgebracht werden, die nicht so einfach vom Tisch zu wischen sind. Ihnen muß nachgegangen werden. Nicht zuletzt deshalb, um zu vermeiden, daß womöglich weiteres Porzellan zerschlagen werden könnte, bin ich hier.«

Chefredakteur Kurt Warnemann war nicht nur ein geistig überaus beweglicher, sondern auch äußerlich gepflegt wirkender Mann; vom Typ derer, die durch modische Magazine als ›elegante Fünfziger‹ geistern. Dementsprechend wirkte sein Lächeln nun so, als habe er für eine Zahnpastareklame die Zähne zu entblößen. Seine Stimme verlor jedoch nichts von ihrer leicht monotonen Höflichkeit – eine Verhaltensweise, die sich wie sorgfältig einstudiert ausnahm.

»Doch nicht etwa schon wieder dieser Klinger? Hat der denn immer noch nicht genug?« Er wartete etliche Sekunden lang auf eine Antwort. Als diese ausblieb, glaubte er sich dessen sicher zu sein: Klinger steckte dahinter. Ein Umstand, der ihn nicht gleichgültig ließ.

»Kaum zu glauben, was sich dieser Mann alles leistet. Haben wir dem denn nicht sein schmutziges Handwerk gelegt – und das gleich so überzeugend, daß ihm gar nichts anderes übrig blieb, als kläglich die Flucht zu ergreifen? Doch nun traut er sich wieder aus seinem Schlupfwinkel – und ausgerechnet zu Ihnen! Das ist ja nicht ohne Komik!«

»Sollte ich Ihnen wie ein Komiker vorkommen, Herr Warnemann?«

»Aber nicht doch, Herr Doktor – bitte, mißverstehen Sie mich nicht! Sie sind ein hochangesehener Anwalt, wenn auch leider nicht, *noch* nicht, für uns tätig. Doch gerade Ihnen dürfte klar sein, worauf es ankommt.«

»Auf eine einwandfreie rechtliche Klärung der an mich gelangten Unterlagen.«

»Genau – und zwar jene dieses Herbert Klinger! Wobei es einem Experten wie Ihnen sicherlich nicht schwergefallen sein dürfte, zu erkennen: Der hat sich im Falle Hagen maßlos übernommen; der war und ist – wie sich zeigt – völlig unbedenklich in der Wahl seiner Mittel. Seine nahezu krankhaft zu nennende Selbstüberschätzung müssen Sie, gerade Sie, doch wohl durchschaut haben.«

»Vermögen Sie mir diese Ihre Behauptungen ein wenig näher zu erklären, Herr Warnemann?«

Der nickte zustimmend. »Da Sie es sind, gerne. Doch lassen Sie mich Ihnen zunächst dieses versichern: Es hat durchaus Zeiten gegeben, da ich diesen Herbert Klinger nicht nur geschätzt, sondern geradezu gefördert habe. Ein Umstand, den ich heute bedauere.«

Woraufhin Chefredakteur Warnemann sich nach links unten neigte, um eine seiner Schreibtischschubladen zu öffnen. Dieser entnahm er einen signalroten Aktenordner, den er vor sich hinlegte.

Mit einer gewissen Feierlichkeit schlug er diesen sodann auf. Eine Anzahl Zeitungsausschnitte, etwa zwei Dutzend, kamen zum Vorschein.

»Herbert Klinger«, erklärte er nicht ohne demonstrative Würde, »durfte zunächst als vielversprechender Reporter gelten. Ihm gelang bisweilen etwas, was in unserem Metier nicht oft anzutreffen ist: selbst schwierige Vorgänge klärend zu vereinfachen. Eine Fähigkeit allerdings, die niemals bedenkenlos ausgenutzt werden darf – sie könnte sonst sehr gefährlich werden.«

»Heißt das: Klinger *war* gefährlich?«

»Das zu sagen ist berechtigt – nach allem, was geschehen ist. Allerdings bin ich, leider – wie ich Ihnen gegenüber ganz offen bekenne – an dieser Entwicklung nicht ganz unschuldig. Ich bin stets um Großzügigkeit, um Verständnis bemüht, suche Nachsicht walten zu lassen. Doch eben das mag – diesem Klinger gegenüber – ein beklagenswerter Fehler gewesen sein, den ich mir kaum verzeihen kann. Denn selbst ich vermochte ganz einfach nicht zu erahnen, zu erkennen, was da auf mich, auf uns, zukam. Durch ihn.«

»Doch als Sie es dann merkten, dies wollen Sie mir wohl damit suggerieren – war es bereits zu spät.«

»Nicht ganz. Denn es gelang mir, wohl gerade noch im letzten Augenblick, herauszufinden, was da gespielt werden sollte, versucht worden war.«

»Eine Art – Inspiration, Herr Warnemann?«

»Nichts dergleichen! Sagen wir vielmehr: Beobachtungsgabe, Deduktionsvermögen, Wachsamkeit. Als ich erkannte, in welchem Maße Klinger geistig gefährdet war – mithin also gefährlich zu werden drohte – fühlte ich mich alarmiert. Ich begann, seine Arbeitsweise zu überprüfen, seinen Artikeln meine besondere Aufmerksamkeit zu schenken.«

»Mit Erfolg, nehme ich an – aus Ihrer Sicht?«

»Mit einem absolut frappierenden Ergebnis!« Warnemann wies auf die seinem Besucher zugeschobenen Artikel. »Daraus können Sie sich selbst ein Urteil bilden. Sie brauchen dieses Material nur durchzusehen. Ich stelle Ihnen, falls Sie es wünschen, Kopien davon zur Verfügung.«

»Und zu welchem Ergebnis, meinen Sie, könnte ich nach deren Lektüre kommen?«

»Zu einem unbezweifelbar eindeutigen, Verehrtester! Denn ich glaube zu wissen, daß Sie ein Mann der Realitäten sind. Mithin werden Sie erkennen, daß sich aus diesen auf den ersten Blick recht gut recherchiert erscheinenden Reportagen des Herbert Klinger dennoch etwas recht Bedenkliches ergibt: Der arbeitete mit Mutmaßungen, Andeutungen, sogar Verdächtigungen – und dies nicht nur zwischen den Zeilen. Der begann sich mit seinen verschwommenen Gedankengängen selbständig zu machen, alsbald sogar seine eigene Politik zu betreiben.«

»Was Ihnen, so nehme ich an, gar nicht gefiel.«

»Was mir keinesfalls gefallen konnte, nicht gefallen durfte! Denn schließlich bin ich für eine höchst angesehene Tageszeitung verantwortlich. Eine Zeitung, die sich um eine gewisse Neutralität bemüht, um Überparteilichkeit im demokratischen Sinne.«

»Was jedoch dieser Klinger, habe ich wohl anzunehmen, nicht einzusehen vermochte.«

»Nicht wollte! Der gefiel sich geradezu leichtfertig in Redensarten, als stünden wir unmittelbar vor einer neuen Auflage der Französischen Revolution. Er sympathisierte immer erkennbarer mit Zeitgenossen, die Marx oder Mao gelesen hatten, ohne derlei jedoch verdauen zu können. Er erlag humanistisch getarnten Forderungen, die in Wirklichkeit kommunistisches Gedankengut waren, gab sich entschlossen freiheitsbewußt und menschheitsbemüht – wodurch erfahrungsgemäß eine Menge Unsinn angerichtet werden kann. Was denn hier auch geschah.«

Einmal mehr, obschon bislang nicht offen ausgesprochen, schien der Name ›Hagen‹, und der damit verbundene Begriff ›Hagen-Komplott‹, gewitterwolkenähnlich im Raum zu schweben. »War das der Grund, Herr Warnemann, diesen Klinger unter Druck zu setzen? Ihn sodann sogar zu feuern?«

»Aber nein, nein – ich bitte Sie!« versicherte der Chefredakteur geradezu beschwörend. »Das mag Klingers Version sein. Doch eine derartige Verdächtigung entspricht keinesfalls meiner Verhaltensweise, unseren Mitarbeitern gegenüber. Dementsprechend habe ich auch immer wieder versucht, ihm ins Gewissen zu reden, ihm sozusagen goldene Brücken zu bauen.«

»Er behauptet jedoch das Gegenteil.«

»Was ihm ähnlich sieht! Ich jedenfalls habe ihm die Hand gereicht; doch er stieß sie, wie verblendet, zurück!«

»Er hat sie also enttäuscht?«

»Sogar *ge*täuscht! Er ließ sich völlig skrupellos, in skandalöser Weise, auf diese Vorgänge ein. Aber bald gab es nichts, wovor der zurückgeschreckt wäre.«

4

Aus dem vorgelegten Romanmanuskript des Herbert Klinger, von ihm mit dem Titel ›Das Hagen-Komplott‹ versehen. Das Anfangskapitel, mit der Überschrift: ›Erste Warnung‹.

Diese Großratte, Kurt Warnemann, hockte vor mir. Mich hatte er stehen lassen, was mich ihm jedoch in gewisser Weise überlegen machte. Oder ähnelte er mehr einer Schildkröte – mit seinem eingezogenen, faltigen Hals und den langsamen Bewegungen?

Ich wußte es nicht; damals noch nicht genau. Jedenfalls war ich bereit, einer Auseinandersetzung, auf die er es offensichtlich anlegte, nicht auszuweichen. Was er prompt erkannt zu haben schien.

Denn bevor ich noch dazu kam, dieser Großratte, oder hornalten Schildkröte im Chefredakteursessel meinen Standpunkt klarzulegen – oder eben das, was ich in diesem Stadium für meinen Standpunkt hielt – blinzelte mich dieses Reptil vorwurfsvoll an. »Versuchen Sie niemals, Klinger, mich mit heimlichen Fragwürdigkeiten zu konfrontieren; davor kann ich Sie nur warnen!« und so was mit fordernd forschen Tönen.

»Sie haben, Herr Chefredakteur«, erwiderte ich betont höflich, »in einigen meiner letzten Artikel Passagen gestrichen, die für mich sehr wichtig sind. Und meinen neuesten Artikel scheinen Sie sogar ganz unter den Tisch fallen lassen zu wollen. Warum?«

»Klinger«, kam es geradezu gelangweilt zurück, »wir sind, wie ich Ihnen wohl mehrfach erklärt habe, eine betont demokratische Zeitung – sehr freiheitlich eingestellt, doch zugleich von Verantwortungsbewußtsein beseelt. Und an sich habe ich gar nichts dagegen, wenn Sie Mißstände aufzuspüren suchen – so was fördert das Interesse der Leser.

Auch nicht etwa, daß wir hier irgendeine parteipolitische Richtung vertreten – dies würde unseren Aktionsradius, unseren Einflußbereich unnötig einengen.«

»Weshalb streichen Sie dann neuerdings in meinen Manuskripten herum? Und das speziell bei jenen Passagen, die sich mit aktuellen politischen Verwilderungen befassen?«

»Weil diese eben nicht ausgewogen genug sind – genauer gesagt: weil sie eine nicht unbedenkliche Eingleisigkeit besitzen. So etwa beschäftigen Sie sich in letzter Zeit, mit geradezu erklärter Vorliebe, mit jener kleinen Gruppe von jungen Leuten, von denen Sie behaupten: diese könnten Bewegung in unsere lokale, bereits erstarrte politische Landschaft bringen. Wie kommen Sie denn darauf?«

»Weil Sie mir, Herr Chefredakteur, eine Beschäftigung mit derartigen politischen Strömungen angeraten haben.«

»Das Wort *Strömungen*«, behauptete Warnemann entschieden, »habe ich in diesem Zusammenhang niemals gebraucht. Das sind doch höchstens Rinnsale, austrocknende Tümpel, Sumpfgebiete am Rande der Gesellschaft!«

»Denen ich nachspüren sollte.«

»Sehr richtig! *Nachspüren*! Doch was haben Sie getan? Sie versuchen diese Typen zu erklären, lassen Verständnis für sie erkennen, bekunden sogar indirekt Sympathie für diese wilden Haufen. Für diese Traumtänzer zwischen Marx und Mao, Blut und Boden, Grün und Rot!«

»Sogenannte Außenseiter, oder eben Sprachrohre von Minderheiten«, gab ich diesem Scheuklappenpolitiker zu bedenken, »sind niemals uninteressant.«

»Diese Leute sind jedoch nicht unsere Leser – und unsere Leser sind nicht deren erklärte Freunde. Das ist bewiesen.« Er spielte damit wohl auf Ergebnisse der letzten Meinungsumfragen an. »Freilich lebt eine Zeitung, mein Lieber, von gut gezielten Konfrontationen – doch eben die müssen die richtigen sein.«

Zu allem Überfluß lächelte Warnemann nun – was hieß:

er bleckte die Zähne. Das schimmernde, goldfunkelnde Gebiß stammte gewiß von einem erstklassigen Zahnarzt. Zwölftausend DM waren dafür ohne weiteres anzusetzen. Doch für diesen Burschen war eine solche Summe kaum mehr als ein Monatseinkommen. Für jemanden wie mich hingegen bedeutete eine derartige dentistische Glanzleistung mindestens zwölf Wochen harte Knochenarbeit.

Dann sagte er zu mir, als wäre ich nichts weiter als eine Wildlaus auf einer seiner Rosen – falls ein solcher Mensch überhaupt jemals Rosen züchtete: »Manchmal frage ich mich, nicht ganz ohne Sorge, wer, Klinger, glauben Sie hier zu sein? Eine Art Sittenrichter?«

»Ein Mitarbeiter unserer Zeitung, Herr Chefredakteur.«

»Sie sagen es, Klinger. Doch Sie brechen immer wieder aus! Was sollen denn etwa Ihre beständig versuchten Andeutungen über gewisse intime Verhältnisse einiger Politiker? Da kann ich Ihnen nur sagen: Menschenskind, lassen Sie Ihre Finger davon!«

»Ist es denn nicht erlaubt, zu fragen, wo Moral, Sauberkeit, ein Gefühl für Anstand und Würde bei jenen Menschen anfangen, die unsere Öffentlichkeit darstellen? Die zumindest für unsere Steuergelder verantwortlich sind?«

»Himmelherrgottnochmal, Klinger«, stöhnte Warnemann auf. »Sie wissen doch ganz genau, worum es hier wirklich geht! Wobei Sie niemals übersehen sollten, daß ich hier der weisungsberechtigte Chefredakteur bin. Klar?«

»Und von wem erhalten Sie Ihre Weisungen? Vom Herausgeber dieses Blattes – nicht wahr? Und der hält sich offensichtlich für einen jener Maßgeblichen in unserem Lande, die überzeugt davon sind, bestimmen zu können, was die jeweils freiheitliche Meinung zu sein hat.«

Nunmehr jedenfalls ähnelte Warnemann, tief in seinen Sessel hineingerutscht, tatsächlich einer Schildkröte, die sich in ihrem Panzer verkrochen hat. »Eine Einstellung, Klinger, die ich Ihnen in letzter Zeit zugetraut habe.«

»Wußte ich es doch, daß ich Sie damit nicht würde überraschen können.«

»Ebensowenig, Klinger, wie es wohl nun für Sie eine sonderliche Überraschung bedeuten wird, wenn ich Ihnen jetzt in aller Deutlichkeit, und möglicherweise zum letzten Male, dies eine sage: Allein von mir erhalten Sie Ihre Anweisungen; und diesen haben Sie nachzukommen. Dafür werden Sie honoriert. Ziemlich großzügig sogar. Was wollen Sie mehr?«

»Nun – ich würde ganz gerne wissen, Herr Chefredakteur, in welche offenbar ganz bestimmte Richtung Sie mich hineinzudirigieren gedenken.«

Zu erkennen, worum es derzeit in dieser Stadt ging, war wohl nicht sonderlich schwer. Da gab es Gruppierungen, die einen Machtwechsel erstrebten. Wie automatisch. Denn jene in eben dieser Stadt gerade dominierende Partei besaß eine gewisse Fragwürdigkeit – zumindest in den Augen des Herausgebers des ›Münchner Kuriers‹, eines sich stark ungemein jovial gebenden Mannes namens Theodor Stemmer. Aber damit auch, gleichsam wie automatisch, im Blickwinkel von dessen Chefredakteur. Wobei die politische Couleur jener betreffenden Partei keine sonderliche Rolle spielte; es reichte völlig aus, daß sich Stemmer von diesem Gesinnungshaufen übergangen, wie ausgeschaltet fühlte. Weshalb es für ihn beschlossene Sache war: diese Kerle mußten weg vom Fenster!

Um die Machtablösung dieser Partei zu erreichen, war jedes Mittel recht; oder eben angemessen. Bis eben auf eines: dem einen oder anderen Politiker sittliche Verfehlungen vorzuwerfen! Denn derartige Manipulationen vermochten, erfahrungsgemäß, gleich einem Bumerang zu wirken: Versuchst du unsere Morallosigkeit aufs Tapet zu bringen, bringe ich eure unter die Leute. Mithin: Hände weg – davon! Möglichst weit weg.

Daß jedoch dementsprechend am Klatsch interessierte

Zeitgenossen dennoch nicht zu kurz kamen, dafür sorgten diverse Boulevardblätter, von denen eines der Stemmer-Zeitungsgruppe gehörte. In den dabei ausgebreiteten Kolumnen wurde Privatestes enthüllt, Freß- und Kopulierungsgewohnheiten dargeboten, Schlafzimmergeheimnisse gelüftet. Diverse Selbstdarsteller und Lustgewinnler gaben sich bereitwillig dazu her – nur, um ihre Namen gedruckt zu sehen, die kaum jemanden, außerhalb dieser Stadt, bekannt waren. Sie jedenfalls zeigten sich wonnig bereit, sich jede erdenkliche geistige und körperliche Blöße zu geben. Womit wohl der Skandalbedarf diverser Leser völlig gedeckt war. Mithin also gar nicht notwendig, nun auch noch auf Politiker zurückzugreifen.

Und was nun diverse Minderheiten, hier auch noch existierende, betraf, so interessierten die ohnehin niemanden. Es sei denn, die machten Anstalten, ihre verschwommenen Veränderungsvorstellungen in Aufmüpfigkeit gegen ihre eigene Partei umzumünzen. Der dann diese bornierten profilierungssüchtigen Jungrebellen ganz schön zu schaffen machten.

Doch inmitten dieser fleißigen Fahnenschwinger, brütenden Systemveränderer, postengeilen Funktionären, gab es einen Mann, von dem allgemein angenommen wurde: Er sei wie ein Fels in der Brandung.

Auf den nun hinzuweisen, schien jetzt wohl angebracht – bei aller Vorsicht, doch mit der gebotenen Deutlichkeit. »Verstehe, Herr Chefredakteur, glaube zu verstehen. Offenbar – und da bin ich ziemlich sicher – sind Sie auf weit kapitaleres Jagdwild scharf. Und zwar – auf diesen Hagen.«

»Das, Klinger, haben Sie gesagt! Also – nicht ich. Doch immerhin, Sie könnten da nicht ganz unrecht haben. Denn: Je größer ein Einfluß, um so umfangreicher die Verpflichtung – zum Ausgleich, zur Verständnisbereitschaft, zur Gemeinsamkeit. Was aber bei diesem starren, eigensinnigen Mann nun wohl nicht mehr gegeben zu sein scheint.«

»Sie halten also Heinz Heribert Hagen für ein Hindernis? Für einen Hemmschuh jeglicher Entwicklung?«

»Nichts dergleichen habe ich behauptet. Das ist allein eine Ihrer Ideen, die Sie mir hier anbieten! Wohl basierend auf Ihre ganz speziellen Kenntnisse, diesen Hagen betreffend. Denn ich weiß, daß Sie den einigermaßen kennen.«

»Nicht nur einigermaßen, Herr Chefredakteur.« Das klang fast warnend. »Ich bin sehr oft mit Herrn Hagen zusammengewesen; auch mit dem zusammengestoßen, wenn Sie so wollen. Das zumeist im privaten Zirkel.«

»Mithin haben Sie sich, wie man gemeinhin zu sagen pflegt, in seinem Dunstkreis bewegt. Doch ich halte Sie für zu klug, um annehmen zu müssen, daß Sie seinen, wie es heißt, brillanten Geistesgaben erlegen wären. Denn bei Lichte besehen, besitzen dessen Äußerungen, zumindest für Menschen wie mich, etwas Oberflächlich-Effekthascherisches.«

»Dessen Gedankengänge vermochte ich mir nicht zu eigen zu machen – das allerdings ist richtig.«

»Auch haben Sie, so steht zu vermuten, nicht den geringsten Vorteil von diesen Begegnungen mit Hagen gehabt – einmal abgesehen von der einen oder anderen Information, die er Ihnen zukommen ließ. Aber Sie gehören weder seiner Partei an, noch hat der Ihnen irgendeinen gutbezahlten Posten verschafft; auch finanzielle Zuwendungen scheinen kaum wahrscheinlich.«

»Auch das ist richtig.«

»Na also, mein lieber Klinger! Da nun jedoch irgendeine Abhängigkeit, Ihrerseits, von Heinz Heribert Hagen nicht gegeben ist, akzeptiere ich Ihre Bereitschaft, diesen Menschen ein wenig genauer unter die Lupe zu nehmen. Wobei ich mir überaus positive Ergebnisse erhoffe – positiv in unserem Sinne.«

»Was aber dann, wenn ich mich weigern sollte?«

»Mein Lieber, das kann doch wohl nur ein Scherz sein!

Denn einen Auftrag von dieser bedeutsamen Größenordnung dürften Sie sich wohl kaum, eben als Vollblutjournalist, entgehen lassen. Nicht zuletzt, um unnötige Schwierigkeiten zu vermeiden.«

»Schwierigkeiten welcher Art?«

»Gleich mehrere, mein lieber Klinger – falls Sie unbedingt darauf scharf sein sollten. So etwa könnte ich Ihnen einige Wochen lang, bei einer großzügig bewilligten Garantiesumme, Zeit zum Nachdenken geben; eben darüber, was hier Ihre eigentlichen Verpflichtungen sind. Aber dann könnte ich Sie auch, falls Sie unbedingt darauf Wert legen sollten, unverzüglich feuern – auf die Straße setzen. Wollen Sie das?«

»Nein, nicht unbedingt. Doch immerhin, Herr Chefredakteur, erlaube ich mir zu bedenken zu geben, daß schließlich der ›Münchner Kurier‹ nicht die einzige Zeitung in dieser Stadt ist.«

»Doch keine andere dieser Zeitungen wird Sie aufnehmen. Denn diesbezüglich existieren interne Absprachen: keine Abwerbung, keine Übernahme von irgendwelchen fragwürdig gewordenen Mitarbeitern. Und das funktioniert, da ist man erklärt loyal. Sie werden also spuren, Klinger, kapiert? Es sei denn, Sie legen Wert darauf, in der Gosse zu landen – oder irgendwo tief in der Provinz.«

Dieser Kerl ließ mir einfach keine andere Wahl. Für ihn war die Angelegenheit bereits gelaufen. Das ondulierte Affengesicht Warnemann grinste mich leicht verächtlich an; dazu roch er wie die Parfümerieabteilung eines Warenhauses.

Wobei ich mich, voll aufgestauter Empörung, zu einer gewiß sehr unbedachten Bemerkung hinreißen ließ, die ich wohl alsbald ungemein zu bedauern haben sollte. Dennoch verschaffte sie mir die Genugtuung, zu erleben, diesen Lackaffen einige Sekunden lang verstummen zu sehen. Ein von mir überaus genossener Zustand.

Ich hatte nämlich zu ihm gesagt: »Erlauben Sie mir, Ihnen zu empfehlen, Herr Chefredakteur, dabei eine gewisse Ingrid Reiner nicht zu übersehen.« Bei der handelte es sich um eine mir einst sehr nahestehende Dame, die nun jedoch unserem Herausgeber, Stemmer, sehr ans Herz gewachsen war.

Eine Warnung, die Warnemann unverzüglich begriff. Doch die Folgerungen, die er dann daraus ziehen sollte, hatte selbst ich nicht voraussehen können.

5

Erste Auskünfte der Ingrid Reiner – dem Berichterstatter dieser Vorgänge gegenüber, dem auf Absicherung bedachten Rechtsanwalt Konrad Dreher.
Dessen Vorbemerkungen dazu:

Bei dieser Ingrid Reiner handelte es sich um ein weibliches Wesen von ungemein anziehender, dunkelsinnlich wirkender Schönheit. Sie besaß etwas sehr Münchnerisches; hätte wohl exakt in jene »Schönheitsgalerie« gepaßt, die einst der Bayernkönig Ludwig von den lieblichsten Töchtern seines Landes anfertigen ließ. Doch Ingrid Reiner war in Sachsen geboren.

Deren Geburtsdatum ist bekannt; doch wohl unnötig, das hier ausdrücklich zu erwähnen. Es sei denn, man wäre bereit, damit Ingrid Reiner gegenüber hohe Bewunderung zu bezeugen. Man hätte sie, wenn man sie vor sich sah, gut und gern für Mitte Dreißig gehalten; doch in Wirklichkeit war sie mindestens um zehn Jahre älter. Ihre durch und durch weibliche Erscheinung mutete überaus zeitlos an; auch wenn daran möglicherweise kosmetische Produkte erheblichen Anteil hatten.

Dabei besaß Ingrid Reiner Hüften, die wohl kaum als sonderlich zierlich zu bezeichnen waren. Diese wirkten vielmehr ausladend, oder eben einladend, da überaus schwungvoll gerundet. Und zugleich signalisierte ihr Busen eine prall-präsente Verlockung. Doch das wohl Bemerkenswerteste an dieser Person waren Mund und Augen – von großer, sanfter Eindringlichkeit; anziehend und verlockend zugleich.

Dabei besaß Ingrid ein ungemein sanft-anteilnehmendes Wesen. Sie war der wohl schönsten unter den Kunstgattungen ungemein zugetan – der gemütserhebenden Musik. Und das mit geradezu hingebungsvoller Naivität. Was jedoch nicht hieß, daß sie keine brauchbaren Musikkenntnisse, kein Urteilsvermögen besessen hätte. Vielmehr vermochte sie Haydn von Tschaikowski oder Verdi sehr wohl zu unterscheiden.

Über diese Ingrid Reiner hatte Herbert Klinger erstaunlich umfangreiche Materialien gesammelt. Und aus denen ging auch hervor, daß sie in sehr jungen Jahren geheiratet hatte; und zwar einen Mitarbeiter der lokalen Rundfunkstation, einen heiteren, musikalischen, amüsanten Menschen. Der wechselte sodann, was sich damals so anbot, zum Fernsehen hinüber; um alsbald auch dort, gleichfalls nicht unerfolgreich, für volkstümlichen Frohsinn zu sorgen.

Auch in seinem Privatleben schien er nicht ganz ohne Erfolg zu sein: Zeugte er doch mit seiner Frau eine Tochter. Sie lebten in einer Zweizimmerwohnung dahin.

Eine Existenz, die jedoch Ingrid Reiner keinesfalls voll zu befriedigen vermochte. Dessen war sich Herbert Klinger sicher. Das ergab sich, was er bereitwillig registrierte, aus so manchen Einzelheiten. Die sehnte sich! Aber – wonach? Nach wem? Ingrid selbst hätte das nicht zu sagen gewußt. Zunächst zumindest nicht.

In dem Romanmanuskript ›Das Hagen-Komplott‹ des

Herbert Klinger, tauchten drei sehr direkte Sätze über Ingrid Reiner auf. Und die sollten sich alsbald als geradezu entlarvend herausstellen. Wohl für beide gleichzeitig. Sie lauteten:

»Ingrid und lieben! Die liebte, wenn überhaupt, nur sich selbst; oder den damit möglicherweise zu erzielenden Gewinn. Und wohl allein deshalb ist ein großer Teil von dem zu erklären, was dann geschah.«

Nunmehr Ingrid Reiner zu mir, dem Berichterstatter: »Ich weiß wirklich nicht, beim besten Willen nicht, was man von mir für Erklärungen erwartet. Ich habe lediglich versucht, mein Leben zu leben! Und dabei, dessen bin ich sicher, habe ich niemals irgend jemanden bewußt herausgefordert, keinen irgendwie bedrängt, niemanden in Schwierigkeiten gebracht. Vielmehr bin ich stets, in jeder Hinsicht, um entgegenkommende Zurückhaltung bemüht gewesen.

Herbert Klinger ist ein Freund meines Mannes gewesen – durch den habe ich ihn kennengelernt. Ich fand ihn nicht unsympathisch, mochte ihn sogar, zunächst, sehr gern. Denn Herbert war voll der seltsamsten Ideen, vermochte die unglaublichsten Geschichten zu erzählen; und zwar so, daß sie glaubhaft erschienen. Er kannte, wie man gemeinhin zu sagen pflegt, Gott und die Welt.

Doch jeder möglichen Vermutung, in bezug auf intime Beziehungen zwischen ihm und mir, muß ich mit Entschiedenheit entgegentreten. Herbert und ich waren lediglich gute, sehr gute Freunde. Darum zumindest habe ich mich, ihm gegenüber, stets bemüht; solange nur dies irgendwie möglich war.

Zutreffend ist auch, daß er mich – ohne daß ich ihn irgendwie dazu aufgefordert hätte – mit Heinz Heribert Hagen bekannt gemacht hat. Eine Bekanntschaft, wie ich ehrlich gestehen muß, die mich nicht ganz unbeeindruckt gelassen hat – in geistiger Hinsicht. Denn Herr Hagen war, dies glaubte ich damals erkennen zu können, eine Art goethehafter Mensch; überaus belesen, äußerst musisch veranlagt, stets mir entgegenkommend verständnisvoll.

Mit ihm habe ich denn auch etliche Nächte in intensiven Gesprächen verbracht – ausschließlich in Gesprächen, was ich zu beachten bitte. Denn dessen erklärt elitäre, alsbald als nahezu starr zu bezeichnende Weltenschau wollte mir dann aber nahezu unmenschlich vorkommen. Wohl besaß er einen strahlenden Geist, doch diesem fehlte die Beschwingtheit der Seele. Eine Art Prinzipienreiter, bin ich versucht zu sagen, kam dabei zum Vorschein.

Herbert Klinger war es denn auch, der mir jene Begegnung vermittelte, die ich für meine Person als geradezu schicksalhaft bezeichnen möchte. Sie fand in einem französisch getönten Restaurant, dem Occam-Bistro, in Schwabing statt, und zwar – dieses Datum vergesse ich nie! – an einem Freitag, dem 13. Januar. An diesem Tag durfte ich einen Menschen kennenlernen, zu dem ich mich spontan hingezogen fühlte.

Theodor Stemmer war von einer alterslosen, nahezu jugenhaft anmutenden Schönheit; von noblem, höflichem, sehr einfühlsamen Wesen. Eine Begegnung, die für mein ganzes Leben entscheidend werden sollte.«

Zwischennotiz des Berichterstatters:

Diese Schilderung wurde, was das Datum und die Örtlichkeit betraf, von Herbert Klinger durchaus als zutreffend bezeichnet, wenngleich dieser, in seiner Beurteilung der Fakten, von der Meinung Ingrid Reiners erheblich abwich. Er stellte nämlich betont kühl und sachlich dieses fest:

›Bei Theodor Stemmer handelte es sich keinesfalls, wie behauptet, um einen sonderlich attraktiven Mann. Er wirkte eher verfettet und kurzatmig. Doch immerhin war er der Herausgeber des ›Münchner Kurier‹; dazu Besitzer weiterer Zeitungen, Druckereibetriebe, Papierfabriken. Der Umstand, daß er als millionenschwer zu bezeichnen war, verfehlte wohl seine Wirkung nicht – vor allem nicht bei einer Ingrid Reiner.‹

Nunmehr weiter Ingrid Reiner:

»Nichts von dem, was Theodor . . . besser gesagt: Herr Stemmer darstellte, war mir bekannt. Ich erblickte lediglich einen Menschen, zu dem ich mich sofort hingezogen fühlte. Denn dieser ritterlich-zuvorkommende Mann vermittelte mir, sozusagen vom ersten Augenblick an, das herrliche, mich überwältigende Gefühl: mit dem zu leben konnte es sich lohnen! Was dann auch geschah – mit nahezu feierlicher Bereitwilligkeit. Und mehr ist dazu wohl kaum zu sagen.«

Weitere Ansichten von Herbert Klinger:

»Selbstverständlich wußte Ingrid von Anfang an ganz genau, wer Theodor Stemmer war; was der darstellte, besaß. Ich hatte sie ja zuvor dementsprechend aufgeklärt. Dies allerdings, offen gestanden, nicht ohne hintergründige – bitte nicht: hinterhältige – Absichten.

Die ›sanfte Ingrid‹, wie sie genannt wurde, war schließlich alles andere als ein unbeschriebenes Blatt. Sie bumste ganz schön herum, falls sie sich etwas Besonderes davon versprach – außer Lustgewinn. Dieser war wohl bei ihr zweitrangig. Männer stellten für sie Sprossen auf einer Leiter dar, auf der sie immer höher zu kommen trachtete. Das mußte man wohl wissen.

Bei Stemmer ging sie, was ich erwartet hatte, sozusagen ›aufs Ganze‹. Der ›stand‹ auf sie – und wie! Den ›kochte‹ sie gewissermaßen ab – nach allen Regeln weiblicher Kunst. Sie vereinnahmte ihn vollkommen. Was mir an sich ja nur recht sein konnte.

Denn Ingrid im Intimbereich meines Zeitungszaren zu wissen, wollte mir überaus vielversprechend anmuten. Auf sie glaubte ich mich, zumindest einigermaßen, verlassen zu können. Schließlich waren wir ja gute Freunde; wir wußten eine stattliche Menge voneinander.

Hoffnungen, die trogen, die sich als ein Irrtum unter vielen Irrtümern herausstellen sollten. Vielleicht aber war dieser der schwerwiegendste, gefährlichste. Ein Umstand, der spät – viel zu spät – erkennbar wurde.«

6

Aus dem Romanmanuskript des Herbert Klinger:
ein weiteres der ersten Kapitel, das die Überschrift ›Die sogenannte Konspiration‹ trägt.

Das ›Café Großes Glockenspiel‹ mutete wie eine Verschwörerzentrale an – ausgestattet mit dickverglasten, abhörsicher wirkenden Bullaugenfenstern, abgeschirmten Nischen, versehen mit zwei Ein- und drei Ausgängen. Dieses ›Nest‹ befand sich ein wenig abseits des Münchner ›Karlsplatz‹, volkstümlich hier auch ›Stachus‹ genannt, gleich hinter dem Lenbachblock, sozusagen im Windschatten von Großbanken, Goetheinstitut, Filmtheatern, einem Autosalon und einer Antiquitätenhandlung im gehobenen Kaufhausstil.

Diesen Caféhausräumlichkeiten waren einst die verwegensten Möglichkeiten nachgesagt worden. Darin sollten sich Ost- und Westagenten Stelldicheins gegeben haben, um Nachrichten auszutauschen; ebenso Materiallieferanten, die auf Doppelgeschäfte aus waren; desgleichen amtlich bestallte Abwehrkräfte, die sich zwischen den »Fronten« bewegten. Doch das war einmal; war inzwischen so an die zwanzig Jahre her.

Denn inzwischen hatten sich diese Räumlichkeiten als viel zu beengt für diese Spielarten internationaler Beziehungen erwiesen. Nunmehr waren gewisse Spezialisierungen erfolgt, hatten sich Verlagerungen auf nicht allzu weit entfernte Plätze ergeben. So etwa fand jetzt der Ost-West-Austausch in der Schillerstraße beim Hauptbahnhof statt. Die internationale Industrienachrichtenbörse hatte sich in einem sogenannten ›Pub‹ beim Marienplatz etabliert. Während die Polizei- und Geheimspitzel, wohlwollend ›V-M‹, also ›Vertrauensmänner‹, genannt, den ›Viktualienmarkt‹ und dessen Umgebung bevorzugten.

Somit mutete denn das ›Café Großes Glockenspiel‹ alsbald wieder ziemlich ›normal‹ an. Gutbürgerlich münchnerische Gestalten bevölkerten es erneut. Dennoch besaß dieses Café auch jetzt noch eine Besonderheit. Da es fast genau im Schnittpunkt der drei großen Münchner Pressezentren lag – Sendlingerstraße, Bayerstraße, Schellingstraße –, wurde es auch weiterhin gelegentlich als internes Kommunikationszentrum benutzt.

Diesmal fand sich hier, wie von mir angeregt, Karl Peter ein. Ein mittelgroßer, kugelrund wirkender Mann von scheinbarer Gemütlichkeit. Seine blaßblauen Augen erinnerten an die von freßfreudigen Schweinen, oberflächlich betrachtet; es waren jedoch in Wirklichkeit die Augen eines Fuchses, dessen Jagd- und Verfolgungsinstinkt hellwach war. Auch seine sonore Biertrinkerstimme täuschte ungemein – denn er bevorzugte Champagner, diesen allerdings in unscheinbaren Wassergläsern.

Auch diesmal ließ ich ihm sein Lieblingsgetränk servieren. Peter betrachtete es versonnen, beroch es kennerisch, nahm sodann einen großen Schluck. Wonach er ohne zu zögern feststellte: »Das ist ein Pommery – nicht wahr?« Um unverzüglich wissen zu wollen: »Solltest du bei einer derartigen Ausgabe etwas Bestimmtes auf der Pfanne haben, Herbert?«

Er betrachtete mich blinzelnd – schätzte mich ab. Keinesfalls mißtrauisch, dafür hatten wir schon zu lange und oft auch erfolgreich miteinander gearbeitet. Eine gewisse Berechnung lag indes in seinem Blick.

Karl Peter war, wie man so sagt, ein ›freier Mitarbeiter‹. Und das nicht nur bei verschiedenen Zeitungen, sondern auch bei diversen Wochenblättern, Illustrierten und Magazinen von betont liberal-sozialistischem Charakter bis hin zu erklärt sexuell aufklärerisch getönten; Eigenschaften, die für ihn wohl eng zusammengehörten. Er war das, was in der Branche als ›großer Aufreißer‹ bezeichnet wird. Und das sogar mit sehr speziellen Qualitäten, von denen er wahrscheinlich nicht schlecht lebte. Er wucherte geschickt mit dem, was er aufspürte, was ihm zugetragen wurde, was er dann, zwecks Veröffentlichung, in die richtige Richtung lenkte; oder eben unter den Tisch fallen ließ. Es mußte sich nur lohnen.

»Sehr spezielles Material von einiger, dich gewiß interessierender Größenordnung, könnte ich dir anbieten«, suchte ich ihn zu locken.

Hierauf erfolgte mein Angebot in Stichworten: Ich konnte da einem Bürgermeister etliche Weibergeschichten anlasten, gekoppelt mit der Vergabe von Steuergeldern. Auch hätte ich einen Minister dieses Landes auf Lager, der verbilligte Landankäufe ermöglicht hatte, was einer indirekten Bestechung gleichkam. Sodann einen Parteiboß, einen höheren Gewerkschaftsfunktionär, einen Spitzenindustriellen – und bei allen dominierten die Weiber!

Wobei diese Palette von ›Freundinnen‹ über angebliche ›Lebensgefährtinnen‹ bis hin zu professionellen Spielgefährtinnen und Vorführdamen reichte. Und das bei angeblich liebenden Ehemännern und treusorgenden Familienvätern – so jedenfalls gaben sich diese Burschen in der Öffentlichkeit, wobei sie von Moral, Menschlichkeit und Nächstenliebe nur so tönten.

Diesbezüglich gesammelte Unterlagen schob ich Peter zu.

Dieser schien sie zu beriechen, wie ein Hund einen Knochen – mit scheinbar mäßigem Interesse; so raffiniert geschäftstüchtig war Karl, auch ›Carlos‹ genannt, stets. »Durchaus verwertbar«, stellte er sodann fest. Worauf er hinzufügte: »Was also praktisch heißt: Du selbst kannst diese Projekte nicht unterbringen. Bei dem geringsten diesbezüglichen Versuch hat man dich zurückgepfiffen – ja?«

»Stimmt«, bestätigte ich; schließlich war ihm nichts vorzumachen. »Du kannst die Unterlagen haben.«

»Bei welcher Gegenleistung?« wollte der prompt wissen.

»Was könntest du mir denn bieten, Karl?«

»Mann«, schnaufte der unwillig auf. »Du willst mir nicht gleich mit der Tür ins Haus fallen – was? Na gut, dann quatschen wir also zunächst einmal ein bißchen um diesen dikken Brei herum.

Wir jonglieren uns hier, eigentlich so gut wie permanent in dieser Stadt, von einer politischen Ablösungsphase in die nächste. Die eine Partei ›schafft an‹ – die andere will ›anschaffen‹; dabei versucht jeder jeden über den Löffel zu balbieren. Was nicht selten erhebliche Unruhe und Unsicherheiten schafft und damit jede eindeutig wirksame Nachrichtenversorgung erschwert.

Dabei bleibt zumeist nur kleinerer, alltäglicher Schweinskram übrig, mit dem sich dennoch bisweilen auch einiges anfangen läßt. Und du bist da nun wohl an eine ganz besondere Quelle herangeraten – und die solltest du nun mal sprudeln lassen. Für mich – da du selbst die wohl kaum in deine Flaschen füllen kannst. Schleime dich also aus!«

»Wovon redest du denn da, Mensch?«

»Nun – von wem denn sonst als von deiner Freundin Ingrid Reiner? Von deren besonderen Aktivitäten – die neuerdings sogar im Bereich deines Herausgebers Stemmer zum Tragen kommen, und zwar überaus wirksam, in geradezu frappierender Weise wirksam. Denn Stemmers Frau soll einen Selbstmordversuch unternommen haben – einen höchst wirksam unwirksamen. Doch eben darüber würde ich gern einiges mehr wissen wollen. Kapiert?«

»Das«, mußte ich überrascht bekennen, »ist mir neu!«

»Glaube ich dir nicht«, sagte Karl Peter mit Nachdruck. »Doch, nehmen wir einmal an, deine Behauptung stimmt, um so mehr sollten dich die diesbezüglichen Zusammenhänge interessieren. Und herauszufinden, was da wirklich gespielt wird, sollte gerade dir, über deine Ingrid, nicht sonderlich schwerfallen. Nun – wie steht's damit?«

»Könnte ich – zumindest versuchen. Aber das wären dann schon zwei Lieferungen an dich.«

Peter grinste mich freundschaftlich an. »Wir wissen schließlich beide ziemlich genau, was derartiges Material wert ist. Und zu entsprechenden Gegenleistungen bin ich ja auch durchaus bereit. Zumal ich mit ziemlicher Sicherheit zu wissen glaube, worauf du wirklich scharf bist.«

»Dir das zu erklären«, behauptete ich mit anlockender Vorsichtigkeit, »fällt mir ziemlich schwer.«

»Dann muß ich wohl versuchen, dir das ein wenig zu erleichtern, Herbert. Nach der gegenwärtigen machtpolitischen Konstellation in diesem Millionendorf, auf die dich dein Chefredakteur ganz gewiß aufmerksam gemacht haben dürfte, gibt es für ihn und seinen Herausgeber wohl nur eine einzige wirkliche Schwierigkeit: eben jenen Mann, der ihnen Schwierigkeiten macht; oder eben jederzeit machen könnte. Hagen nämlich. Denn der weiß eine ganze Menge von denen – und könnte bald noch mehr wissen.«

»Du glaubst doch nicht etwa«, rief ich mit gespielter Entrüstung aus, »daß ich, ausgerechnet ich, im Hinblick auf Hagen, irgendwie bereit wäre . . .«

Dieser behagliche, molchartig wirkende Mensch, drohte nun fast an seinem würgend-lautlosen Gelächter zu ersticken. Karl Peters Fettmassen schüttelten sich heftig. Er preßte sich die Hände auf den bebenden Bauch, um keuchend auszurufen: »Menschenskind – mußt du mich denn mit Gewalt zu belustigen versuchen! Mir kommen ja gleich die Tränen!« Was tatsächlich der Fall zu sein schien.

Unverzüglich suchte ich dies zu verhindern. »Also schön – nehmen wir einmal an, ich könnte tatsächlich, wie du glaubst, an einem gewissen Material über Hagen interessiert sein. Doch da muß ich dich zunächst einmal fragen: Könnte es denn sein, daß so was überhaupt existiert?«

»Ach, Mensch, was läßt sich denn nicht arrangieren!« Karl Peter, auch ›Carlos‹ genannt, reagierte mit erstaunenswerter Schnelligkeit; dabei ganz sachlich, wachsam, lauernd: »Nach dem bewährten Motto: wer sucht, der findet! So etwas muß zwar bei einem Hagen nicht gleich hundertprozentig hinhauen – aber selbst bei dem dürfte sich die eine oder andere Leiche im Keller aufspüren lassen, wenn man sich nur genug Mühe gibt.«

»Und du glaubst, so was liefern zu können?«

»Sozusagen Zug um Zug! Zunächst einmal vereinnahme ich dein Intimmaterial; in der Hoffnung, daß du mir noch diverse Details über den Selbstmordversuch der Stemmer-Frau liefern wirst. Dafür werde ich dir dann garantiert brauchbare Hagen-Unterlagen präsentieren.

Dabei muß ich allerdings ein paar geheime Quellen anzapfen. Und das dürfte immerhin einiges kosten. Sagen wir: möglicherweise so an die zehntausend Mark. Doch wenn dabei vielversprechende verwertbare Unterlagen zum Vorschein kommen, sollten sie deinem reizenden Chefredakteur diesen Betrag wert sein. Und angebrachter wäre es wohl, den auf fünfzehntausend Mark vorzubereiten – den dann verbleibenden Rest teilen wir unter uns auf. Einverstanden?«

Das war ich. Womit ein Abkommen erfolgt war, das dann zu fast schwindelerregenden Weiterungen führen sollte. Zu einigen nicht ganz unkomischen im übrigen auch.

7

Ein weiteres der ersten Kapitel aus dem Originalmanuskript ›Das Hagen-Komplott‹, verfaßt von Herbert Klinger. Dieses trug die Überschrift: ›Eine merkwürdige Erkenntnis‹.

Ingrid Reiner empfing mich in ihrer Wohnung. Das geschah nach einigen Ausweichversuchen ihrerseits, die sich
indes als vergeblich erwiesen. Ihre Adresse lautete: Berliner Straße. Dort bewohnte sie ein Apartment im mittleren
Stockwerk: zwei Zimmer, Küche, Bad.

Darin herrschte eine fernsehreklamehaft geprägte
›Wohnkultur‹ vor: dick ausgelegte Fußböden in satten
Braunfarben; mit großblumigen Tapeten bedeckte Wände;
dekorativ herabwallende Vorhänge in Waschmittelweiß.
Dies alles betrachtete ich mit prüfender Ausdauer, wortlos,
nicht ohne Provokation – was Ingrid, erwartungsgemäß,
leicht nervös machte.

»Hier lebst du nun also«, stellte ich sodann fest. »Gar
nicht einmal schlecht! Aber dennoch wohl noch nicht gut
genug – nicht deiner derzeitigen Position angemessen.
Man unterbewertet dich doch nicht etwa, Mädchen?«

»Sag so etwas bitte nicht!« forderte Ingrid ziemlich bestimmt. Was bei ihr, dem ansonsten so überaus sanft und
ergeben wirkenden Wesen, ein geradezu staunenswerter
Fortschritt war. »Versuche nicht, sarkastisch zu werden,
Herbert. Ich weiß sehr wohl, daß ich dir die Begegnung mit
ihm zu verdanken habe. Doch bisher ist noch nichts wirklich Entscheidendes geschehen. Alles ist wie ein Übergang.
Keinesfalls irgendwie fragwürdig, aber noch nicht endgültig.«

»Wie habe ich das zu verstehen, Ingrid?«

»Ich habe meinen Mann verlassen, wie du wohl weißt.«

»Woher soll ich das denn wissen?« Ich gab mich leicht indigniert; so, als habe man mein Vertrauen mißbraucht. »Davon hat mir dein Mann nichts gesagt. Und von dir erfahre ich das erst jetzt; quasi wie nebenbei.«

»Weil eben noch nichts endgültig ist! Nur wohl dies steht zunächst fest: Ich vermochte nicht mehr mit meinem Mann zusammenzuleben – was wohl keine Überraschung ist; zumindest nicht für dich.« Das erklärte Ingrid durchaus überzeugt, auch nicht ganz unüberzeugend. »Ich habe mich schon immer, und das weißt du, nach einem Menschen gesehnt, der mich versteht; der bereit ist, mich zu lieben – vorbehaltlos.«

»Stellst du dir das nicht ein wenig zu einfach vor?«

Nun wollte mir Ingrid vorkommen wie ein aufgescheuchtes Huhn. »Überhaupt nicht«, versicherte sie aufgebracht. »Ich glaube jetzt endlich zu wissen, was ich wirklich will. Versuche Verständnis dafür zu haben. Denn ich wünsche mir nichts so sehr wie dies: daß du auch weiterhin mit mir befreundet bleibst.«

»Ich bin dein Freund – darauf kannst du dich verlassen!« Ich glaubte, sie jetzt genau dort zu haben, wohin ich sie haben wollte – sie schien einzusehen, daß sie mit mir rechnen mußte. »Und eben weil ich dein Freund bin, Ingrid, erlaube mir, mich darüber aufzuregen, daß Stemmer noch immer nicht bereit zu sein scheint, die Konsequenzen aus eurem Verhältnis zu ziehen! Warum bekennt er sich denn nicht ganz offen zu dir? Wo er dich doch angeblich liebt; vorbehaltlos, wie du gesagt hast. Warum lebt ihr, wenn dem so ist, nicht zusammen?«

»Nun – er hat immerhin Familie.«

»Die hast du ja auch, Ingrid – gehabt. Einen Mann und eine Tochter – plus Schwiegermutter; treusorgende. Doch so etwas stellt doch heutzutage kein Hindernis mehr dar – wenn man sich liebt.«

»Ganz so einfach, Herbert, ist das alles leider nicht.«

»Weil sich unerwartete und nicht ungefährliche Komplikationen ergeben haben? Zum Beispiel ein spektakulärer Selbstmordversuch seiner Frau? Deinetwegen?«

»Nicht meinetwegen, Herbert – wirklich nicht!« wehrte Ingrid Reiner heftig ab. »Stemmers Frau Elvira ist bereits seit etlichen Jahren sehr krank. Sie trinkt unmäßig Alkohol, weswegen sie an schweren Gallenanfällen leidet. Auch ihr Herz drohte mehrfach zu versagen. Es steht zu vermuten, daß sie sich in der Wahl der Medikamente vergriffen hat. Möglicherweise im Halbschlaf.«

Dieses eindeutig auf Ablenkung bedachte Geschwätz zu unterbinden, war ich entschlossen. Mithin stellte ich Ingrid, ganz direkt, einige Fragen: »Wann geschah das – bitte; Tag und Uhrzeit? Um welche Medikamente hat es sich dabei gehandelt? Wer war der sie behandelnde Arzt? In welche Klinik wurde sie eingeliefert? Wann wurde sie von dort entlassen?«

Ingrid blickte mich daraufhin, wie wohl auch kaum anders zu erwarten, ungläubig verwirrt an – eine Darbietung, die sie fabelhaft beherrschte. Das, was sie dann von sich gab, hörte sich geradezu anklagend an: »Du scheinst hier einfach alles falsch zu verstehen – verstehen zu wollen.«

Woraufhin ihr sogar noch eine reichlich mutwillige Steigerung gelang. »Du bist der Typ des rücksichtslosen Ausbeuters! Vor allem dann, wenn es dir um deine Intrigen geht, die dir offenbar eine Art sexueller Ersatz sind.«

Darüber, entgegnete ich ihr, vermöge ich nur zu lachen! Was mir denn auch einigermaßen überzeugend gelang. »So etwas, Mädchen, kannst du dir schenken! Du solltest niemals vergessen, daß wir miteinander befreundet waren; ziemlich eng. Wenn du mir auch deshalb, Ingrid, durchaus einiges zumuten kannst – aber bitte keinerlei ablenkende Primitivitäten.«

»Dasselbe gilt aber auch umgekehrt für mich. Halte mich nicht für dumm.«

»Das habe ich niemals getan. Dumm bist du wahrlich

nicht; das festzustellen, hatte ich oftmals Gelegenheit. Aber inzwischen frage ich mich, meine Liebe, bist du auch klug genug, die Bedeutung der gesellschaftlichen Situation zu erkennen, in die du hier hineingeraten bist?«

»Was soll denn daran so Besonderes sein?« Ingrids ausgeprägte, von Naivität verschleierte Raffinesse kam erneut zum Vorschein. »Was nun auch immer auf mich zugekommen ist, auch noch zukommen sollte – ich rechne damit, wie du mir bestätigt hast, daß du immer noch mein Freund bist.«

»Der bin ich, Ingrid«, versicherte ich ihr. Das zu vernehmen, schien sie zu erfreuen. »Wobei ich dir versichern möchte, Ingrid, daß alles, was einmal zwischen uns geschehen sein sollte, fortan von mir aus nicht mehr zur Sprache gebracht werden wird. Ich gönne es dir, wie du es wohl vorhast, ein neues Leben zu beginnen.«

Sie betrachtete mich mißtrauisch und besorgt; zugleich jedoch nicht ohne Hoffnung. »Aber du willst unbedingt Einzelheiten über diesen sogenannten Selbstmordversuch von Stemmers Frau Elvira herausfinden.«

»Allein in deinem Interesse, Mädchen – erkennst du das denn nicht? Dieser Vorgang darf als äußerst heikel bezeichnet werden. Er wird früher oder später sowieso bekannt werden. Und eben deshalb kann ich dir hier raten: Sprich dich aus. Bevor sich hier womöglich unnötiger Dreck ansammelt.«

»Mit diesem Vorgang habe ich nichts zu tun.«

»Könnte sein. Scheint zunächst auch so. Dieser scheußliche Selbstmordversuch geht dich nichts an; nicht direkt. Der ist in allererster Linie für Stemmer ein Problem. Sie ist schließlich seine Frau. Doch eben dieser Vorgang könnte, geschickt ausgespielt, etwa durch mich, Stemmers Entschlüsse beschleunigen – im Hinblick auf dich. Und eben dazu bin ich bereit. Kapiert?«

»Was«, fragte sie daraufhin überaus bereitwillig, »vermag ich für dich zu tun, Herbert?«

»Du mußt dich entscheiden, Ingrid. Für wen oder gegen wen auch immer. In erster Linie wohl für deinen Stemmer – aber damit auch für mich. Doch dabei auch gegen andere – etwa sogar gegen einen Hagen.«

»Wer ist denn schon ein Hagen, etwa verglichen mit einem Stemmer? Das frage ich dich«, äußerte sie bedenkenlos. »Für mich ist Stemmer die Erfüllung meines Lebens! Wie könnte ich da jemals zögern, mich zu entscheiden – vorausgesetzt, daß eine solche Entscheidung überhaupt von mir verlangt werden würde.«

»Du solltest dabei immerhin auf einiges gefaßt sein. Wobei du, selbstverständlich, stets auf meine Hilfe rechnen kannst.«

»Hagen hat mich maßlos enttäuscht. Er vermochte meine Besonderheit nicht zu erkennen. Er hat mich zurückgestoßen. In meinen Augen ist er ohne jede wahre Größe. Der war einmal!«

Womit bereits einiges, sogar ganz Erhebliches, gesagt worden war.

8

Erste Ergebnisse eines Gesprächs, das der Berichterstatter dieser Vorgänge, Rechtsanwalt Konrad Dreher, mit Heinz Heribert Hagen geführt hatte. Eine Unterredung, die unmittelbar danach sorgfältig zu rekonstruieren versucht wurde. Die dabei für wichtig gehaltenen Gesprächselemente werden hier wiedergegeben.

Der Ort: eine Wohnung in einem Altbau mit prächtig wirkender, buntfarbig renovierter Fassade; in der Münchner Innenstadt, nahe der Universität. Sie besaß erstaunlich große und hohe Räume; zwei davon gingen ineinander über.

An deren Wänden befanden sich prall gefüllte Bücherregale und einige ältere Gemälde; schätzungsweise Anfang des 19. Jahrhunderts entstanden. Sie stellten ausschließlich süddeutsche Landschaften dar. Etliche davon standen auf dem Fußboden, waren gegen Zeitschriftenstapel gelehnt oder auf solche gestellt worden, die damit als Podest fungierten.

Inmitten dieser Räume befanden sich einladend bequeme Sessel, zu Sitzgruppen vereinigt. An einem der schmalen, quadratisch unterteilten Fenster war ein überladener Schreibtisch aus Eichenholz zu erblicken. Ein dumpf-gemütlich wirkender Papiergeruch hing in der Luft.

Hagen saß in einem Rollstuhl, den Unterleib in eine Wolldecke gehüllt. Er trug einen dunkelblauen Anzug, ein weißes Hemd, dazu eine weiß-blau gemusterte Krawatte. Sein Gesicht unter den weißen, vollen, streng nach hinten gekämmten Haaren mutete starr an, von Schmerzen gezeichnet. Dennoch lächelte er seinen Besucher an.

Eine in der Tür stehende Krankenschwester, von offenbar gestrengem Wesen, sagte zu ihm: »Bitte, höchstens zehn bis fünfzehn Minuten, Herr Hagen – ich halte mich abrufbereit.« Und mich beschied sie ziemlich energisch: »Keine Fragen, bitte, die den Patienten aufregen könnten – ich müßte Sie sonst für die Folgen verantwortlich machen!« Damit verschwand sie; nicht ohne die Tür einen Spaltbreit offen zu lassen.

Heinz Heribert Hagen, abgekürzt auch »HHH« genannt, der Inhaber dieser stattlichen Bücherhöhle, war – wie einigen Nachschlagewerken entnommen werden konnte – fast sechzig Jahre alt. Er war in München geboren worden; hier hatte er, mit Ausnahme der Jahre 1942 bis 1945, ständig gelebt. In jener Zeit war er zum Wehrdienst eingezogen gewesen, um sodann in amerikanische Kriegsgefangenschaft zu geraten. Seine Eltern waren frühzeitig gestorben – der Vater in einem KZ; die Mutter bald darauf an Herzversagen.

Klinger hatte Hagen zwar als würdig geschildert, aber nicht als das, was man einen »ehrwürdigen Greis« nennen mochte. Auch sollte er freundliche Jovialität ausstrahlen, ohne jedoch Leibesfülle zu besitzen – obgleich er, worauf Klinger ebenfalls in seinem »Hagen-Komplott« hingewiesen hatte, oft und gern gut zu speisen pflegte. Das mußte der Vergangenheit angehören.

Denn nunmehr war hier ein schmächtiger, in sich zusammengesunkener, uralt wirkender Mann zu erblicken, dessen Augen geschlossen schienen; und seine Hände ruhten, wie zum Gebet gefaltet, auf einer Wolldecke. Eine mächtige, geradezu bezwingende Ruhe ging von ihm aus.

Später sollte sich erweisen, daß seine Stimme zwar sehr leise war, aber suggestive Eindringlichkeit besaß. Und was er sagte, hörte sich wohldurchdacht, nahezu druckreif an. Sein Gesicht bekam dabei, selbst noch in seinem jetzigen Zustand, etwas überaus Jugendliches, fast Knabenhaftes. Doch seine Augen, die dem Blick des anderen nicht begegneten, muteten grau, müde an; vermutlich war sein Sehvermögen sehr geschwächt. Er trug jedoch keine Brille.

Meine einleitende Erklärung zu diesem Gespräch lautete: »Ich gedenke, Sie, Herr Hagen, lediglich um einige Auskünfte zu bitten. Ich beabsichtige nicht, Fragen zu stellen, die Ihnen möglicherweise unangenehm oder gar beunruhigend erscheinen könnten. Sollte das dennoch, unbeabsichtigt, der Fall sein, bitte ich Sie, darauf nicht einzugehen.«

Hagen daraufhin sehr leise, doch überaus deutlich: »Fragen Sie, bitte, was Sie wollen – ich werde Ihnen nicht ausweichen. Denn was wohl sollte, nach alledem, was geschehen ist, mir noch unangenehm sein oder mich zu beunruhigen vermögen? Wobei ich zunächst jedoch, wenn Sie erlauben, gerne wissen würde, was oder wer Sie veranlaßt hat, zu mir zu kommen?«

»Der Journalist Herbert Klinger. Er hat mir diverse Aufzeichnungen übergeben – ziemlich umfangreiche, doch leider nicht ganz vollständige, mithin ergänzungsbedürftige. Sie beschäftigen sich mit jenen Vorgängen, die mit Ihrem Namen in Verbindung gebracht wurden.«

»Klinger also!« Heinz Heribert Hagen lehnte sich in seinem Rollstuhl zurück; nun jedoch ohne jede Andeutung eines Lächelns, vielmehr mit nahezu steingrau gewordenem Gesicht. Seine ausgeprägte Höflichkeit, die ein Grundzug seines Wesens zu sein schien, verließ ihn jedoch nicht. »Sie wollen also wissen, wie ich diesen Menschen beurteile, was meine Ansichten über ihn sind, wie er hier bei mir in Erscheinung getreten ist?«

»Falls Sie dies, Herr Hagen, mit Schweigen zu übergehen wünschen, hätte ich dafür Verständnis. Doch darüber hinaus würde ich noch gerne einiges andere wissen. Über Sie persönlich und über Ingrid Reiner.«

Woraufhin Hagen nickte; zustimmend und bedächtig. Seine blassen Augen betrachteten seinen Besucher jetzt mit verschleierter Intensität. Dann setzte er, ebenso mühsam wie bemüht, zu einem Monolog an, der wie ein umfassender Rechtfertigungsversuch anmutete.

»Ich galt einstmals hier, in dieser Stadt, in diesem Land, nahezu drei Jahrzehnte lang, als eine Art Symbolfigur. Das hatte ich nie gewollt – es ergab sich so – geradezu zwangsläufig. Ich war der Sohn eines von den Nazis ermordeten Vaters, deren Opfer auch meine Mutter geworden war. Nun ja – die sich damals, unmittelbar nach dem Zusammenbruch, neu orientierende deutsche Öffentlichkeit suchte eben nach Leitfiguren. Und eine solche schien ich abgeben zu können.

Eigentlich wollte ich, meine Studien waren darauf ausgerichtet, Historiker werden. Ich hatte mir bereits frühzeitig ein Spezialgebiet ausgesucht. Mich zog die mitteleuropäisch zentrale, einige Jahrhunderte lang fast beherrschende und zugleich ausgleichende Stellung meines Landes Bayern geradezu magisch an. Jene wechselspielhaften Vorgänge zwischen Frankreich, Preußen und Österreich und die sich dabei ergebenden und genutzten zeitgeschichtlichen Möglichkeiten der Wittelsbacher faszinierten mich.

Doch eben dazu, dies mit erhoffter Gründlichkeit zu erforschen, auszudeuten und zu beschreiben, kam ich nicht. Ich wurde alsbald in das Tagesgeschehen der Nachkriegszeit hineingezogen – und ich kann nicht sagen, daß ich mich sonderlich dagegen gewehrt hätte. Es gab nicht selten sogar Augenblicke, in denen ich mich höchst geehrt, vielmehr geradezu erfüllt fühlte.

Dabei wurde ich nicht nur in den Vorstand diverser Bürgervereinigungen gewählt und mit der Leitung von staatlichen Planungskommissionen betraut; ich gehörte auch dem Spitzengremium der ›Kriegsopfer‹ und des ›Roten Kreuzes‹ an; ich wurde ferner in diverse Kontrollorgane und Aufsichtsräte bedeutender Wirtschaftsunternehmungen bestellt. Dabei war ich tatsächlich überzeugt davon, mich voll engagieren zu müssen: Nach der Hitlerkatastrophe galt es, eine neue, bessere, humanere Welt zu schaffen!

Ich gehörte einer Partei an. Es war mir eigentlich gleich, welcher. Nur demokratisch entschlossen, humanistisch ausgerichtet, sozial verantwortungsbewußt sollte sie sein. Auch den hier unvermeidbaren Einfluß christlicher Elemente gedachte ich zu berücksichtigen. Ich galt dann alsbald, was ich gar nicht gewollt hatte, als die beherrschende Gestalt jener Partei, deren Mitglied ich geworden war.

Was mich jedoch niemals davon abgehalten hat, mich darüber hinaus überparteilich zu engagieren. Es ging mir stets um demokratische Gemeinsamkeit. Was wohl ein taktischer Fehler war, wenn nicht gar ein gefährlicher Irrtum, wie sich späterhin herausstellen sollte. Jedenfalls stand ich dann eines Tages da – ohne das, was man ›eine Hausmacht‹ nennt, ohne jede Rückendeckung, ohne eine Organisation im Hintergrund. Völlig alleingelassen.

Und, um Ihnen auch dies noch zu bestätigen, falls Sie Wert darauf legen: Ich besitze keinen einzigen Freund. Zumindest ist mir das, nach jenen Vorgängen, auf die Sie anspielen, klar geworden. Auch zu dem, was man Liebe nennt, war ich vermutlich nicht sonderlich befähigt. Sogenannte Freundschaften jedoch gab es gar nicht einmal wenige. Mir bereitwillig Gleichgesinnte, wie ich annahm, gehörten dazu – Politiker, Beamte, Polizeifachleute, Wissenschaftler und Journalisten.

Dann existierte da auch noch eine Gruppe, die ich als ›meine Schüler‹ zu bezeichnen pflegte. Aufnahmefähige, mich liebende Menschen – dachte ich. Die meisten der Begegnungen mit ihnen fanden hier, in diesen Räumen, statt. Womit wir denn – endlich, nicht wahr? – bei einem Sie wohl besonders interessierenden Thema angelangt wären. Herbert Klinger betreffend.«

Wie auf ein Stichwort hin, erschien die gestrenge Krankenschwester unter der Tür. Es war, als habe sie im Nebenraum dieses Gespräch Wort für Wort mitgehört. Sie erklärte mit Nachdruck: »Die vereinbarten fünfzehn Minuten sind bereits überschritten, Herr Hagen!«

»Das mag«, entgegnete dieser sanft, »durchaus möglich sein, verehrte, zu respektierende Dame – aber es kümmert mich nicht. Ich möchte mir diese Freiheit nehmen. Sie könnte meine letzte sein.«

Woraufhin sich Hagen zu einer gastgeberischen Geste entschloß. Er fragte nämlich: »Weiß oder Rot, Schwarz oder Klar?« Was das bedeutete, erklärte er seinem Besucher unverzüglich, mit einem unerwarteten Anflug von Heiterkeit: Das wäre ein »nach Art des Hauses« übliches Angebot. Weißen oder roten Wein, schwarzen Kaffee oder Mineralwasser – was dürfe er mir anbieten?

Der Berichterstatter erbat sich das, was die meisten der vormaligen Gäste des Heinz Heribert Hagen stets bevorzugt hatten: einen trockenen Weißwein aus Franken.

»Bitte, Schwester, servieren Sie den uns.«

»Nicht Ihnen!« erklärte die resolute Dame mit Nachdruck. »Sie dürfen lediglich Mineralwasser trinken, oder Tee – und sonst gar nichts.«

Hagen nickte ergeben, immer noch bemüht lächelnd. »Dann gönnen Sie wenigstens unserem Gast diesen Wein. Danach lassen Sie uns wieder, wenn ich darum bitten darf, allein, meine Liebe – die nächste Viertelstunde zumindest.«

Ich trank Hagen zu, ohne ein Wort dabei zu sagen. Der Wein, der aus der Gegend von Kitzingen stammte, war von solider Qualität. »Das ist der letzte Rest«, sagte Hagen freundlich, »was Sie nicht hindern soll, dieses köstliche Getränk zu genießen. Ich habe es in kleinen Fässern direkt von einem Weinbauern bezogen. Doch dieser ist nicht mehr bereit zu liefern. Es lohnt sich nicht für ihn.«

»Womit wir wieder beim Thema wären, Herr Hagen – bei dem, was sich lohnt; oder eben nicht lohnt. Das nunmehr übertragen auf sehr menschliche Bereiche. Dabei scheint es eine Dame gegeben zu haben . . .«

»Ingrid Reiner, meinen Sie wohl«, erkannte Hagen ohne Umschweife. »Ich sehe keinen Grund, Auskünfte über sie zu verweigern. Frau Reiner wurde eines Abends von dem Journalisten Herbert Klinger hierher mitgebracht. Was an sich nichts Ungewöhnliches war – die Freunde meiner Freunde waren mir stets willkommen. Kennen Sie diese Dame?«

»Noch nicht gut genug.«

»Nun, Sie werden sie gewiß noch näher kennenlernen – und dabei wohl zu demselben Ergebnis kommen wie ich damals, zunächst zumindest. Sagte ich: damals? Die Vorgänge haben sich schließlich erst vor wenigen Monaten abgespielt. Dennoch scheinen sie bereits völlig der Vergangenheit anzugehören. Die Erinnerung daran fällt selbst mir nicht leicht.

Nun gut – Ingrid Reiner also! Ein ungewöhnliches, verständnisbereites, anschmiegsames Geschöpf – das um Hilfe zu flehen schien. Ihre großen, dunklen, verschleiert wirkenden Augen suggerierten dies zumindest.

Sie war bemerkenswert – ich sage: *war;* denn, was inzwischen aus ihr geworden, mit ihr geschehen sein könnte, weiß ich nicht. Jedenfalls wollte mir an Ingrid Reiner damals eines unmißverständlich erscheinen: daß sie aus dem, was sie vermutlich als eine bedrückende eheliche Enttäuschung ansah, aus einer dumpfen Kleinbürgerenge herauswollte. Sie strebte, es mag sich fatal anhören, auf sie aber traf es zu, ›nach Höherem‹. Sie wollte, glaubte ich zu erkennen, lernen, sich bilden. Und – lieben!

Diesem Verlangen vermochte ich mich, zugegebenermaßen, nicht zu entziehen. Ich nahm sie in meinen inneren Kreis auf. Sie fand sich daraufhin sehr oft in diesen Räumen ein. Ich widmete ihr alsbald sehr viel Zeit. Ich besuchte mit ihr Konzerte, Ausstellungen, nahm sie sogar einige Male zu politischen Veranstaltungen mit. Das nicht nur, weil sie attraktiv war, wie man gemeinhin so sagt; sondern auch, weil Ingrid Reiner bei schwierigen und heiklen Gesprächen zwar aufmerksam zuhörte, indes taktvoll zu schweigen verstand. Was mich aber immer wieder zutiefst zu berühren vermochte, war ihre mir aufrichtig erscheinende Herzlichkeit.«

»Es kursierte, falls Sie mir diese Bemerkung erlauben, Herr Hagen, die Behauptung, daß Sie mit Ingrid Reiner ein Verhältnis gehabt haben sollen.«

»Das«, erwiderte Hagen steif, »traf nicht zu.«

»Wobei sich eine Erklärung anzubieten scheint, Klinger gibt in seinem Romanmanuskript höchst behutsam den Hinweis auf eine schwere Kriegsverletzung Ihrerseits.«

»Ersparen Sie mir jegliche Stellungnahme hierzu. Ich bin stets bemüht gewesen, mein vergleichsweise bescheidenes Privatleben von meiner Tätigkeit in der Öffentlichkeit zu trennen. Ich habe noch niemals irgend jemandem interne oder gar intime Auskünfte über mich gegeben. Niemandem! Darf ich annehmen, daß auch Sie das respektieren?«

»Das dürfen Sie.«

»Womit wir uns also nunmehr mit Herbert Klinger beschäftigen können. Seit wann, habe ich mich neuerdings oftmals gefragt, kenne ich ihn eigentlich? Nun, seit wenigen Monaten ein wenig näher. Doch bekannt war er mir bereits seit vier, fünf Jahren. Klinger jedenfalls gehörte, wie bereits erwähnt, zu den regelmäßigen Gästen in diesen Räumen – er war übrigens ein sehr gern gesehener Gast. Das festzustellen, möchte ich nicht versäumen.

Bei ihm handelte es sich um einen stets hellwachen Mann; wenn er auch manchmal reichlich kühn, fast verwegen zu argumentieren vermochte. Dennoch besaß er die seltene Gabe, in entscheidenden Augenblicken aufmerksam zuhören zu können. Er folgte allen Gesprächen, etwa zwischen mir und politisch engagierten, einflußreichen Leuten, mit erkennbar wachsamem Interesse. Einiges davon wertete er dann in seinen Artikeln aus – manchmal ziemlich robust vorgehend, doch kaum jemals ohne überzeugende, fundierte Kenntnisse. Auch dies sollte man wohl beachten.

Ich habe Herbert Klinger sehr gemocht, mich ihm gerne gewidmet – ohne ihn jemals für meinen Freund gehalten zu haben. Dazu war wohl nicht nur der Altersunterschied zwischen uns zu groß; vielmehr entsprachen die von ihm angewandten Methoden nicht meinen Vorstellungen von journalistischer Fairneß. Doch geschätzt habe ich ihn durchaus – vielleicht sogar irgendwie bewundert. Denn er war fast genauso, wie ich das wohl gerne in meiner Jugend gewesen wäre: voller Feuer, wie beschwingt von heftiger Fantasie, von großer Entschlossenheit.«

»Doch er hat Sie dann maßlos enttäuscht!«

»Eben das«, sagte nun Hagen, mit einer gewissen Entschiedenheit, »wage ich nicht zu behaupten.«

»Auch nicht nach all dem, was inzwischen geschehen ist?«

»Nicht einmal – danach.«

»Vermögen Sie mir das zu erklären, Herr Hagen?«

»Das will ich versuchen. Wobei ich sehr auf Ihr Verständnis hoffe. Herbert Klinger war wohl kaum ein erklärter Anhänger meiner Erkenntnisse. Er war aber, und dessen bin ich mir absolut sicher, keinesfalls mein Gegner; und bestimmt nicht mein Feind.«

»Das eine jedoch, Herr Hagen, scheint er mit ziemlicher Sicherheit nicht gewesen zu sein – Ihr Freund. Denn allein durch seine Manipulationen konnte alsbald in Ihrem Fall, als von dem sogenannten ›Fall Hagen‹, gesprochen werden.«

»Wobei ich Ihnen sagen kann: Der Anschein trügt.«

»Eine Ansicht, die Sie tatsächlich aufrecht halten – selbst jetzt noch?«

»Es gibt dafür eine Erklärung – und zwar eine erstaunlich einfache. Soweit ich die Vorgänge zu übersehen vermag, hat Klinger keinesfalls versucht, mich zu erledigen. Er ließ sich dabei offenbar lediglich auf eine Art Planspiel ein, aus dem ich, wie er vermutlich hoffte, letzten Endes glänzend rehabilitiert hervorgehen würde. Ein reichlich verwegenes Unterfangen, wie sich herausstellte, das er dann auch bald nicht mehr zu beherrschen vermochte – das glitt ihm aus seinen flinken Fingern. Er wurde dabei überfahren, manipuliert und schließlich ausgeschaltet.«

»Also auch er – ein Opfer des sogenannten ›Hagen-Komplotts‹? Das würde ich Ihnen ja gerne glauben – doch eben das will mir reichlich absurd erscheinen.«

»Dennoch könnte das die Wahrheit sein«, erklärte Hagen mit resigniertem Lächeln. »Vielleicht vermag selbst Klinger das noch nicht in vollem Umfang zu erkennen. Was nichts an meiner Überzeugung ändert: Er hat das, was er da unternahm, letztlich für mich zu tun versucht; er vermochte jedoch nicht, die möglichen fürchterlichen Folgen zu erkennen, die sich dann ja auch sehr schnell ergaben.«

Bald nach dieser Unterredung starb Heinz Heribert Hagen. Woraufhin die Vermutung kursierte: Dieses Gespräch habe zum Tod des schwerkranken Mannes geführt. Seine Krankenschwester ließ sich – wohl von bestimmter Seite dazu animiert – zu einer diesbezüglichen Meinungsäußerung herbei.

Womit wohl suggeriert werden sollte: Heinz Heribert Hagen sei endgültig das Opfer seiner sogenannten Freunde geworden.

9

Ein weiteres der ersten Kapitel aus dem Romanmanuskript ›Das Hagen-Komplott‹ des Herbert Klinger. Dieses mit der Überschrift versehen: »Die kleinen Umwege«.

Barbara Clemens war Schauspielerin und ließ, sowohl in ihrem Berufs- wie Privatleben, einiges an Format erkennen. Sie besaß erklecklichen Ehrgeiz: Denn sie leitete nicht nur ein kleines Theater, sondern dazuhin noch eine private Schauspielschule. Überdies war sie mit ihrer rauh-sinnlichen Stimme auch als Synchronsprecherin erfolgreich tätig.

Barbara, bereits Ende Dreißig, war eine Frau von morbider, gereifter Weiblichkeit, mit einer reichlichen Menge an Erfahrungen ausgestattet. Und die trachtete sie auf recht anziehende und geschickte Weise zu verwerten. Was ihr auch gelang.

»Da bist du ja endlich einmal wieder, Herbert!« rief sie aus. Wobei sie mich ebenso belustigt, wie ironisch-wachsam betrachtete. »Und diesmal hast du dich sogar telefonisch angemeldet. Das ist ja geradezu ein Fortschritt an Rücksichtnahme! Oder sollte das etwa der Anfang einer Neutralisierung unseres Verhältnisses andeuten?«

Bei Barbara hielt ich mich gern auf – fast unnötig, ihr das auch noch zu versichern. Sie war von einer absolut selbstverständlichen Unbekümmertheit. Und so wirkte auch ihre Wohnung: lässig-gemütlich, einladend-bequem, dennoch nicht irgendwie verwahrlost, wie dies Künstlerinnen häufig unterstellt wird. Auf eine gewisse Gepflegtheit legte sie vielmehr stets Wert – in jeder Hinsicht.

»Ich wäre gerne öfter gekommen, Barbara«, entgegnete ich; und in diesem Augenblick glaubte ich selbst daran. »Du weißt, daß ich auf engen Kontakt zu dir Wert lege. Doch ich war ziemlich beschäftigt.«

»Geschenkt, Herbert!« erwiderte sie. »Schließlich existiert keinerlei Besitzanspruch, was uns beide betrifft. Auch wenn wir, so glaube ich wohl sagen zu dürfen, sehr gerne zusammen sind.«

Sie vernahm unverzüglich meine diesbezügliche Bestätigung.

»Immerhin, mein Lieber, würde ich dennoch einen gewissen Wert auf ein geregeltes Verhältnis legen. Du mußt ja nicht gleich in jeder Woche hier erscheinen; aber vielleicht ließe sich das zweimal monatlich einrichten; oder zumindest einmal. Sagen wir: jedes Wochenende nach dem Ersten!«

Barbara Clemens war einfach herrlich in ihrer unkomplizierten, keck fordernden Direktheit. *Anziehend ausziehend* – derartig banale Wortspiele war man versucht, auf sie anzuwenden.

Zumal sie bereit schien, ihre Herausforderung unverzüglich in die pralle Wirklichkeit umzusetzen. Was denn auch absolut überzeugend geschah. Die nächsten zwanzig bis dreißig Minuten gelangte ich in den Genuß ihrer weithin als wirkungsgerecht bekannten kunstreichen bis künstlerisch vollendeten Darbietungen. Einzelheiten von Henry Millerscher Direktheit möge man mir – um der gebotenen Diskretion willen – ersparen.

Wohl nicht unwichtig dabei waren die Pausen, die Fermaten sozusagen, die wir auf Barbaras Bett verbrachten, über das eine Felldeckenimitation gebreitet war. Wobei wir nicht nachließen, einander zu berühren – unablässig zärtlichkeitstrunken, bis wir wieder funktionsbereit sein würden für einen weiteren sogenannten ›Höhepunkt‹. Dabei redeten wir miteinander; wie es schien, nur so, um uns die Wartezeit zu vertreiben.

»Unterhalten wir uns einmal, wenn es dir recht ist, über Ingrid Reiner. Die kennst du doch ziemlich gut«, sagte ich. »Du hast sie durch mich kennengelernt und durch sie ihren Mann, diesen rührigen Fernsehmenschen. Wobei zu vermuten steht, daß du ihm einige Aufträge zu verdanken hast.«

»Du scheinst zu vergessen, daß ich als Schauspielerin einige Qualitäten besitze. Das dürfte sich herumgesprochen haben. Aber warum fragst ausgerechnet du mich nach Ingrid? Wenn irgend jemand von ihr so gut wie alles weiß – dann bist du es doch!«

»Vielleicht weiß ich immer noch nicht genug von ihr, Barbara.«

»Ich bitte dich, Herbert!« Sie lachte schallend. Entzog sich mir jedoch nicht im geringsten. Sie besaß gewiß eine Menge von Gefühl, das sie schauspielerisch sehr wirkungsvoll umzusetzen vermochte; aber von Eifersucht schien sie, zumindest privatim, nicht angekränkelt. Überhaupt – bei aller Differenziertheit – von niederen, leichtfertigen Gemütsbewegungen war sie nicht beherrscht.

Ihre Heiterkeit verstärkte sich noch. »Als du mich mit Ingrid bekannt gemacht hast, war bereits so gut wie alles zwischen euch gelaufen – aber eben nicht gut gelaufen.«

Eine leicht gekränkte männliche Eitelkeit, die mich ansonsten bei anderen stets zu erheitern vermochte, stellte sich nun bei mir ein. »Woher willst du das denn wissen? Ich jedenfalls habe dir nichts dergleichen gesagt.«

»Daß es zwischen euch alles andere als grandios geklappt hat, trotz erheblicher Bemühungen, weiß ich von Ingrid – die hat mir das in einer schwachen Stunde anvertraut. Ohne zu ahnen, wie überaus sie mich damit zu belustigen vermochte. Denn schließlich kenne ich dich in dieser Hinsicht besser; wesentlich besser.«

»Eben!« Das wurde nicht ohne Stolz festgestellt. »Aber ich wußte gar nicht, daß du und Ingrid – daß ihr intim befreundet seid!«

»Das sind wir eigentlich nicht, Herbert. Aber Gemeinsamkeiten – in diesem Falle bezüglich deiner Person – verbinden nun einmal. Jedenfalls habe ich Ingrids hervorstechende Eigenschaften erkannt: erlebnishungrig, machtgierig, mithin vielfach zu gebrauchen. Deshalb habe ich dir auch den Rat gegeben, sie mit Hagen bekannt zu machen.«

Mein Erstaunen war ehrlich. »*Du* hast mir diesen Rat gegeben?«

»Solltest du das etwa vergessen haben? Aber wie dem auch sein mag, bei Hagen jedenfalls hat Ingrid dann wohl versagt, oder er bei ihr – wer kann so etwas schon genau sagen! Jedenfalls kamen wir dann auf den Einfall, Ingrid deinem Stemmer unterzujubeln.«

»Wir beide, sagtest du – hatten diesen Einfall?«

»Ja. Und zwar völlig übereinstimmend, Herbert. Du suchtest nach einer weiteren möglichen Verwendung von Ingrid. Welche ich dir ermöglichte.«

Mit Mühe dem Duft, der Barbara entströmte, widerstehend, fragte ich: »*Du* hast das ermöglicht?«

»Wer denn sonst? Nicht zuletzt deshalb, um dir einen Gefallen zu tun – ich lege eben Wert darauf, dich zu erfreuen; dich mir zu erhalten. Jedenfalls haben wir uns beide, in ähnlichen Situationen wie der jetzigen, mehrfach über Ingrid

Reiner unterhalten. Wir waren dabei stets einer Meinung: Die sucht nach Männern mit Einfluß – was ihr Mann nicht war, du nicht bist; und ein Hagen für sie nicht sein konnte. Also ließen wir sie auf Stemmer los.«

»*Wir?*«

»Stemmer, dem ich einiges über Ingrid flüsterte, hatte diese Begegnung angeregt. Woraufhin ich ihm den Vorschlag machte: Er solle dich einladen, du würdest diese Dame mitbringen. Was denn auch geschah – zu eurem allseitigen Vorteil; so hatte ich zumindest gehofft.«

»Allerhand!«

»Dafür solltest du mir dankbar sein, mein Lieber. Versuche, diese Dankbarkeit zu beweisen. Überzeugend, bitte!«

Einen solchen Beweis zu erbringen, was mir ansonsten gewiß nicht sonderlich schwerfiel, zögerte ich diesmal hinaus. Was mich wahrlich nicht leicht ankam; nicht bei dieser entgegenkommenden Darbietung üppig-verlockender Weiblichkeit. »Du und Stemmer! Das ist ja eine Überraschung.«

»Ich bin ziemlich verwundert darüber, daß du derartig sich ergeben habende Zusammenhänge nicht kennst – oder zumindest vorgibst, sie nicht zu kennen, Herbert.«

»Nun, dann kläre mich auf, Barbara; auch in dieser Hinsicht.«

»Stemmer, der von dir so überaus verehrte Herausgeber deiner Zeitung, zählt schon seit etlichen Jahren zu meinen großzügigsten Förderern.«

»Was denn, was denn, Mädchen, solltest du etwa auch mit dem . . .«

»Ach, mein Junge, warum nicht auch mit dem – wenn ich das gewollt hätte! Was aber gar nicht notwendig war. Denn mir gelang es, seine durchaus wertvoll zu nennende Zuneigung auf eine andere Weise zu erreichen und mir auch zu erhalten.

Er hat nicht nur mich, also mein Theater und meine

Schauspielschule, mit finanziellen Zuwendungen unterstützt, er hat auch dafür gesorgt, daß ich staatliche und städtische Zuschüsse erhielt; wobei die Feuilletons seiner Zeitungen gleichfalls einige Aktivitäten entwickelten. Wofür ich mich dankbar erweisen mußte – was in gebührender Weise geschah.«

In diesem Augenblick glaubte ich einiges zu erkennen, zu verstehen – wenngleich noch lange nicht alles. Mein Nachholbedarf im Erfassen von den hier ausgebreiteten Realitäten war wohl noch ziemlich groß.

»Wenn ich das einigermaßen richtig sehe«, glaubte ich dennoch feststellen zu können, »bestand deine Dankbarkeit ihm gegenüber ganz einfach darin, daß du ihm behilflich warst, seinen Gelüsten zu frönen. Vermutlich hast du ihm einige deiner Schauspielschülerinnen zugeschanzt – sicherlich sehr junge.«

»Nicht nur einige, Herbert – sogar eine ganze Menge. Aber nun tue nicht so, als ob dir so etwas unbekannt wäre. Lenke im übrigen nicht von uns beiden ab. Denn wir haben schließlich noch einiges miteinander vor – oder etwa nicht?«

»Haben wir, Barbara! Doch wir müssen ja nichts überstürzen. Bleiben wir zunächst noch bei diesem Thema. Stemmer war also, wie man so sagt, scharf auf junge Mädchen. Und die hast du ihm zugänglich gemacht – besser wohl: ihm deren Bekanntschaft ermöglicht. Mädchen, deren Adressen dir bekannt sind?«

»Bausche so was nicht auf!« empfahl die Clemens geradezu barsch. »Diese sogenannten kleinen Mädchen haben durchaus ihre Vorteile davon gehabt – etwa gutes Essen, schöne Kleidung, manchmal diverse Monatsmieten.«

»Und vermutlich haben sie dabei auch etliche Honorare bezogen – für ihren Schauspielunterricht bei dir.«

Barbara vermochte durch derartige Bemerkungen nicht im geringsten gekränkt zu werden – sie lächelte mich freundlich an. »Jedenfalls solltest du nicht darauf hoffen, daß ich bereit wäre, dir irgendwelche Munition gegen einen Stemmer zu liefern. Das kann und will ich nicht.« Woraufhin sie lachte. »Aber vielleicht kann sich das noch ändern.«

»Nun gut, meine Schöne – lassen wir diese Adressen zunächst einmal beiseite. Doch eins würde ich nun immerhin gerne wissen wollen: Was könnte denn wohl, deiner Ansicht nach, unsere Ingrid mit deinen schauspielernden Pipimädchen gemeinsam haben?«

»Eine ganze Menge, Herbert. Wobei deine Frage ziemlich deutlich beweist, daß du Ingrid Reiner doch nicht sonderlich gut kennst – auch wenn du etliche Male mit ihr geschlafen hast. Was Stemmer bei meinen kleinen Mädchen als so überaus anziehend empfunden hat, war wohl die Tatsache, daß sie sein Überlegenheitsgefühl stärkten. Aber wenn sie auch recht niedlich, wohl auch willig waren, doch eben vermutlich unzulänglich erfahren; sich also wenig gekonnt verhielten.«

»Und genau diese Eigenschaften«, begann ich nun zu verstehen, »besitzt Ingrid Reiner – deiner Ansicht nach?«

»Genau die! Und zwar in noch weit stärkerem Maße, als du annimmst. Denn Ingrid ist, im Grunde ihres Wesens, ungemein naiv und das auf eine wirkungsvoll liebenswerte Weise; kein sonderlich ausgeprägter Verstand hindert sie daran. Dies allein schon muß einen auf Bestätigung erpichten Lustmolch wie Stemmer ungemein beeindruckt haben. Jedenfalls vermag Ingrid immer noch die Leistungen, oder besser: Gegenleistungen, dieser diversen jungen Mädchen zu überbieten. Wobei sie sich in diesem Falle ganz besonders angestrengt zu haben scheint.«

»Was aber nicht unbedingt ein Dauerzustand sein muß.«

»Von Dauer ist nichts«, versicherte Barbara, wobei sie sich mit eindeutigen Absichten erneut über mich beugte. »Doch andauern kann dennoch so manches – wenn man nur will.«

»Dich mag ich – sehr«, versicherte ich ihr. Barbaras Fähigkeiten, ihrem ambitionierten Theaterbetrieb zugleich eine
bordellähnliche Funktion zu geben, waren fantastisch zu
nennen – ebenso ihre Kenntnisse intimer Zusammenhänge. »Wenn mir jemals jemand zu imponieren vermochte,
dann bist du es. Auf dich hoffe ich!«

»Und was erwartest du dir dabei, mein Lieber? Beziehungsweise, welche Gegenleistung dafür gedenkst du mir
zu bieten?« wollte Barbara Clemens alsogleich wissen.
»Kann ich mit dir zweimal monatlich rechnen, oder zumindest am ersten Wochenende jeden Monats – und das unter
Volldampf sozusagen? Du brauchst dich nur zu entscheiden – alles andere könnte sich daraus ergeben.«

In dieser Nacht schienen wir uns sehr gut zu verstehen.

10

Ein weiteres Gespräch des rechtsanwaltlich um Klärung
bemühten Berichterstatters dieser Vorgänge. Diesmal
geführt mit Theodor Stemmer, dem Herausgeber diverser Publikationsorgane; unter anderem der Tageszeitung
›Münchner Kurier‹.

Vorausbemerkungen dazu: Theodor Stemmer besaß mehrere Adressen. Einmal war da sein Anwesen in Starnberg;
dann jenes Zeitungsgebäude in München. Im Landhaus am
Starnberger See lebte seine Frau Elvira mit den zwei fast er-
wachsenen Kindern; dazu eine Wirtschafterin aus Nieder-
bayern und ein Neufundländer.

Außerdem stand Stemmer eine geräumige Eigentums-
wohnung zur Verfügung, die nirgendwo offiziell registriert
war; schon gar nicht im Telefonbuch. Diese lag im Stadtteil
Schwabing, in einem äußerlich kalt anmutenden Betonbun-

ker. Hier durfte ihn – nach mehrmaligem Drängen – der Berichterstatter dieser Vorgänge aufsuchen.

Stemmers Stadtwohnung konnte als hochmodern und auf eine elegante Weise funktional bezeichnet werden. Sie war mit zahlreichen, in der Wirkung nach Wunsch abstufbaren Lichtquellen ausgestattet, die sich hinter Wandverschalungen, unter Glastischflächen, über Sitzlandschaften befanden.

An den Wänden hingen Tapisserien französischen Ursprungs, die zumeist romantische Landschaftsmotive darstellten. Die Fußböden waren mit einer hochwertigen Auslegware bedeckt, darauf lagen verschwenderisch ornamentierte Perserteppiche gebreitet. Der stattliche Rest bestand aus Chrom, Lack, Edelhölzern und immer wieder aus Glas; vorwiegend schimmerndem Kristallglas.

Mittendrin in all dem Luxus saß Theodor Stemmer: ein ebenso gepflegt wie höflich wirkender Mensch, den eine leichte Melancholie und zugleich eine sanfte Würde zu umgeben schien. Seine Augen, hinter einer Brille mit dezent getönten Gläsern verborgen, waren kaum auszumachen. Die leichte Überfülle seiner kastenartigen Gestalt wurde überaus geschickt durch einen Anzug kaschiert, bei dem es sich vermutlich um eine jener Meisterleistungen des am Orte dominierenden Herrenschneiders Dietl handelte. Ein Stemmer vermochte sich diesen ohne weiteres zu leisten. Seine Stimme klang leise, zwang zum Zuhören; hörte sich auch ein wenig schleppend an, so, als bedrückten ihn schwere Sorgen.

Er eröffnete dieses Gespräch mit den folgenden Worten: »Ich gestehe, Herr Dreher, Sie nur sehr zögernd empfangen zu haben. Wohl kenne ich einige Ihrer anwaltlichen Aktionen – die mir einen gewissen Respekt abgenötigt haben, so daß ich des öfteren erwog, Sie als meinen Rechtsberater zu verpflichten. Doch darüber bei anderer Gelegenheit mehr. Ich bin jedenfalls bereit, Ihnen bei Ihren Nachforschungen behilflich zu sein. Auch, wenn ich fürchte, Ihnen nicht sonderlich viel Verwertbares mitteilen zu können.«

»Dennoch, Herr Stemmer, scheint es dabei ein paar Fakten und Personen zu geben, über die Sie mich gewiß aufklären könnten. Erlauben Sie mir zunächst, Ihnen den Namen Herbert Klinger zu nennen.«

Stemmer reagierte überaus entgegenkommend, ohne sonderliches Zögern. Auf diesen Besuch war er vorbereitet; vorbereitet worden – vermutlich von seinem Chefredakteur Warnemann. In seiner sanften Predigerstimme schwangen nun bedauernde Untertöne mit.

»Herr Klinger habe ich kaum gekannt. Zwischen ihm und mir bestand keinerlei direkter Kontakt. Allerdings bin ich ihm, durch Zufall, das eine oder andere Mal begegnet. Privat.«

»Doch Sie wußten sicherlich, daß Herbert Klinger bei Ihrem ›Kurier‹ beschäftigt war. Wo er sich dann auch mit dem Fall Hagen befaßte. Auf wessen Weisung übrigens?«

Theodor Stemmer blickte nun geradezu betrübt drein. »Erlauben Sie mir«, dies wurde auf sehr sanfte, wenngleich unmißverständlich nachdrückliche Weise vorgebracht, »Sie auf folgendes aufmerksam zu machen: Ein Besitzer und Herausgeber diverser Zeitungen, wie ich, muß in allererster Linie um ein tragbares Fundament für seine Unternehmungen bemüht sein; dafür die kaufmännischen und technischen Voraussetzungen schaffen. Dabei bleibt ihm kaum Zeit und Gelegenheit, irgendwelchen Einfluß auf das zu nehmen, was in seinen Redaktionen geschieht.«

»Dafür haben Sie sich einen Chefredakteur ausgesucht; einen Ihnen verläßlich erscheinenden Mann. Und der kommt Ihren Weisungen nach. Der hat bestrebt zu sein, die zwischen Ihnen abgesprochene Generallinie einzuhalten.«

»Sie sehen das wohl nicht ganz unrichtig, Herr Rechtsanwalt, eben nicht ausreichend realistisch genug. Denn bei einer Zeitungsredaktion, sagen wir, einer mittelgroßen wie jener des ›Kuriers‹, wirken viele Menschen mit – etwa drei Dutzend mit festem Gehalt; hinzu kommt fast die gleiche Anzahl freier Mitarbeiter, die auf der Basis von Zeilenhonoraren arbeiten. Diese alle sind jedoch niemals, wie man gemeinhin so sagt, an die Kette zu legen. Vielmehr sind dabei stets eine ganze Reihe von Eigenmächtigkeiten denkbar – um nicht zu sagen: so gut wie unvermeidlich!«

»Womit Sie auf Herbert Klinger anspielen – falls ich Sie richtig verstanden habe.«

»Ich bin«, bekannte Theodor Stemmer nun fast klagend, wenn nicht gar anklagend, »auf Grund meiner vielfachen Erfahrungen in dieser Branche kaum noch zu enttäuschen – also: so gut wie auf alles gefaßt. Dennoch! Was sich aber da etwa dieser Klinger geleistet hatte, überstieg, alsbald bestürzend erkennbar, so gut wie alles, was selbst ich bisher in dieser Hinsicht für möglich gehalten hatte.«

»Sie sprechen damit das sogenannte Hagen-Komplott an?«

»Eine überaus scheußliche Angelegenheit, weiß Gott! Bevor ich da noch eingreifen konnte, war es bereits zu spät. Denn ich hatte mir, als diese Vorgänge in eine heiße Phase gerieten, zufälligerweise gerade ein paar Tage Urlaub gegönnt – die ich dringend notwendig hatte.«

»Sie waren also keinesfalls für eine derartige, alsbald so überaus vernichtend in Erscheinung tretende Behandlung des Herrn Hagen in einer Ihrer Zeitungen?«

»Ganz entschieden – nein!« Stemmer erschien nun geradezu beschwörend. »Denn ich habe Herrn Hagen stets – trotz allem – sehr geschätzt. Trotz der Irrtümer, die er beging; trotz der Vorurteile, die er bekanntermaßen gegen mich hegte und die ich nur überaus zu bedauern vermochte. Ja, ich stehe nicht an, zu bekennen: Ich habe Hagen verehrt.«

»Mithin waren Sie also entsetzt, als die Dinge völlig falsch zu laufen begannen. Und dafür mußte dann ein Verantwortlicher, ein Schuldiger gefunden werden. Doch der von Ihnen hochgeschätzte Chefredakteur durfte, sollte das nicht sein. Wer also sonst konnte, mußte dafür seinen Kopf hinhalten – wenn nicht Klinger?«

»Bedenken Sie bitte, Herr Rechtsanwalt, daß ich ein Mann bin, der im öffentlichen Leben steht. Gegen jeden Versuch, meinen über viele Jahre hinweg bewahrten makellosen Ruf anzutasten, müßte ich mich wehren – mit allen gebotenen Mitteln, unter Ausschöpfung aller meiner Möglichkeiten.«

Was eine eindeutige Drohung war. Doch ich beschloß, sie zu überhören. Dennoch schien mir eine Ablenkung geboten.

»Könnte es nicht sein, Herr Stemmer, daß hierbei auch sehr private Konstellationen eine Rolle gespielt haben? Wobei ich mir erlaube, den Namen Ingrid Reiner zu nennen.«

Stemmer setzte sich mit einem Ruck auf. »Ich halte es für wünschenswert, diesen Namen nicht ausgerechnet in diesem Zusammenhang zu vernehmen. Darf ich Sie bitten, Herr Rechtsanwalt, darauf zu achten!« Was einer erneuten Drohung gleichkam.

Diesmal blieb ich jedoch sozusagen am Ball. »Jedenfalls, Herr Stemmer, scheinen sich dabei gewisse Zusammenhänge anzubieten; geradezu aufzudrängen. Eben in Verbindung mit Frau Reiner, der Sie wohl sehr nahe stehen.«

»Eine Formulierung, die mir reichlich unangebracht erscheinen will. Frau Reiner und ich sind gute Freunde; sehr gute Freunde sogar. Wir besitzen große Sympathien füreinander. Aber es wäre gewiß nicht ratsam, in dieser Hinsicht fragwürdige Spekulationen anzustellen.«

»Darauf will ich auch gar nicht hinaus, Herr Stemmer. Ich erlaube mir lediglich, Sie auf gewisse Verbindungen hinzuweisen, die sich bei diesen Vorgängen wohl kaum übersehen lassen. Denn Frau Ingrid Reiner kannte nicht nur Herrn

Klinger, den sogar recht gut – zu deren engen Bekannten gehörte gleichfalls Herr Hagen.«

»Was, bitte, geht mich das an? Was hat mich das anzugehen?« Theodor Stemmer reagierte nun geradezu schroff, was überraschend wirkte. »Davon weiß ich nichts; will ich auch gar nichts wissen! Versuchen Sie nicht, mich mit derartig fragwürdiger Spekulation zu belästigen, oder mich gar belasten zu wollen.«

»Was keinesfalls beabsichtigt ist, Herr Stemmer. Nur drängt sich dabei die Vermutung auf: Derartige Verbindungen könnten durchaus, möglicherweise, bei dieser Angelegenheit eine gewisse Rolle gespielt haben.«

Eine lastende Beunruhigung schien den Zeitungsgewaltigen befallen zu haben – das war nun klar erkennbar. Stemmer hatte erhebliche Mühe, die von ihm kultivierte Würde zu wahren. Auf seiner Oberlippe begannen sich Schweißtröpfchen zu bilden – ein Vorgang, den Herbert Klinger in seinem Manuskript ziemlich exakt beschrieben hatte, allerdings auch reichlich vulgär: »Immer, wenn der kurz davor war, sich in die Hosen zu machen . . .« Eine Situation jedenfalls, die genutzt werden mußte.

»Ich gebe zu, Herr Stemmer, daß es zumeist ziemlich einfach ist, einem Menschen irgend etwas anzuhängen, wenn man das unbedingt will. Das ist sogar einem so angesehenen und ehrenwerten Mann wie Hagen passiert. Das kann den Besten passieren. Vorstellbar somit auch, daß etwa behauptet werden könnte, es habe da diverse unsittliche Entgleisungen gegeben – im Zusammenhang mit einer gewissen Schauspielschule.«

Stemmer schwieg zunächst sichtlich bestürzt; sein Mund war leicht geöffnet. Woraufhin er empört ausrief: »Das – will ich überhört haben! Versuchen Sie niemals, mich mit derartig ungeheuerlichen Verdächtigungen zu konfrontieren!« Was eindeutig die dritte Drohung darstellte, die während dieses Gespräches an mich ergangen war.

»Derartige Manipulationsversuche riechen so ganz und gar nach denen eines Klinger. Und weiter kein Wunder, daß der nun auf der Straße liegt. Und ich kann einfach nicht annehmen, daß Sie sich auf derartige Machenschaften einlassen. Denn das allerdings wäre fatal – für Sie!«

Fluchtartig verließ ich den Zeitungsmagnaten. Danach war mir noch eine kurze Atempause vergönnt. Doch alsbald ging hier der Zauber erst richtig los – doch wohl niemand, der daran sonderliche Freude empfinden sollte.

11

Aus dem Romanmanuskript des Herbert Klinger: ein weiteres seiner ersten Kapitel zum ›Hagen-Komplott‹. Dieses mit der Überschrift: ›Wie eben der Zufall so spielt.‹

Das Zeitungsimperium Stemmer AG befand sich nahezu im Zentrum der Landeshauptstadt. Es besaß eine Gemeinschaftskantine für sämtliche redaktionellen, drucktechnischen und kaufmännischen Abteilungen dieses Unternehmens. Dabei handelte es sich um einen scheunenartigen Raum, ausgestattet mit primitiven Gebrauchsmöbeln aus Fichtenholz. Auf den Tischplatten befanden sich klobige Serviettenständer und aufgestapelte Bierfilze der Hackerbrauerei; sowie Salz- und Pfefferbüchsen nebst Gefäßen mit Zahnstochern.

Dieser Stall von Kantine wurde in den Mittagsstunden – zwischen 12.30 und 14.30 Uhr – besonders stark frequentiert. Dort wurden von einer Schnellküche in Aluminiumfolie angelieferte, in der Kantinenküche aufgewärmte Speisen verabreicht. Kostenpunkt: drei DM; was als eine Sozialleistung sondergleichen angepriesen wurde. Dabei waren Getränke gesondert zu bezahlen. Es gab Milchkaffee, Tee, Mineralwasser, und eben Hackerbier – nahezu zu Einkaufspreisen. Auch darauf wurde immer wieder hingewiesen.

Doch in den Stunden danach, bis zum jeweiligen Redaktionsschluß der verschiedenen, sich unter einem Dach befindlichen Zeitungen, also zwischen 15.00 und 18.00 Uhr, mutete diese Betriebsscheuer geradezu idyllisch großzügig an. Dann pflegten hier nur noch einige Unentwegte eine kleinere Zwischenmahlzeit einzunehmen; auch ›Brotzeit‹ genannt. Dabei konnten nunmehr auch härtere Erfrischungen verlangt werden – vom alpenländischen ›Enzian‹ bis hin zum eiskalten ›Klaren‹, dem Kornschnaps aus dem Norden.

Vor einer ganzen Flasche davon, die sich in einem Eiskübel befand, saß Simone. Vorwiegend mit der sogenannten ›Gesellschaftsberichterstattung‹ beschäftigt. Sie blickte betrübt vor sich hin.

»Störe ich, Simone?«

»Mich, Herbert, kann heute keiner mehr stören.« Sie mußte nicht erst aufblicken, sie erkannte den sich ihr Zugesellenden an dessen Stimme.

Simone war angeblich 36 Jahre alt – zumindest behauptete sie, nicht wesentlich älter zu sein; und sie genoß es sehr, wenn einige sie sogar für eine flotte Endzwanzigerin hielten. Denn so wirkte sie tatsächlich manchmal mit ihrem lang herabwallenden Blondhaar, den großen Blauaugen. Außer, wenn sie sich betrank, wozu sie jetzt augenscheinlich Anstalten traf. Doch dessenungeachtet vermochte sie anzubieten: volle Lippen, sinnlich hohe Backenknochen. Ihre Schultern waren breit, ihre Titten klein, ihr Arsch mächtig prall. Auch ohne gedämpftes Licht war ihr ein gewisses Nachtclubformat nicht abzusprechen.

»Dir scheint eine mächtige Laus über die Leber gelaufen zu sein«, stellte ich fest.

»Kein Wunder, in diesem Scheißbetrieb!«

Simone durfte nicht nur als höchst ehrgeizige, sondern auch als ziemlich erfolgreiche Reporterin des ›Kuriers‹ gelten. Sie setzte sich rückhaltlos ein, wenn der Einsatz sich zu lohnen versprach. Bemerkenswerte Reportagen waren dabei entstanden – basierend auf oft geradezu verblüffenden Interna, ja intimem Recherchenmaterial.

Ihr eine gewisse Großzügigkeit zuzugestehen, war oft angebracht. Sie erlaubte mir, als ihrem Kollegen, eine Beteiligung an dem von ihr erwählten Nordlandschnaps. Sie wollte eben, in so gut wie jeder Hinsicht, als ungemein entgegenkommend und verläßlich gelten. Simone hatte sich als Fotomodell versucht, als Schlagersängerin, schließlich sogar als Schauspielerin – um dann bei dieser Zeitung zu landen.

»Ach, Mensch«, bekannte sie mit bereits trunkenem Lächeln, »da habe ich mich nun wieder einmal abgestrampelt – doch völlig vergeblich.«

»Bei wem?« fragte ich.

»Bei diesem Hagen!« erwiderte Simone prompt – als habe sie auf diese Frage gewartet. Sie leerte ein weiteres vollgefülltes Glas – ohne zu zögern, wobei sie Abscheu erkennen ließ; worüber, war nicht eindeutig festzustellen.

Von dieser Eröffnung beeindruckt zu sein, war wohl angebracht, wenngleich man das besser nicht zeigte. »Sprichst du von Heinz Heribert Hagen, dem Politiker?«

»Dem angeblichen Politiker, verhinderten Historiker, selbstgefälligen Volksaufklärer und Möchtegern-Staatsmann – ganz richtig!«

Es hieß nun, gelassen zu bleiben und zugleich so etwas wie persönliche Anteilnahme zum Ausdruck zu bringen. »Du und Hagen – ihr gehört doch zwei völlig verschiedenen Welten an!«

»Das kann erfahrungsgemäß bisweilen von Vorteil sein. Nach dem Motto: ›Gegensätze ziehen sich an.‹«

»Was jedoch diesmal offenbar nicht zutraf.«

»Ich habe versucht, an Hagen heranzukommen – ohne den geringsten Erfolg. Du kennst ihn – was ist mit ihm los? Entweder ist er homosexuell veranlagt, oder ich bin nicht sein Typ.«

»Für mich stimmt weder das eine noch das andere, Simone. Von Hagen ist vielmehr bekannt, daß er, eben wohl als Schöngeist, mit Vorliebe attraktive weibliche Wesen um sich versammelt. Wenn er eine Person wie dich nicht dementsprechend gewürdigt hat, dann ist anzunehmen: er hat erkannt, daß du auf ihn angesetzt worden bist, und zwar von Warnemann, unserem einzigartigen Chefredakteur. Vermute ich das richtig?«

»Was keinesfalls direkt geschah, Herbert. Dafür ist dieses Arschloch, wie du weißt, viel zu vorsichtig. Unser Chefredakteur hat mir lediglich eine Anregung von der Art übermittelt: ›Du solltest dich gelegentlich – sagen wir: in den nächsten Tagen – bei diesem Hagen ein wenig umsehen; vielleicht fällt dir dabei irgend etwas auf.‹«

»Ganz schön hinterhältig, diese Anregung, derartig unverbindlich-verbindlich vorzugehen. Wobei dir aber wohl bekannt war, Simone, daß dieser Hagen für Warnemann und Konsorten so etwas wie ein rotes Tuch darstellt.«

»Das war mir bekannt. Aber ich habe mir gesagt: ›Na schön, wenn der so scharf drauf ist – dann wollen wir mal!‹ Wenn ich wollte oder mußte, habe ich schließlich immer irgend etwas gefunden. Doch diesmal – total Sense! Bis auf ein paar Krümel, sozusagen. Und nun hocke ich da – ich armer Arsch.«

Derartige Vulgärformulierungen pflegte sich Simone nicht selten zu leisten. Zumeist wohl, um ihren ausgeprägten Sinn für Deftigkeiten zu demonstrieren; aber auch, um ihre speziellen, sie oftmals bedrängenden Probleme zu überspielen. Wenn dabei ihr wirkungsvoller Damentoilettenjargon zum Vorschein kam, dann wohl in der sicheren

Annahme: so etwas wirke bei einer so überaus attraktiven Person, wie sie es nun einmal war, ungemein erregend – auf morbide weiberlose Männer zumindest. Doch zu jenen, hatte sie feststellen müssen, schien dieser Hagen nicht zu gehören.

»Daß du da mit deinen Methoden an den Falschen geraten würdest, was für dich pure Zeitvergeudung ist, hätte ich dir gleich sagen können, Mädchen. Wenn alle Männer wirklich weise wirken, dann wohl nicht zuletzt, weil ihr gestörter Hormonhaushalt sie dazu zwingt.«

»Genau dieses Gefühl habe ich jetzt auch.«

»Doch welche Krümel sind dabei dennoch abgefallen, Simone? Schließlich gehörst du nun einmal zu jenen, die immer etwas finden, wenn sie darauf aus sind.« Eine Bemerkung, die als Kompliment gedacht war; von ihr auch so empfunden wurde. Doch aufzuheitern vermochte ich sie dadurch nicht. »Also – was hast du diesmal aufgespürt?«

»Einige Krümel, wie gesagt – wie sie in diesem Scheißberuf immer anfallen. Da wäre etwa auf Hagens Haushälterin zu achten; eine Witwe, etwas jünger als er, die ihn eindeutig hingebungsvoll zu betreuen scheint, das zumindest versucht. Dann sind dessen sogenannte ›Schüler‹ gar nicht uninteressant; weibliche wie männliche, die in ihrer Geschlechtsorientierung nicht klar einzuschätzen sind. Eine Menge Quallenartiges; doch nichts wirklich Greifbares. Und nun sitze ich da – ohne jedes brauchbare Resultat.«

»Aus diesem Zustand«, versuchte ich sie höchst behutsam dahin zu bringen, wohin ich sie haben wollte, »könnte ich dich erlösen – wenn du willst.«

»Doch nicht etwa aus Liebe zu mir, Mensch!«

»So etwas mußt du nicht gleich befürchten, Simone. Doch dieser Hagen interessiert mich. Und somit auch das von dir gesammelte Material über ihn – diese angeblichen Krümel. Die würde ich gerne haben.«

»Einfach so – als eine Art Geschenk?«

»Das selbstverständlich nicht, Simone. So etwa könnte ich dir, als durchaus angemessene Gegenleistung, wie ich meine, die Unterlagen meiner neuesten Recherchen zur Verfügung stellen – die derzeitige Rauschgiftszene betreffend; wobei speziell die Mitwirkung von Ärzten beleuchtet wird und deren Adressen genannt werden. Mindestens drei umfangreiche Artikel könntest du, bei deiner Begabung, aus diesem Material herausschinden.«

»Moment mal!« rief Simone plötzlich wie ernüchtert aus. Ihre großen Blauaugen bekamen eine stählerne Färbung. »Geht das etwa gegen Warnemann? Solltest du versuchen, mich gegen ihn auszuspielen?«

»Keinesfalls, Simone! Mit Warnemann arrangiere ich mich schon. Doch unter der Voraussetzung: Du bestehst nicht weiter darauf, dich mit diesem Hagen-Komplex zu beschäftigen. Deine Unterlagen hierzu überläßt du mir – sofern Warnemann damit einverstanden ist; was gewiß der Fall sein wird. Denn ich gedenke ihm ein Angebot zu unterbreiten, dem er sich wohl kaum wird entziehen können. Was dagegen einzuwenden, Mädchen?«

»Diese Kloake kannst du haben, Kollege – mit Handkuß.« Simone sah sinnend vor sich hin. »Doch nun mal im Ernst, Herbert: Warum dieses Entgegenkommen? Du bist schließlich ein ganz ausgekochter Hund – welche Katze glaubst du diesmal im Sack zu haben?«

»Was sich ja geradezu schmeichelhaft anhört, Simone, meine Schöne. Und das zwischen uns Vollprofis! Nun – du schenkst mir nichts, und ich schenke dir nichts. Alles hat eben seinen Preis; in unserer Branche allemal. Ich erlöse dich von dem dir aufgedrängten Hagen-Komplex und lasse dir allerbestes Rauschgiftszenenmaterial zukommen. Mithin ist es geradezu selbstverständlich, daß ich dann eine gewisse Erkenntlichkeit deinerseits erwarten kann.«

»In welcher Hinsicht, Herbert?«

»Ich bin nun mal, was mir gelegentlich selbst unbequem

zu werden droht, ein Mann von einiger Gründlichkeit. Ich versuche nichts zu übersehen, nichts auszulassen; und schon gar nicht, irgend etwas zu verschenken. Was mir vorschwebt, ist eine Art panoramahafte Übersicht, ein Einblick in gewisse menschliche Gegebenheiten.«

»Wie denn das – und auch bei mir?«

»Auch bei dir, Simone. Denn in deinem Bereich wimmelt es doch geradezu von menschlichen Beziehungen. Dabei denke ich, zum Beispiel, an Chefredakteur Warnemann und dich; aber auch an unseren Herausgeber Stemmer und deine Person. Betriebsintern ist darüber ja einiges in Umlauf.«

»Na – und wenn schon!« rief Simone empört und zugleich ein wenig besorgt aus. »Schließlich kann ich pennen, mit wem ich will!«

»Gewiß, ganz gewiß! Nur eben, daß sich auch dabei ein gewisses Hintergrundmaterial ergibt. Wie wäre es denn damit? Wobei streng vertrauliche Behandlung zugesichert wird.«

»Echt?«

»Echt. Ich bin schließlich bekannt dafür, daß ich meine diesbezüglichen Versprechen einhalte; ich habe noch niemals einen meiner Informanten preisgegeben. Und: Ich verlange gar nichts Schriftliches von dir – ein Gespräch unter vier Augen genügt. Dabei sollten allerdings ein paar Namen, Ortsangaben, Daten rausspringen.«

»Und dafür bekomme ich von dir lediglich deinen Rauschgiftszenenramsch? Das ist mir zu wenig!«

»Zug um Zug, Simone. Zahlung jeweils bei Lieferung. Sind wir im Geschäft?«

Das bejahte sie.

12

Daraufhin fand in der Chefredaktion des ›Münchner Kuriers‹ ein Gespräch zwischen Klinger und Warnemann
statt, dessen Dauer sich auf 25 Minuten belief. Es wurde,
in einem der ersten Kapitel des ›Hagen-Komplotts‹ wie
folgt wiedergegeben:

Klinger: »Erlauben Sie mir einige Hinweise in jener Sache,
auf die Sie mich neulich angesetzt haben. Hagen betreffend.«

Warnemann: »Von *ansetzen* – ich bitte darauf zu achten –
kann keine Rede sein. Es hat sich dabei nicht einmal um eine Anregung meinerseits gehandelt. Wenn – dann ist eine
solche allein von Ihnen ausgegangen. Doch falls es Ihnen
damit ernst gewesen sein sollte – was ich wohl respektieren
müßte – etwa sich ergebende Resultate könnten mich
durchaus interessieren.«

»Ich pflege, wenn ich irgendwie kann, ganze und gute Arbeit zu leisten.«

»Gilt das auch im Falle Hagen?«

»Meine bisherigen Recherchen, Herr Warnemann, muten nicht nur brauchbar, vielmehr ziemlich vielversprechend an.«

»Diese sind also – und allein darauf käme es an – praktisch verwertbar?«

»Durchaus, Herr Chefredakteur – wenn Sie das wünschen sollten. Ist dies immer noch der Fall?«

»Falls tatsächlich einwandfrei belastendes Material auf-
tauchen sollte – dann müßte ich mich wohl den Tatsachen
beugen; wenn auch mit Bedauern. Denn schließlich gilt
Herr Hagen in dieser Stadt als eine Persönlichkeit von er-
heblichem Ansehen. Doch immerhin – wenn so etwas in
Sicht zu sein scheint . . .«

»Bei gezieltem, gut geplantem, also ungehindertem Einsatz durchaus! Wobei man sich allerdings nicht verzetteln sollte.«

»Worauf versuchen Sie anzuspielen?« gab sich Warnemann verwundert.

»Lediglich darauf, Herr Chefredakteur: Sie haben auf den Fall Hagen auch noch eine andere Person angesetzt.«

Lächelnd entgegnete Warnemann: »Das jedoch nur, um Sie abzusichern, Ihr Material zu ergänzen – um nicht zu sagen: Sie anzuspornen. Um herauszufinden, ob Sie tatsächlich bereit sind, sich entsprechend zu engagieren.«

»Wer sonst noch, außer Simone, ist mit einer derartigen Materialsammlung beschäftigt? Von unserem Archiv waren keinerlei Unterlagen über Hagen zu bekommen. Die lägen bei Ihnen, wurde mir gesagt.«

»Diese«, versicherte Warnemann nun geradezu herzlich, »stehen Ihnen zur Verfügung.« Er wurde nun vollends deutlich: »Sie brauchen mir nur zu versichern, daß Sie bereit sind, voll einzusteigen.«

»Das, Herr Chefredakteur, bin ich; durchaus. Sofern mir dabei völlig freie Hand gelassen wird.«

»Das gewiß sehr gerne, mein lieber Klinger – unter der Voraussetzung, daß befriedigende Resultate zu erhoffen sind.«

»Sie haben, wie ich weiterhin herausbekommen habe, auf Hagen eine Detektivagentur angesetzt.«

»Auch die von diesen Leuten gelieferten Recherchen stehen Ihnen zur Verfügung«, versicherte Warnemann nun geradezu eilfertig. »Sie brauchen mir nur zu bestätigen, daß Sie entschlossen sind, hier nun hart am Mann zu bleiben. Ich will endlich überzeugende Ergebnisse sehen!«

»Die lassen sich ermöglichen. Doch nur unter der Voraussetzung: Alle weiteren diesbezüglichen Aktionen bleiben allein mir vorbehalten. Wobei ich jetzt schon ziemlich sicher bin: Selbst bei einem Hagen ließe sich durchaus eine gewisse belastende Vergangenheit nachweisen.«

»Inwiefern, Herr Klinger?«

»Nun, dabei könnte es sich um eine Art menschliches Versagen in Notzeiten handeln – in diesem Falle mit Todesfolge. Mir sind da, rein zufällig, diverse diesbezügliche Unterlagen angeboten worden. Doch ich nehme nicht an, daß Sie unbedingt wissen wollen, von wem.«

»Will ich nicht wissen! Mich interessiert allein das, was unter dem Strich dabei herauskommt. Das muß überzeugend sein. Ist es das?«

»Durchaus. Doch eben das weiß der Lieferant der betreffenden Unterlagen auch. Dementsprechend müßte wohl investiert werden.«

»Wieviel?«

»Eine Summe von rund fünfzehntausend Mark dürfte genügen. Wären Sie bereit, diesen Betrag zur Verfügung zu stellen?«

»Wäre ich, Klinger. Sagen wir: zehntausend – zunächst.« Warnemann war in derartigen Geschäften nicht unerfahren. »Doch mit welcher Garantie?«

»Versprechen kann ich Ihnen nur eins, Herr Chefredakteur: Ich werde die mir angebotenen Unterlagen genauestens prüfen, bevor ich sie für uns ankaufe. Das wird also nur geschehen, wenn ich absolut sicher bin, daß sie genug Sprengstoff enthalten.«

»Geht in Ordnung. Die von Ihnen dafür geforderten zehntausend Mark in bar stelle ich zur Verfügung – gleich morgen. Sonst noch was, Klinger?«

»Lassen Sie mich also nunmehr, Herr Chefredakteur, ganz verbindlich dies feststellen: Sie überlassen fortan die Erledigung dieser Vorgänge allein mir. Dies geschieht selbstverständlich in enger Zusammenarbeit mit Ihnen. Ist dies insoweit richtig?«

Warnemann bestätigte das. Er nickte vor sich hin. »Also – alles oder nichts«, äußerte er.

»Nur so, Herr Chefredakteur, läßt sich das machen!«

Damit war dieses Spiel, ein gewiß höchst gewagtes, in seine entscheidende Phase geraten. Wobei wir uns wohl beide, Warnemann ebenso wie ich, als mögliche Gewinner vorkamen. Derartig verblendet kann man sein.

»Einverstanden, Klinger. Sie allein machen das also!« Was im Klartext hieß: Sie machen diesen Hagen fertig! »Wobei ich eine beste, allerbeste, mich voll überzeugende Arbeit zu erhalten hoffe. Im übrigen nehme ich nicht an, daß Sie in Versuchung geraten könnten, mich dabei übers Ohr zu hauen. Das würde Ihnen verdammt schlecht bekommen!«

13

Gespräch des rechtsanwaltlich tätigen Berichterstatters Konrad Dreher, geführt mit Elvira Stemmer, der Ehefrau des vielfachen Zeitungsherausgebers, Verlags- und Druckereibesitzers, zu dessen ›Objekten‹ auch der ›Münchner Kurier‹ gehörte.

Der Ort: eine Villa am Starnberger See, mit herrlichem Blick auf denselben. Höchst gediegen wirkende Einrichtung; betont konservativ, dem Rustikalen angenähert; mithin ohne die geringste Verspieltheit. Demonstriert wurde – wahrlich nicht unwirkungsvoll – Solidität.

Elvira Stemmer war durchaus als Dame zu bezeichnen: feingliedrig, mittelgroß, hochaufgerichtet empfing sie ihren Gast. Ihr Gesicht war faltendurchfurcht, die Augen muteten tränengebleicht an. Ihre streng zurückgekämmten Haare, die zu einem Knoten geschlungen waren, schimmerten silbergrau. Diese Frau umgab ein strenges, bis angestrengtes Fluidum von Würde und Trauer.

Doch Elvira Stemmer begann dieses Gespräch ziemlich

zielbewußt. »Ich darf doch wohl nicht annehmen, Herr Rechtsanwalt, daß Sie gekommen sind, um von mir irgendwelche Privatangelegenheiten zu erfahren. Darauf würden Sie vergeblich hoffen.«

»Immerhin, Frau Stemmer – erlauben Sie mir bitte diese Bemerkung – wird behauptet, daß Sie erst vor wenigen Wochen einen Selbstmordversuch unternommen hätten. Und das wegen Ihres Mannes, beziehungsweise einer Dame namens Ingrid Reiner.«

Elvira schien völlig unbeeindruckt, so, als wäre sie geübt darin, derartige Fragen als unwesentlich abzutun. »Woher, Herr Dreher«, was sich peinlicherweise wie »Verdreher« anhörte, »glauben Sie das zu wissen?«

»Das hat sich herumgesprochen – unter Polizisten, Journalisten und Politikern. Und der eine oder andere könnte diesen Vorfall, falls ihm dies angebracht erscheint, an die Öffentlichkeit bringen. Nehmen Sie an, ich versuche, Sie zu warnen.«

Elvira Stemmer blickte mit tieftraurigen Augen auf. »Ich wünsche mich darüber nicht zu unterhalten. Weder mit Ihnen – noch mit irgend jemandem sonst.«

»Doch dabei könnte, eben von anderen, der Versuch unternommen werden, Sie zu einer Stellungnahme zu zwingen – was aber dann? Gedenken Sie auch weiterhin zu schweigen – oder werden Sie bemüht sein, derartig wuchernde Gerüchte zu dementieren?«

»Dabei«, sagte sie steif und spürbar entschlossen, »gibt es nichts zu dementieren. Denn es hat keinen Selbstmordversuch meinerseits gegeben.«

Eine Behauptung, die wohl zunächst respektiert werden mußte. Wieder einmal mehr drohte es sich zu erweisen, auf welch schwachen Fundamenten das von Klinger gezimmerte Gebäude seiner ›Wahrheiten‹ stand. Der schien dabei offenbar sehr Wesentliches übersehen zu haben: Der erhoffte Beweis vermuteter Wahrheiten vermochte an menschlicher

Anständigkeit ebenso zu scheitern, wie an purer Berechnung oder eben panischer Angst der dabei Betroffenen.

Frau Stemmer jedenfalls beharrte darauf: Dies wäre kein Thema für sie! Und, als habe sie nunmehr alles gesagt, was zu sagen war, wurde sie, fast übergangslos, zu einer herzlichen Gastgeberin. »Darf ich Ihnen Kaffee anbieten? Was ich braue, sagt man, wäre ungemein genießbar.«

Was tatsächlich der Fall war. Er wurde denn auch bereitwillig genossen. Die Pause, die sich ergab, ließ eine gewisse Gelöstheit aufkommen.

Höflich klang mithin die Frage: »Soweit ich informiert bin, verehrte Frau Stemmer, haben Sie etwa zwanzig Jahre gemeinsam mit Ihrem Mann verbracht. Aus dieser Zeit stammen zwei Kinder.«

»Eigentlich drei«, erwiderte Elvira freundlich. »Das erste, ein Junge, starb kurz nach der Geburt – wobei niemals geklärt wurde, woran. Wir haben sehr darunter gelitten – mein Mann und ich. Die weiteren zwei Kinder leben: in beglückender Weise. Sie sind nun bereits 18 und 19 Jahre alt.

Unser Mädchen hat inzwischen geheiratet – einen Tankstellenwart italienischer Herkunft; einen schönen und auch ungemein sympathischen Menschen; wenn auch nicht gerade nach Ansicht meines Mannes. Unser Junge studiert – doch fragen Sie mich nicht, was. Das weiß ich nicht. Nur um eines scheint es sich dabei nicht zu handeln: Zeitungswissenschaften.«

Unschwer zu erkennen, was das zu bedeuten hatte: Beide Kinder fühlten sich offenbar von ihrem Vater enttäuscht, hatten sich von ihm und seiner Welt wie zielstrebig entfernt. »Dies, Frau Stemmer, könnte einiges erklären.«

»Ein Irrtum«, sagte Elvira nun geradezu fest. »Unsere zwanzigjährige Lebensgemeinschaft darf als überaus innig bezeichnet werden. Und so etwas läßt sich nicht einfach auslöschen!«

»Normalerweise nicht, Frau Stemmer. Doch wir befinden

uns nun einmal in einer sogenannten fortschrittlichen, sich zumindest für ungemein aufgeklärt haltenden Zeit – das besonders in sittlicher oder eben sexueller Hinsicht. Zustände, die man vielleicht, und dies gar nicht einmal voreilig, als ungemein *versaut* bezeichnen könnte.«

»Sollten Sie etwa annehmen, daß ich bereit sein könnte, mich von meinem Mann abzuwenden, mich gegen ihn zu stellen?«

»Sie hoffen also immer noch auf ihn – nach all dem, Frau Stemmer, was sich ereignet hat?«

»Was soll sich ereignet haben? Was denn wohl, bitte? Ist Ihnen im übrigen bekannt, daß ich in jüngeren Jahren die Wahl gehabt habe, mich zu entscheiden – und zwar zwischen meinem Mann und Herrn Hagen? Der wollte mich gleichfalls heiraten.«

»Das, allerdings, war mir nicht bekannt. Doch eben diese Tatsache verführt zu völlig neuen Gedankengängen.«

»Immerhin habe ich mich damals für Theodor Stemmer entschieden – eine Entscheidung, bei der ich bleibe. Irgendein Grund, meinen Mann anzuklagen oder gar zu belasten, besteht nicht im geringsten.

Ich halte Theodor für völlig schuldlos an dem, was geschehen ist. Er war nichts weiter als das Opfer unerfreulicher Umstände, unglücklicher Zufälle. Die wahren Schuldigen sind gewiß andere – bedenkenlose Schmarotzer, die sich in seiner nächsten Umgebung eingenistet haben. Und dort noch immer zu finden sind.«

»Etwa Warnemann?« lautete die suggestive Frage.

»Wohl auch – doch nicht ausschließlich nur er«, stellte Elvira fest. »Warnemann darf wohl als ein stets bemühter Mitarbeiter meines Mannes bezeichnet werden. Doch vermutlich hat er sich etliche schwere Fehler geleistet – die er dann, nicht ganz erfolglos, zu bereinigen versuchte.«

»Und – Herbert Klinger?«

»Den habe ich, irgendwie, gemocht. Er war stets gewinnend höflich und entgegenkommend. Deswegen wohl auch die Fehleinschätzung meines Mannes, was diesen Menschen betraf. Eine Fehleinschätzung, die im übrigen meinen Mann ehrt – denn er hat großes Wohlwollen bewiesen, das jedoch an einen völlig Falschen verschwendet. Denn was da bei diesem Klinger zum Vorschein kam, wohl getrieben von intriganter Kurzsichtigkeit und verblendetem Ehrgeiz, mutet geradezu erschütternd an. Das grenzte an – Zuhälterei.«

»Womit wir nun wohl bei Frau Ingrid Reiner angelangt wären – falls ich das richtig sehe.«

Das schien durchaus der Fall zu sein. Elviras Augen verengten sich – als überlege sie, ringe nach Worten. Sodann sagte sie mit überraschend fester Stimme:

»Diese fürchterliche Person! Etwas Heimtückischeres, Rücksichtsloseres, Skrupelloseres kann ich mir nicht vorstellen! Dafür reicht meine Fantasie einfach nicht aus.«

»Jedenfalls scheint Ihr Mann diese Ingrid Reiner zu lieben.« Elviras Zurückzucken gebot eine schnelle Korrektur: »Besser wohl: diese Person scheint es darauf anzulegen, ihn, ›also Ihren Mann,‹ zu vereinnahmen.«

»Das scheint nur so!« Elvira Stemmers Mitteilungsbedürfnis wirkte nun geradezu enthemmt. »Mein Mann pflegt eben manchmal ebenso großzügig wie gutmütig zu reagieren. Seine ausgeprägte Herzlichkeit kommt immer wieder zum Vorschein – auch für andere Frauen; was ich ihm stets gegönnt habe. Zumal er immer wieder zu mir zurückgekehrt ist. Das wird auch diesmal der Fall sein.«

»Ich weiß nicht recht, Frau Stemmer, ob ich Ihnen das unbedingt wünschen soll. Denn nach den derzeitigen, in diesem Lande herrschenden Gesetzen, könnten Sie, nach Lage der Dinge, eine höchst lukrative Scheidung herbeiführen; eindeutig zu ihren Gunsten.«

»Das könnte ich – gewiß. Doch eben das scheint weder notwendig, noch ratsam zu sein.«

Vermutlich erstrebte sie mehr als die ihr nahezu sichere Hälfte seines Vermögens; möglicherweise wollte sie alles. Was hieß: Sie gedachte ihn zu beerben; wohl um der Kinder willen. Nichts Geringeres schien ihre Äußerung anzudeuten.

Sie wirkte jetzt sehr sicher. »Ich bitte Sie, ausgerechnet diese schäbige Person!« Womit sie Ingrid Reiner meinte. »Sie hat schließlich den ihr angetrauten Mann immer wieder betrogen, offenbar wahllos herumgeschlafen. Mit Klinger, möglicherweise mit Hagen – mit wem eigentlich nicht?«

»Ach wissen Sie, verehrte gnädige Frau«, wurde behutsam eingewendet, »wenn es irgendwann in einer Ehe nicht mehr stimmt, passieren eben im Verlaufe der Jahre eine ganze Menge an Fragwürdigkeiten.«

»Nicht unbedingt, Herr Rechtsanwalt, nicht in meiner Welt – ganz offen gesagt. Selbst wenn diese Person, diese Ingrid Reiner, nunmehr aufs Ganze zu gehen scheint – also ihre Ehe aufgibt, ihre Tochter verlassen hat, die ein sanftes, schönes Mädchen sein soll, mithin ihre Familie zerstört, um sich an meinen Mann ranzuschmeißen, den zu überreden versucht, mit ihr zu leben – was, bitte, besagt das schon? Nun gut – mit der schläft er derzeit; doch mit mir ist er verheiratet, ein Leben lang.«

Nichts konnte deutlicher sein. Dabei drängte sich eine Erkenntnis immer intensiver auf: Herbert Klinger, mein Mandant, hatte sich da wohl alles zu einfach vorgestellt. Er hatte vermutlich gedacht: Was gesagt, behauptet wird, läßt sich auch beweisen! Von wegen!

»Allein diese Reiner ist schuld an allem, was passiert ist.«

Immerhin – damit ließ sich einiges anfangen.

14

Ein weiteres der ersten Kapitel aus dem Romanmanuskript ›Das Hagen-Komplott‹ des Herbert Klinger, worin der Ankauf gewisser Dokumente geschildert wird. Die Überschrift dabei: ›Selbst das Fragwürdige ist brauchbar.‹

Treffpunkt war abermals das ›Café Großes Glockenspiel‹, das immer bürgerlicher zu werden drohte.

Am rechten hinteren Ecktisch hatten wir uns eingefunden: zwei Journalisten, Klinger und Peter, die sich wie zufällig getroffen hatten. Der eine wirkte, als habe er beständig Hunger, der andere machte den Eindruck, überfressen zu sein. Genußbereit jedoch muteten mir wohl beide an.

»Wird er kommen?« wurde Peter gefragt.

Der übergewichtige Nachrichtenbeschaffer schnaufte. »Kannst du ihn überhaupt bezahlen?«

»Ich habe vereinbarungsgemäß zehntausend Mark mitgebracht – in bar. Das dürfte wohl genügen – was?«

»Das könnte, zunächst einmal, ausreichen«, bestätigte Karl-Peter. »Du überprüfst das zu liefernde Material – den Preis dafür handele ich aus. Den verbleibenden Rest teilen wir unter uns auf. Einverstanden?«

Das wurde selbstverständlich akzeptiert. Treu vereint, sahen wir mithin dem Erscheinen eines gewissen Mauermeister entgegen. Dieser kam aus der DDR; war dort beim Stasi – also: Staatssicherheitsdienst – beschäftigt gewesen.

Angeblich hatte er aus politischen Gründen fliehen müssen; war nunmehr absolut demokratiebewußt. Abgesetzt hatte er sich mit etlichen verwertbaren Akten im Koffer. Eine davon hatte er jetzt mitgebracht. Sie befand sich in einem mittelgroßen braunen Briefumschlag, den er unter den Arm geklemmt hielt. Peter lud ihn ein, sich zwischen uns niederzulassen.

Was getrunken wurde, war in diesem Augenblick völlig gleichgültig. Es kam lediglich darauf an, eine Zeche zu machen, welche das Bedienungspersonal zufriedenstellte, so daß sie ungestört blieben.

»Nun zeigen Sie mal«, forderte Peter von Mauermeister, »was Sie da im Rohr haben. Wobei Sie sich bei uns verkaufsfördernde Vorreden ersparen können.«

Worauf dieser den mitgebrachten Briefumschlag öffnete und dessen Inhalt hervorzog: etliche Blatt Papier; fünf, wie sich alsbald erwies. Diese händigte er Peter aus, der gar nicht erst versuchte, deren Inhalt zu studieren – er schob sie vielmehr mir zu. Ich stürzte mich geradezu gierig darauf.

Was mir zugeschoben worden war, vermochte ich rasch als das Urteil eines Kriegsgerichtes der Großdeutschen Wehrmacht auszumachen. Dabei handelte es sich um einen Freispruch, der im November 1944 erfolgt war.

Was jedoch den Vorgang so ungemein interessant machte, war der sogenannte ›Tatbestand ‹. Danach war ein Soldat von einem anderen Soldaten erschossen worden. Und zwar, wie es weiter hieß: weil der getötete Soldat eindeutig den Versuch unternommen habe, fahnenflüchtig zu werden. Eine soldatische Selbstjustiz, die absolut Rechtens gewesen sei. Siehe Beweisaufnahme, Zeugenaussagen, sowie Stellungnahmen von Vorgesetzten . . . Weshalb der Angeklagte, infolge erwiesener Unschuld, dann auch freigesprochen wurde.

Bei jener Person, die dabei exekutiert worden war, hatte es sich um den Gefreiten Heinz Krüger gehandelt – geboren 1925 in Klein-Machnow in Pommern. In der Kriegsgerichtsakte wurde er als unsoldatisches, querulantisches Subjekt bezeichnet – mehrfach disziplinarisch vorbestraft; wegen schroffer Widerrede gegenüber einem Unteroffizier; wiederholten Nörgeleien über Verpflegungsrationen; fragwürdigen Äußerungen über die großdeutsche militärpolitische Lage. Und andere Dinge mehr.

Heinz Krüger – dem Infanterieregiment 334 angehörend – hatte eindeutig Anstalten gemacht, sich von seiner Truppe zu entfernen; und das, als sich bedrohliche Gefechtshandlungen anbahnten. Als er, nach mehreren Anrufen, nicht stehenblieb, mußte, angeblich, auf ihn geschossen werden, wobei er tödlich getroffen wurde.

Ein Drama, das eine grausige Pointe dadurch erhielt, daß es sich bei dem sogenannten ›Kameraden‹, der den Fahnenflüchtigen ›erledigte‹, um einen Unteroffizier namens H. Hagen der 8. Kompanie des IR 334 handelte. Die Personalangaben wiesen es eindeutig aus: Es handelte sich dabei um just *jenen* Hagen! Heinz Hagen.

Doch darüber gleich in Begeisterung auszubrechen, wäre wohl nicht angebracht gewesen. Zumal Kollege Peter mich warnend anblickte. Nach bewährter Viehhändlermethode kam es zunächst einmal darauf an, die gelieferte Ware zu bemängeln, um so den Preis dafür zu drücken.

»Das, was Sie uns hier vorgelegt haben, Mauermeister, ist doch lediglich eine Kopie. Worauf es jedoch ankommt, was Sie eigentlich wissen sollten, ist das Original.«

»Das weiß ich, selbstverständlich. Und das kann ich liefern«, versicherte Mauermeister. »Jedoch nur, was Sie gewiß verstehen werden, bei angemessener Honorierung.«

»In welcher Höhe?« wurde er gefragt.

»Zehntausend Mark«, sagte der Angesprochene schlicht; schneller Zustimmung wohl bereits sicher.

»Einfach lächerlich!« stieß Peter hervor. »Eine derartige Forderung ist ganz einfach überhöht.«

»Sie übersteigt auch«, versicherte ich umgehend mitziehend, »die dafür zur Verfügung gestellte, von mir mitgebrachte Summe. In bar.«

»Wie hoch ist die denn?« wollte Mauermeister wissen.

»Fünftausend.«

»Ausgeschlossen!« gab der Anbieter bestürzt zurück. »Damit würde ich mein erstklassiges Material, auf das Sie ganz offensichtlich scharf sind, verschenken. So etwas kann man mir nicht zumuten!«

»Ich weiß ziemlich genau, Mann«, provozierte ihn nun Peter mit lässiger Verächtlichkeit, »was Ihnen zuzumuten ist und was nicht! Ich kenne Ihre Situation so gut wie in allen Einzelheiten. Sie haben doch gar keine andere Wahl, als zu versuchen, hier im Westen zu überleben – also zu kassieren, wo und wie immer Ihnen das möglich ist; wenn Sie nicht vor die Hunde oder wieder in den Osten zurück gehen wollen – was auf ersteres hinauskäme. Und fünftausend Mark sind gar nicht wenig für fünf Blatt Papier.«

»Warum nicht, sagen wir – sechs- oder siebentausend? Das wäre doch wohl angemessen.«

»Vielleicht könnte tatsächlich noch ein weiterer Betrag von zwei- bis dreitausend herausspringen«, erlaubte ich mir anzumerken. »Dann müßte aber wohl ergänzendes Material hinzukommen. Etwa Unterlagen über Hagen aus dessen Zeit bei der Großdeutschen Wehrmacht: genaue Personalien, Angaben über Einsätze, Beurteilungen.«

Peter jedoch überging diese wohl für wenig geschäftstüchtig gehaltene Einlage seines journalistischen Partners total. »Hier und jetzt jedenfalls geht es allein um das Originaldokument, Mauermeister – und um zunächst nichts anderes. Entweder Sie liefern dies – wobei dessen Verwertbarkeit noch keinesfalls feststeht – oder Sie liefern nicht.«

Mauermeister duckte sich, als wäre er in einen schweren Regen geraten. Ziemlich mühsam richtete er sich wieder auf. »Sie verkennen mich!« rief er aus. »Ich bin auf meine Weise ein ehrlicher, fairer Geschäftspartner!«

Woraufhin Peter auflachte – gekonnt vernichtend. »Sie sollten niemals versuchen, einem Kenner wie mir etwas vorzumachen. Hier geht es doch gar nicht um Angebot und Nachfrage – sondern eben darum, ob man verkaufen will oder verkaufen muß. Und Sie – müssen! Sie leben in einer elenden Bruchbude, ernähren sich von minderwertigen

Konserven, können kaum Ihre Miete und Ihre Wäscherechnungen bezahlen; neulich war sogar Ihr Telefon vorübergehend gesperrt. Und Sie schlagen fünftausend Mark aus?«

»Nicht unbedingt – zumal ja die Hoffnung auf weitere zwei- bis dreitausend Mark besteht.«

»An weiterem, ergänzendem Material sind wir durchaus interessiert. Nicht nur über Hagen, auch über den von ihm Getöteten, den in Erscheinung getretenen Zeugen, den dabei tätig gewesenen Kriegsrichter.«

»Dann nehme ich also Ihr Angebot an.« Wobei sich Mauermeister von Peter abwandte, mir zu; offenbar war ich ihm als Gesprächspartner angenehmer. »Und Sie haben diesen Betrag bei sich?«

Das wurde ihm bestätigt.

»Kann ich ihn sehen?«

Er bekam die fünftausend Mark zu sehen – fünf Bündel, zu jeweils zehn Hundertmarkscheinen. Fünf von fünf weiteren, leicht abzutastenden, die in meiner Aktenmappe zurückblieben. »Eines versteht sich wohl von selbst – die Sache geht Zug um Zug.«

»Klar, gewiß doch!« Mauermeister griff mit der Rechten hinter sich, ob in seine Hosentasche, war so genau nicht auszumachen – seine Bewegungen hatten etwas von denen eines Taschenspielers.

Dabei zog er einige leicht lädiert wirkende Papiere hervor. »Das Original des gewünschten Kriegsgerichtsurteils«, sagte er. Nicht ohne Stolz.

Das war's also. Damit war das Geschäft perfekt. Nach kurzer, zufriedenstellender Besichtigung des Dokumentes erhielt Mauermeister seine fünf Bündel zu je zehn Hundertmarkscheinen. Er empfahl sich, nicht ohne deutlich spürbare Erleichterung.

Woraufhin wir uns den Restbetrag in gleicher Höhe brüderlich teilten.

Ungeahnte Möglichkeiten schienen sich aufzutun.

15

Rechtsanwalt Konrad Dreher: »Die inzwischen durchgeführten Recherchen veranlaßten mich dazu, meine diesbezüglichen Aufzeichnungen erneut durchzusehen; insonderheit jene, die ich über mein Gespräch mit Heinz Heribert Hagen angefertigt hatte. Dabei kamen dann noch etliche Details zum Vorschein, die ich zunächst als allgemein bekannt, mithin für unwichtig, für belanglos gehalten hatte; was sie jedoch – nach neuesten Erkenntnissen – nicht gewesen sind.

»Erlauben Sie mir, Herr Hagen, Sie auf einen Umstand aufmerksam zu machen, der in den Aufzeichnungen des Herbert Klinger eine gewisse Rolle spielt.«

»Ich bitte darum.«

»Klinger behauptet, damals sehr darum bemüht gewesen zu sein, Sie zu warnen, Sie zu verständigen. Und zwar, bevor noch der ganze Komplex an die Öffentlichkeit geriet. Sollte er Sie tatsächlich, und zwar in freundschaftlichen Absichten, vor dem gewarnt haben, was da möglicherweise auf Sie zukommen, Sie belasten könnte?«

»Nun ja – das ist nicht unbedingt auszuschließen«, brachte der schwerkranke Hagen mühsam und mit grüblerischer Nachdenklichkeit hervor. »Doch falls dies tatsächlich erfolgt sein sollte, dann eben vergeblich – leider, muß ich nun wohl sagen.«

»Sie – haben Klinger nicht ernst genug genommen! Ist es das?«

»Ich hatte da wohl sehr viel zu tun, war ganz auf das fixiert, was ich meine Sache nannte – die ich für gut und gerecht hielt. Darin war ich mir sehr sicher.«

»Doch könnte es nicht vielleicht sogar sein – und einige Andeutungen Klingers lassen das erkennen – daß es eben diese, Ihre gute Sache war, für die er sich einzusetzen versuchte; mit seinen Methoden? Die allerdings, das gebe ich zu, reichlich eigenwillig waren; oft geradezu verwegen.«

»Verheerend«, stellte Hagen ohne Ressentiment fest. »Das Endergebnis jedenfalls war entsetzlich eindeutig. Nicht nur für mich – für ihn ebenso.«

»Manches lief wohl völlig anders, als das von Klinger geplant war.« Hagens Schweigen hierzu sprach sozusagen Bände. »Jedenfalls scheinen Sie tatsächlich Klingers nachhaltige Vorwarnungen erhalten – sie jedoch in den Wind geschlagen zu haben.«

»Könnte aber auch sein«, setzte Hagen an – woraufhin ihn ein heftiger Hustenanfall schüttelte und er sich ans Herz griff – »daß ich Klinger, dessen Möglichkeiten, seine Entschlossenheit unterschätzt – und zugleich mich überschätzt habe: meine Unabhängigkeit, mein angeblich reines Gewissen, meine Position.«

»Es scheint jedoch, daß Sie in den vergangenen zwei bis drei Jahrzehnten in dieser Stadt, in diesem Land, bei etlichen heiklen Vorgängen kräftig mitgemischt haben – durch Stellungnahmen, Äußerungen, Interviews, Schriften und Reden. Sollten Sie tatsächlich angenommen haben, so etwas werde hier lediglich zur Kenntnis genommen, dann schnell wieder vergessen? Sie haben eine Menge von Konfrontationen bewirkt.«

»Absolut ungewollte!«

»Dennoch nachwirkende, sich ausweitende. Der dann zum Vorschein gekommene sogenannte Fall Hagen mutet geradezu zwangsläufig, ja unvermeidbar an.«

»Die Gründe hierfür, bitte – Ihrer Ansicht nach?«

Diese zu nennen wurde nunmehr versucht. Die Vorbereitungen hierzu waren aufgrund von Klingers Manuskript erfolgt und durften wohl als einigermaßen gründlich bezeichnet werden; wenngleich dennoch nicht als ausreichend, wie sich später herausstellen sollte. Dabei ergab sich folgendes Bild:

1950 hatte Hagen, nach den ersten erfolgten Lizenzvergaben der damals noch sehr einflußreichen amerikanischen Besatzungsmacht, öffentlich die Befähigung eines Theodor Stemmer angezweifelt, eine Tageszeitung verantwortlich leiten zu können. Eine demokratische Grundeinstellung wäre bei ihm nicht gegeben; Stemmers Mitgliedschaft in der NSDAP ließe sich unschwer nachweisen. Stemmer verwahrte sich scharf gegen diese angeblich fragwürdige Polemik.

Dabei versuchte er, ziemlich wirksam übrigens, Hagen persönliche Beweggründe zu unterstellen. Hagen habe seiner Ehefrau Elvira einst leidenschaftliche Anträge gemacht, die diese jedoch abgelehnt habe.

1957 erfolgte dann eine ganze Reihe ziemlich massiver Äußerungen von seiten Hagens, eine Art ›Rundumschlag‹. Hagen hatte nicht gezögert, allen herrschenden Parteien klarzumachen: »Es existieren immer noch unter uns Menschen, die allein auf den äußeren Erfolg aus sind! Sie versuchen, ihre und unsere deutsche Vergangenheit zu vergessen, zu überspielen, zu verdrängen. Doch eben damit verleugnen sie etwas ganz Wesentliches: ihre einzig wahre, wirklich verwertbare Erfahrungsquelle.«

»Vermutlich, Herr Hagen, haben Sie dabei geglaubt, irgendwelche Zeitzeichen setzen zu können. Doch zum Vorschein kam dabei wohl nur eines: Sie besitzen offenbar das Talent, sich Feinde zu machen. Und zwar rundherum.«

Glücklicherweise traf Hagen jetzt nicht die Feststellung, die noch immer durch deutsche Hirne und Lesebücher geistert: ›Viel Feind‹ – viel Ehr'!‹ Ihm lag wohl daran, menschlicher, moralischer zu reagieren.

»Ich habe mir stets gewünscht, als eine Art Schiedsrichter in Erscheinung zu treten, als ein Anwalt der Gerechtigkeit; über den Dingen stehend, mithin auch über den Parteien. Allein unserer Demokratie gegenüber fühlte ich mich verpflichtet. Denn diese ist, trotz diverser Unzulänglichkeiten, die beste Regierungsform, die wir jemals in Deutschland hatten.«

Dem konnte nicht widersprochen werden. Dennoch schien festzustehen, daß Hagen die Gegebenheiten nicht realistisch genug eingeschätzt hatte. Er verkannte eben, wohl weil er überaus sendungsbewußt veranlagt war, seine Möglichkeiten und Mittel.

1961 begann er, ganz direkt, das heißt reichlich unbekümmert, ›eine gewisse, nun bereits wieder als rechtslastig zu bezeichnende Presse‹ anzugreifen. Dabei nannte er sogar namentlich den ›Münchner Kurier‹. Wobei sich jedoch seine Angriffe nicht unmittelbar gegen dessen Herausgeber Stemmer richteten, sondern gegen den dort für die Innenpolitik zuständigen Redakteur ›dieses Blattes‹. Dieser, ein gewisser Kurt Warnemann, sollte nur wenige Jahre später Chefredakteur eben jener Zeitung werden. Den Umstand, von Hagen als »Politkretin« bezeichnet worden zu sein, überlebte er; doch das zu vergessen, vermochte er nie.

Auch 1965, 1970 und 1976 waren ähnliche Vorgänge zu registrieren. Hagen leistete sich, ebens betörend wie vorherrschend aufrichtig, weitere Angriffe – gegen gewinngierige Unternehmer, gegen geltungssüchtige Gewerkschaftler, gegen die wuchernde Bereitschaft von Parteien, ihren Funktionären fette Posten zuzuschanzen. Er verschonte so gut wie niemanden, der sich unter dem Deckmantel der Demokratie Vorteile zu verschaffen suchte.

Hagen, der wohl annahm, einen Feldzug für die Wahrheit zu führen, tat das sozusagen im Alleingang. Ohne jegliche ›Hausmacht‹ im Hintergrund; und alsbald erzeugte er sogar Feindseligkeit in den eigenen Reihen. So etwa, als er den zwischen Marx, Lenin und Mao hin und her schwankenden Pubertärpolitikern vorwarf: Sie begünstigten das Chaos, erstrebten die Katastrophe als Übergang, ermunterten Terroristen. Und dies mit dem Tenor: Wehret den Anfängen!

Alsbald konnten Äußerungen registriert werden, die

Alarmsignalen gleichkamen – wenn sie auch von diesem Gerechten, dem ›Selbstgerechten‹, wie ihn mittlerweile gar nicht wenige nannten, auf fatal souveräne Weise mißachtet wurden. Die für ihn alsbald erfolgenden Etikettierungen ›von rechts‹ lauteten: ›Einseitig . . . voreingenommen . . . vaterlandsloser Geselle‹. Jene ›von links‹ lasen sich so: ›Einseitig . . . rückständig . . . konservativ bis auf die Knochen‹. Und was der einen oder anderen Festlegungen mehr waren – eine Menge lauwarmer Wind kam auf.

Hagen hierzu: »Bei derlei, ich bitte Sie, hat es sich doch nur um vereinzelte, ganz eindeutige Entgleisungen gehandelt – überaus bedauernswerte, die jeder Sachlichkeit entbehrten. Diese mit Schweigen zu quittieren, war doch wohl angebracht.«

»Eine sehr bemerkenswerte Reaktion, Herr Hagen; die Sie auch dann zeigten, als die von Klinger entfesselten Vorgänge über Sie hereinbrachen – selbst dann noch schwiegen Sie!«

»Was läßt sich denn schon zu einem solchen Unsinn sagen? Jedes Wort dazu wäre vergeudet gewesen. Wie kann man denn schon anders auf derartige hervorprellende Manipulationsversuche reagieren, wenn nicht mit nachsichtigem Schweigen.«

1979/80 leistete sich Hagen – man könnte fast sagen: zu allem Überfluß – eine weitere Serie nahezu verwegener, fast selbstmörderisch zu nennender Attacken. Und zwar abermals gegen diverse Publikationsorgane, unter ihnen den ›Münchner Kurier‹, von denen er behauptete, sie seien käuflich, da sie nun einmal vom Anzeigengeschäft abhängig wären. Zum zweiten ging er die Gewerkschaften an, von denen er sagte: »Sie versuchen nichts wie Vorteile für sich herauszuschlagen, ohne Rücksicht darauf, daß sie damit auf die Dauer unser Wirtschaftsgefüge ruinieren – und eben damit auch ihre eigene Existenzgrundlage.« Weiterhin zögerte er nicht einmal, sich auf eine Konfrontation mit den Parteien einzulassen; sogar einschließlich seiner eigenen.

»Deren beständige Versuche, immer mehr Gelder an sich zu ziehen, drohen unsere Demokratie zu einem Selbstbedienungsladen herabzuwürdigen. Derartige Egoismen haben einstmals wesentlich dazu beigetragen, die Weimarer Republik zu zerstören; wodurch dann der Aufstieg eines Hitler ermöglicht wurde.«

Und so weiter und so fort. Hagens Feinde wurden durch derlei Äußerungen naturgemäß immer zahlreicher. Sie schäumten alsbald geradezu vor Empörung. Und seine Freunde wurden schnell weniger, zogen sich kopfschüttelnd zurück, verstummten – einige in ehrlicher Enttäuschung, andere mehr vorsorglich. Und eben diese Umstände führten dann – in der Endsumme – dazu, daß das ›Hagen-Komplott‹ voll zum Tragen kam.

Dieses Gespräch wurde jäh unterbrochen. Die Krankenschwester erschien abermals im Türrahmen und erklärte ebenso schroff wie resolut: »Schluß jetzt – muß ich bitten! Herr Hagen wirkt total erschöpft.«

»So fühle ich mich aber gar nicht«, sagte der.

Woraufhin die Krankenpflegerin feststellte: »Das, Herr Hagen, können Sie nicht beurteilen – das müssen Sie schon mir überlassen.« Sie wandte sich mir zu: »Darf ich Sie bitten, Herr Rechtsanwalt, diese den mir anvertrauten Patienten ungemein schwächende Unterredung endlich zu beenden!«

»Wünschen Sie das, Herr Hagen?« fragte ich ihn.

Der Angesprochene richtete sich in seinem Rollstuhl auf. Seine Stimme hatte in diesem Augenblick jegliche Spur von Müdigkeit verloren. »Stören Sie hier nicht weiter!« sagte er zu seiner Betreuerin, um augenzwinkernd in meine Richtung zu blicken und hinzuzufügen: »Ich habe vieles zu erklären. Und daran sollten Sie mich, bitte, nicht hindern.«

»Dann aber muß ich nunmehr jegliche Verantwortung

ablehnen! Wollen Sie es darauf ankommen lassen, Herr Hagen – und auch Sie, Herr Rechtsanwalt? Davor kann ich nur warnen!«

Hagen winkte ab. »Lassen Sie uns bitte allein – Sie stören hier!«

Die Krankenschwester verließ den Raum, zornig irgend etwas vor sich hinmurmelnd. Keiner der beiden Anwesenden blickte ihr nach.

»Warum, bitte«, wurde Hagen nunmehr gefragt, »haben Sie das alles unternommen?«

»Weil mich stets, das darf ich wohl sagen, der Glaube beherrscht hat, man müsse allein der Wahrheit dienen. Und das eben ohne jede fragwürdige, feige, halbherzige Rücksichtnahme. Ich konnte einfach nicht anders! Doch dabei habe ich mir stets gewünscht, es könnten sich Menschen finden, die mich verstehen, die mir beistehen, die zu erkennen vermögen, was Überzeugung zu sein vermag. War das – zuviel verlangt?«

»Vermutlich ja, Herr Hagen – in dieser unserer Zeit; so, wie die Menschen nun einmal sind; und bei unserer noch reichlich dschungelhaft anmutenden, nur oberflächlich polierten politischen Landschaft. Sicherlich haben Sie geglaubt, der sogenannten Wahrheit verpflichtet zu sein, elementare Grundlagen schaffen zu müssen, wie zu den Sternen emporstreben zu können. Doch dabei haben Sie wohl gar nicht wenigen auf die Hühneraugen getreten; und das ziemlich kräftig. Deren Reaktionen waren denn auch reichlich eindeutig. Das, was dann geschah, dürfen Sie vermutlich als eine Art Quittung für Ihren geradezu traumtänzerischen Feldzug für erstrebte höhere Werte betrachten.«

»Mit dieser Vermutung – habe ich neuerdings den Eindruck – könnten Sie recht haben.«

»Sie waren eben – ganz einfach – unbequem. Zu unbequem! Sie störten hier, um das lapidar auszudrücken. So gut wie unvermeidbar, was sich dann daraus ergab.«

Das, was sich dann daraus ergeben hatte – vor nur wenigen Monaten – wollte tatsächlich nahezu unvermeidlich anmuten: die ganz große Treibjagd! Diverse Heckenschützen hatten ihre Positionen bezogen, scharfe Munition wurde ausgegegeben, die Büchsen waren gespannt worden. Und irgendein Stück Wild, das einmal ausgemacht ist, so glauben erfahrene Jäger zu wissen, besitzt nicht die geringste Überlebenschance.

Der Berichterstatter dieser Zwischenvorgänge sah sich, wie bereits angedeutet, nach Hagens alsbaldigem Ableben dem Vorwurf ausgesetzt, diese seine einzige Unterredung mit Heinz Heribert Hagen habe zu dessen Tod geführt. Diesen zumindest beschleunigt – ob nun direkt oder eben indirekt.

Um diese fatale Verdächtigung schnellstens zu entkräften, suchte der Berichterstatter jenen Arzt auf, der Hagen behandelt hatte. Das war ein Prof. Dr. Stuhler, Chefarzt eines nahen Kreiskrankenhauses; er galt als Mediziner von Rang. Sein konziliant-würdiges Auftreten mutete ungemein gepflegt an.

Und der wurde dann ganz direkt gefragt: »Vermögen Sie, Herr Professor, die Behauptung jener Krankenschwester zu bestätigen, die Sie offenbar Herrn Hagen vermittelt haben. Und zwar dahingehend, daß es zwischen meinem Besuch bei Herrn Hagen und dessen alsbald danach erfolgtem Ableben gewisse Zusammenhänge gegeben haben könnte?«

»Das, Herr Rechtsanwalt«, meinte der Mediziner überaus freundlich, »wäre möglicherweise nicht ganz auszuschließen. Zumal die betreffende Schwester als eine der besten in ihrem Beruf zu bezeichnen ist. Doch wer, ich bitte Sie, vermag sich nicht zu irren?«

»Sie gedenken also nicht, deren angebliche Erkenntnisse zu bestätigen?«

Prof. Dr. Stuhler – nun ganz souveräner Chefarzt – schob seinem Besucher ein von ihm vorbereitetes Schreiben zu. In diesem stand zu lesen: » . . . Gewisse Einschätzungen jener Vorgänge durch besagte Krankenschwester müssen, nach intensiven Überprüfungen, als nicht zutreffend bezeichnet werden. Vielmehr ist folgendes festzustellen: Herr Hagen hat, seit Jahren bereits, unter einer schweren Herzkrankheit gelitten. Und diese mußte, früher oder später, zu seinem Ableben führen.«

»Eine Erklärung«, stellte dieser Superarzt nun fest, »die ich nur noch zu unterschreiben brauche. Tue ich das, sind Sie vollkommen entlastet.«

»Aber warum haben Sie denn dieses Papier noch nicht unterschrieben, Herr Professor?«

»Das, Herr Rechtsanwalt, kann unverzüglich erfolgen. Zumal ich darum von einem meiner liebsten Patienten gebeten worden bin – dem verehrten Herrn Theodor Stemmer. Darf ich annehmen, daß Ihnen klar ist, was das zu bedeuten haben könnte?«

Welch eine Frage! Dieser Dschungel, in den ich mich da hineinbegeben hatte, mutete schier undurchdringlich an.

2. Teil

DIE VERMUTETE WAHRHEIT

*Die entscheidenden Passagen des
Manuskriptes ›Das Hagen-Komplott‹ –
erstellt von Herbert Klinger*

Einleitende Bemerkungen von Dr. Konrad Dreher, des rechtsanwaltlich tätigen, um Aufklärung bemühten Berichterstatters der Vorgänge:

Das von Herbert Klinger offenbar recht intensiv gesammelte Material, einschließlich zahlreicher dokumentarischer Details, wird hier, nicht zuletzt auf meinen Ratschlag hin, als ›ein Roman‹ bezeichnet. Denn eine derartige Formulierung könnte mithelfen, eine möglicherweise drohende gerichtliche Auseinandersetzung abzuwenden.

Somit wurde denn auch dem Manuskript eine stets angebrachte Erklärung vorangesetzt: ›Übereinstimmungen mit Vorgängen, die sich tatsächlich ereignet haben, sowie mit lebenden oder bereits verstorbenen Personen wären rein zufällig.‹ Doch selbst damit noch nicht genug der notwendig erscheinenden Absicherungen.

Vorsorglich wurde das dreimal vervielfältigte Manuskript noch mit dem Passus versehen: ›Nachdruck, Abdruck, Zitierungen nur nach eingeholter schriftlicher Genehmigung des Autors, beziehungsweise dessen Rechtsvertreters.‹ Eine Genehmigung wurde allerdings niemals erteilt; was von vornherein beabsichtigt war. Dennoch tauchten gelegentlich reichlich willkürlich geraffte Auszüge daraus auf, die damit jedoch dem Originalmanuskript von Herbert Klinger nicht entsprachen.

Dieses wird hier erstmals in seinen wesentlichen Teilen veröffentlicht; abgesehen von jenen einleitenden Kapiteln, die im ersten Teil dieses Buches Eingang fanden. Hier jedoch werden die Schlüsselszenen wiedergegeben – völlig unverändert, nicht im geringsten gekürzt, mit sämtlichen, spontan geäußerten Formulierungen, so provozierend diese auch sein mögen.

Wobei wohl noch anzumerken wäre: Der Autor dieser Aufzeichnungen, also Herbert Klinger, hat dabei versucht, was literarisch nicht ungeschickt ist, sich kaum jemals direkt in den Vordergrund zu drängen. Er berichtet von sich zumeist in der dritten Person. Als habe er tatsächlich nichts weiter vorgehabt, als einen Roman zu schreiben.

Einen Roman allerdings, der in nahezu allen wesentlichen Einzelheiten erstaunlich gut fundiert ist – in einer Korrektheit, die sogar mir, als erfahrenem Urheberrechtsspezialisten, nicht wenig Respekt abnötigt, mich letzten Endes dazu veranlaßte, diesen abenteuerlichen Vorgang ebenso intensiv wie zeitaufwendig zu verfolgen. Denn auch jenen Kapiteln und Zustandsbeschreibungen, in denen Klinger selbst nicht persönlich vorkommt, hat er in imponierendem Ausmaß Gesprächsnotizen, Stenogrammaufzeichnungen und Tonbandabschriften zugrunde gelegt.

Herbert Klinger – sein hier vorgelegtes Manuskript macht das ziemlich deutlich – kann kaum abgesprochen werden, ein geborener Erzähler von erheblicher Direktheit und kaum gebremster Fantasie zu sein. Mein Erstaunen bei der Lektüre war nicht gering, wenngleich nicht unbesorgt.

Doch: Fantasie ist eine Sache – deren Beherrschung eine andere.

Auch darauf sollte man bei dieser Lektüre – zu der ich allerdings wohl kaum ›viel Vergnügen‹ wünschen kann – achten.

1

Warnemann war ein Schleimscheißer sondergleichen, mal glitschige Qualle, dann wieder hockende Schildkröte in einem Ledersessel; ein Aasgeier im modisch-dezenten Maßanzug. Seine bevorzugten Farben waren: Braun – von Reh-

bis Scheißebraun. Außerdem roch er drei Meter gegen den Wind nach kosmetischen Produkten. In seinem Büro duftete es wie in einem Bordell der Mittelklasse.

Er pflegte unangemeldete Besucher kaum jemals aufzufordern, Platz zu nehmen. Doch bei ihm blieb man gern in Türnähe stehen. Was weniger an der dick-süßlichen Luft in dem Raum lag, als vielmehr an der gepflegten Gabe dieses Chefredakteurs, dem vor ihm stehenden Untergebenen das Gefühl der Unterlegenheit zu vermitteln; man fühlte sich in seiner Gegenwart nicht wohl in seiner Haut. Entscheidende Unterredungen mit ihm pflegten bei manchen Redaktionsmitgliedern schweißtreibend zu wirken.

Weshalb es diesem Besucher nur recht war, daß Warnemann wieder einmal den Schwerbeschäftigten mimte – so, als habe er ganz allein die Zeitung zu schreiben. Er trommelte mit den Fingern einer Hand auf seine so gut wie leere Schreibtischplatte. Mit der anderen jonglierte er einen Goldfederhalter. »Fassen Sie sich kurz!« mahnte er. »Was haben Sie mir anzubieten, Klinger?«

»Genau das, Herr Chefredakteur, was Sie erwarten. Die Falle läßt sich jetzt präparieren.«

Warnemann horchte sichtlich erfreut auf, bemühte sich zugleich um überlegene Distanz. »Langsam, mein Lieber. Ich muß Ihnen wieder einmal raten, in der Wahl Ihrer Worte erheblich vorsichtiger zu sein.« Sein Versuch, den Reporter vorsichtshalber zu ducken, war offensichtlich. »Ich erwarte nichts ›Bestimmtes‹ von Ihnen; und Formulierungen wie ›Falle‹ gehören nicht zu meinem journalistischen Vokabular – bitte, merken Sie sich das.«

»In Ordnung.«

»Nicht nur in unseren Artikeln, auch in unserem sprachlichen Umgang sollten wir auf äußerste Korrektheit achten. Sie haben eine Anregung vorgebracht, die ich aufgenommen habe – nach reiflicher Überlegung und in der Hoffnung auf gut recherchierte Resultate. Liegen diese vor?«

Über die von ihm investierten zehntausend Mark verlor dieser schleimige Schwätzer kein Wort, ein feiner Mann tat so etwas zwar, sprach aber nicht darüber. Warnemann pflegte sich nach allen Seiten abzusichern; was in den Redaktionen bekannt war. Auch Klinger wußte das.

»Also, Herr Chefredakteur, um es mit einem Satz zu sagen: Nach dem, was ich Ihnen anbieten kann, ist dieser Hagen so gut wie erledigt.«

Diese Qualle breitete sich jetzt in ihrem Ledersessel genießerisch erwartungsvoll aus, schien über die Ränder hinauszufließen. Noch einmal hielt es Warnemann für nötig, sich abzusichern: »Sie sollten wissen, Klinger, daß derartig vulgäre Formulierungen, wie ›so gut wie erledigt‹, gleichfalls zu denen gehören, die ich verabscheue.«

Doch damit wohl endlich genug der unverbindlichen, wenn auch schrilltönenden Gemeinplätze. Warnemanns Augen blinzelten nunmehr schlaumeierhaft, in eindeutig erwartungsvoller Neugier. »Also dann berichten Sie mir mal, Klinger, was Sie aufgespürt haben – aber ohne jedes überflüssige Geschwätz, wenn ich bitten darf.«

Welche Bemerkung der Journalist lediglich zur Kenntnis nahm. Er zog aus seiner Aktenmappe einige Blatt Papier hervor – exakt fünf. Die legte er Warnemann vor – um sich dann sofort wieder zurückzuziehen. Von seinem Platz aus kommentierte er: »Ein Kriegsgerichtsurteil aus dem Jahre 1944 – das Original liegt Ihnen vor. Betrifft: Erschießung eines angeblichen Deserteurs. Erfolgt durch einen Unteroffizier namens Hagen.«

Nun durfte der sich seines Erfolges sichere Journalist eine der höchst seltenen Reaktionen seines Chefredakteurs erleben. Warnemann war völlig verstummt, saß absolut regungslos da, nun wieder ganz Schildkröte – ein Zustand, der etliche Sekunden lang anhielt. Dann stürzte er sich auf das ihm vorgelegte Dokument; las etwa fünf Minuten lang schweigend, begann dabei immer rascher zu schnaufen. Sodann schloß er, wie beglückt und erschöpft zugleich, seine schlauen Schweinsaugen.

Seine Stimme klang triefend vor Wohlwollen. »Das, mein Lieber, ist ebenso ungeheuerlich wie beklagenswert. Ein Soldat ermordet seinen Kameraden und wird dann auch noch offiziell freigesprochen – eine geradezu fantastisch neuartige Variante dieser unglückseligen Naziverbrechen!«

»Handelt es sich um Material, das Sie überzeugt?« wurde er geradezu höflich gefragt.

»Leider – ja«, erklärte Warnemann. »Auch wenn ich Herrn Hagen sehr schätze – wie Sie ja gewiß auch, Klinger – so darf uns das nicht davon abhalten, die Wahrheit herauszufinden, uns zu ihr zu bekennen! Oder sollten Sie etwa anderer Ansicht sein?«

»Nicht unbedingt.« Bereitwilligkeit erkennen zu lassen, schien jetzt zwingend geboten; Warnemann lauerte förmlich darauf. »Ich bin durchaus bereit, Ihren Anregungen, Herr Chefredakteur, zu folgen.«

»Irgendwelche Unklarheiten dabei?«

»Kaum. Denn nach den von unserem Archiv gesammelten, mir durch Sie zugänglich gemachten Unterlagen trifft es tatsächlich zu: Hagen ist zur Zeit der in diesem Kriegsgerichtsverfahren registrierten Tatbestände Unteroffizier im Infanterieregiment 334 gewesen, und zwar in der 8. Kompanie.«

»Das ist mir bereits bekannt, das habe ich unserem Archivmaterial entnommen, Klinger. Mein Gedächtnis, sollten Sie wissen, funktioniert vorzüglich. Doch Sie scheinen zu zögern – warum?«

»Das vorliegende Material dürfte ein bis zwei durchaus wirksame Artikel ermöglichen. Danach aber müßte wohl noch weiteres Hintergrundmaterial dazukommen, um die Durchschlagskraft unserer Kampagne zu erhöhen. Also dokumentarische Ergänzungen, zusätzliche Recherchen, intensive Begründungen; besonders wohl im Hinblick auf die Dienstzeit des Hagen in der Großdeutschen Wehrmacht.«

»Doch das, was hier vorliegt, genügt für einen wirksamen Anfang, Klinger! Vollkommen. Alles Weitere wird sich finden – werden Sie finden, nicht wahr?«

»Bei dem Materiallieferanten, den ich habe, ist dies anzunehmen. Mein Mann ist zwar sehr willig, auch durchaus preiswert – doch umsonst arbeitet er nicht.«

»Verstehe, Klinger!« Warnemann lachte überlegen auf; seine Augen blinzelten verständnisvoll. »Sie wollen also noch weitere Summen herausschinden – für wen auch immer. Ich kenne schließlich derartige Machenschaften, Mann – ich bin ein alter Zeitungsfuchs, aber keine Weihnachtsgans, die man ausnehmen kann. Doch kleinlich bin ich nicht; nicht, wenn es um eine gute, gerechte Sache geht. Auf welche Summe spekulieren Sie diesmal?«

»Sagen wir – fünftausend Mark.«

»Na schön – dreitausend werden sich ermöglichen lassen.«

»Sie meinen: Herr Stemmer wird zustimmen?«

Der Chefredakteur versuchte nunmehr gletscherkalt zu blicken. Seine nächsten Worte lauteten: »Sie sollten niemals versuchen, Klinger, sich auf irgendwelche völlig überflüssige, aber auch nicht ungefährliche Manipulationen einzulassen – nicht ungefährlich für Sie.«

»Verzeihung!« Das sollte höflich-ergeben, zumindest bereitwillig-zustimmend klingen. »Doch ich lege auf möglichst geklärte Verhältnisse Wert, auf eine bestmögliche Absicherung. Falls mir diese auch Herr Stemmer garantieren könnte, könnte ich völlig uneingeschränkt tätig sein.«

»Merken Sie sich das eine: Ich bin, auch hierbei, allein der für Sie maßgebende Mann! Lassen Sie also, dies rate ich Ihnen dringend, alle sonstigen Spekulationen aus dem Spiel, mithin auch Herrn Stemmer. Unbedingt.«

»Ist das – eine Art Befehl?«

»Eine Anregung – allerdings eine verbindliche. Und nun, Klinger, sollten Sie nicht weiter um den Brei herumreden – machen Sie ihn goutabel. Bereiten Sie unverzüglich wirksame Artikel daraus. Nichts sonst hat Sie vorerst zu beschäftigen – kapiert?«

»Sehr wohl – durchaus.«

Die gegenseitigen Verlogenheiten hatten nun geradezu gigantische Ausmaße erreicht. Denn: Beide versprachen sich unerhört viel von der Sache. Wobei dann wohl sogar einer vom anderen annahm, der würde vor die Hunde gehen.

Die nächsten zwei, drei Tage waren denn auch bis zum Rand gefüllt mit Fragwürdigkeiten.

2

Gleich am nächsten Tag, in den frühen Vormittagsstunden, suchte der recherchierende Journalist Klinger, der sich für einen aufmerksamen Zeitbetrachter hielt, den Mann namens Heinz Heribert Hagen auf. Er wurde ohne sonderliche Schwierigkeiten vorgelassen. Denn der dortige ›Zerberus‹, eine Wirtschafterin namens Brasch, hielt diesen Besucher für einen erklärten Freund des von ihr hingebungsvoll betreuten Brotgebers.

Beide, Betreuerin wie Besucher, wußten um Hagens streng geregelten Tagesablauf: Hagen bedurfte nur noch weniger Stunden Schlaf; höchstens sechs bis sieben. Wenn er keine abendlichen Verpflichtungen hatte, denen er neuerdings gern auswich, ging er sozusagen ›mit den Hühnern‹ zu Bett; und er pflegte täglich bei der Morgendämmerung aufzustehen. Woraufhin er sich, nach sehr intensiver Reinigung des Körpers, des Gesichtes, der Zähne, in einen einstmals wohl prächtigen, doch inzwischen völlig abgeschabten Plüschmantel hüllte. Dieser war vermutlich zwei Jahrzehnte alt und dürfte einstmals eine tiefseeblaue Farbe besessen haben.

Zunächst pflegte Hagen ein Glas Tee zu trinken – niemals Kaffee, nicht vor Sonnenuntergang; bis dahin nahm er auch nichts Alkoholhaltiges zu sich. Die ersten zwei, drei Stunden eines jeden Tages verbrachte er mit den vor ihm aufgestapelten Zeitungen. Darunter waren die ›Süddeutsche‹ und der ›Münchner Merkur‹ – niemals der ›Kurier‹ – weiter die ›Frankfurter Allgemeine‹, die ›Welt‹, die Pariser ›Le Monde‹, bis hin zur Londoner und der ›New York Times‹. Diverse Zeitschriften kamen hinzu.

Von dieser intensiv genossenen Beschäftigung sah er nunmehr auf, als sich ihm sein früher Besucher näherte. Dies geschah keinesfalls unwillig; vielmehr mit einer beständig präsenten, freundlichen Gelassenheit. Hagen streckte, ohne sich zu erheben, seine rechte Hand aus. »Setzen Sie sich zu mir, mein lieber, junger Freund. Ich freue mich sehr, Sie zu sehen. Sollte ich irgend etwas für Sie tun können?«

Der Angesprochene ließ sich bereitwillig neben Hagen nieder. Dessen Anblick vermochte ihn immer wieder mit staunender Bewunderung zu erfüllen. Dieses Air grenzenloser wie auch wohl naiver Menschlichkeit besaß in diesem elenden Dasein so etwas wie Seltenheitswert. Albert Schweitzer hatte es wohl besessen, Albert Einstein und auch Max Tau – jener deutsche, in Oslo lebende Jude, der nahezu sämtliche Angehörige durch die Nazis verloren hatte und dennoch nicht aufhörte, sich für Frieden zwischen den Völkern und Religionen einzusetzen.

In den Augen seiner Gegner indes war Hagen ein penetranter Seelenaufweicher, dem es immer wieder gelang, Gutgläubige in lebensuntüchtige Spinner zu verwandeln. Dessen gefühlsselige Faseleien vom Weltfrieden, so wurde weiter behauptet, seien einstmals eine besonders wirksame

Masche zwecks Beeinflussung gewesen – doch inzwischen habe er begonnen, selbst daran zu glauben. Durchaus möglich, daß er sich für eine Art Münchner Messias hielt.

Zumindest war nun einmal dieser Eindruck entstanden. Vermutlich war es also höchste Zeit, ihn von seinem einsamen Friedensolymp herunterzuholen. Denn schließlich war er kein einsam forschender Wissenschaftler wie Einstein, kein verträumter Poet wie Tau – Hagen hatte sich mitten im politischen Alltag angesiedelt. Daß dem so war, mußte ihm wohl endlich einmal klargemacht werden – und zwar von jemandem, der es gut mit ihm meinte. Und sein Besucher hielt sich dafür für geeignet.

»Ich habe Sie oft bewundert, Herr Hagen; das jedoch nicht selten, offen eingestanden, ohne ein gewisses Erstaunen. Denn Sie scheinen Ihrer Sache so überaus sicher, obwohl Sie ohne Netz arbeiten, ohne jede Absicherung. Ist das nicht auf die Dauer gefährlich? Was macht Sie so souverän? Gesammelte Erkenntnisse, gewachsene Erfahrungen, erworbene Überzeugungen – oder gar eine Art Sendungsbewußtsein?«

»Aber ich bitte Sie, mein lieber Klinger, nichts dergleichen trifft auf mich zu«, bekannte Hagen ein wenig stokkend, wobei er dennoch lächelte. Dieses ganz bewußt eingesetzte Lächeln gehörte zu seinen beständigen Reaktionen – es mutete langsam fast mitleiderregend an. Doch Mitleid und Politik sind wie Feuer und Wasser.

»Ich habe mich«, versuchte Hagen weiter auszuführen, »niemals überschätzt – im Gegenteil, immer wieder versucht, absolut ehrlich zu sein; was allerdings eine gewisse Verwegenheit nicht ganz ausschließt. Wobei auch ich ein Anrecht darauf habe, gelegentlich zu versagen, mich zu irren, Fehler zu begehen – vollkommen ist schließlich niemand. Ist es das, was Sie hören wollen, Herr Klinger?«

»Sie schließen also gewisse Fragwürdigkeiten auch in Ihrem Leben nicht aus?«

»Fragwürdig, mein lieber junger Freund, scheint in diesem Dasein so manches zu sein – wobei es auf den jeweiligen Standpunkt des Betrachters ankommt.«

»Wobei Sie hoffentlich nicht verkennen, daß zahlreiche Betrachter einen wesentlich anderen Standpunkt einnehmen als Sie?«

»Ja – zugegeben. Und diese scheinen in letzter Zeit sehr zugenommen zu haben.« Das erkannte Hagen absolut richtig; doch dieser ›gute Mensch von München‹ schien nicht die geringsten Folgerungen daraus zu ziehen. Er versicherte vielmehr: »Irren ist schließlich menschlich.«

»Sollten Sie es für völlig ausgeschlossen halten, Herr Hagen, daß dennoch jederzeit etwas Ungewöhnliches, Sie Gefährdendes, auf Sie zukommen könnte?«

»Nicht doch, lieber Herr Klinger! Bei mir, in meinem Bereich, ist doch wohl alles klar, sauber, übersichtlich. Zumindest habe ich stets versucht, ehrenwert zu denken und zu handeln! Mögliche angebliche Bedrohungen vermögen mich also nicht zu berühren.«

Mein Gott, ging es dem staunenden Besucher durch den Kopf: Hagen scheint ja noch weltfremder zu sein, als Einstein und Tau zusammen! Der eine hatte sich hinter seinen Formeln verschanzt, der andere hinter Stapeln von Büchern – Hagen jedoch hatte sich mitten in den Sumpf der politischen Öffentlichkeit begeben. In dem er nun zu versinken drohte. War er überhaupt noch zu retten?

Massive Deutlichkeiten schienen unvermeidlich; sie erfolgten denn auch unverzüglich – entschlossen, radikal. »Darf man fragen, Herr Hagen, wie Sie sich im Zweiten Weltkrieg verhalten haben?«

»Fragen Sie – wonach auch immer.«

»Nun – zunächst würde ich dies wissen wollen: Glauben Sie, diese Zeit unbeschadet, also einwandfrei, eben ehrenwert – um eine Ihrer Lieblingsvokabeln zu verwenden – überstanden zu haben?«

»Nein – das wohl gewiß nicht. Dreck macht dreckig! Wer damals leben mußte, war ausgeliefert – wurde mit allen erdenklichen Zerstörungen, Verwüstungen, Grausamkeiten konfrontiert. Und wenn diese auch manchmal makabergrotesk anmuteten – ich habe mich niemals darüber hinwegsetzen können.«

»Weil dazu wohl auch dies gehörte: Töten!«

»Töten – um nicht getötet zu werden? Sich seiner Haut wehren? Den sogenannten Gegner erledigen, bevor man von ihm erledigt wird? Eine teuflische Spirale letzten Ausgeliefertseins. Nur sogenannte Helden konnten damit bedenkenlos fertig werden. Heroismus und Dummheit muten manchmal wie Geschwister an.«

»Also auch Sie?«

»Nein, Freund Klinger. Vor so etwas bewahrte mich mein Schicksal. Denn ich bin niemals direkt auf einen Gegner gestoßen – ich mußte also nicht töten, um dadurch zu überleben. Eine Art Fügung, könnte man sagen – wofür ich wohl Gott zu danken habe.«

»Doch was, Herr Hagen, wenn so etwas dennoch, und zwar überzeugend, behauptet werden sollte – was dann?«

»Behauptet – von wem?«

»Etwa – von mir.«

Nun horchte Hagen auf; doch ohne daß sein permanentes Lächeln abgestorben wäre. Nahezu sanft fragte er: »Müssen, wollen Sie sich unbedingt auf so etwas einlassen, Klinger?«

»Sagen wir: allein Ihretwegen – in Ihrem Interesse. Und das sehr gerne; falls Sie mir, was ich annehme, vorbehaltlos vertrauen. Was sich dann für Sie als positiv erweisen könnte.«

»Kein gutes Spiel, mein Freund. Denn ich vermag möglicherweise schon jetzt zu erkennen, worauf Sie hinauswollen. Ehrlich gesagt, Klinger – das gefällt mir nicht.«

»Das, Herr Hagen, ist mein Spiel! Lassen Sie es mich spielen – also alle meine Einfälle verwirklichen; so hinterhältig diese Ihnen auch erscheinen, so fernab sie auch von Ihrer Wesensart liegen mögen. Sehen Sie es einfach so: Uns trennen nun einmal Generationen. Ich denke und arbeite wesentlich anders als Sie. Nehmen Sie das zur Kenntnis, wenn Sie wollen, sogar mit einer gewissen Verächtlichkeit.«

»Bitte, versuchen Sie mich darüber aufzuklären, worauf Sie hinauswollen!«

»Herr Hagen, lassen Sie mir freie Hand! Was praktisch heißt: Nehmen Sie zunächst einmal alles hin, was auf Sie zukommt – Ihre stets erprobte Bereitschaft, geduldige Nachsicht zu üben, dürfte Ihnen das ziemlich erleichtern.«

»Sollten Sie etwa beabsichtigen, Klinger, so etwas wie eine gigantische Seifenblase zu produzieren?«

»Ziemlich genau das, Herr Hagen – eine besonders prächtige, giftschillernde Seifenblase! Die wir dann zerplatzen lassen – aber eben nicht gleich. Davon verspreche ich mir einen ganz besonderen Effekt. Mithin könnte nunmehr dies erfolgen: eine massive öffentliche Schmutzkampagne. Diese aber nehmen Sie zunächst mit Ihrer bewährten Gelassenheit hin; sie berührt Sie nicht, weil die Sie nicht berühren kann. Sodann erfolgt eine Sie ehrende, Sie voll rehabilitierende Richtigstellung. Sie werden im strahlendsten Licht dastehen als ein makelloser Ehrenmann, der auf die hinterhältigste Weise mit Dreck beworfen wurde. Nun – ist das ein Vorschlag?«

»Ich weiß nicht recht, ob ich derlei für eine glückliche Anregung halten soll«, bekannte nun Hagen, ebenso höflich wie sorgenvoll. Sein sonst so klar erscheinendes Denkergesicht schien sich in eine breiartig zerfließende Masse verwandelt zu haben, als habe ihn ein plötzlicher Fieberanfall heimgesucht. »Das ist – nicht ehrlich.«

»Aber garantiert wirksam, Herr Hagen. Oder sollten Sie mir etwa nicht vertrauen?«

»Das, Herr Klinger, hätten Sie gewiß nicht verdient – und

darauf will ich es auch gar nicht ankommen lassen. Denn Vertrauen, nicht nur zwischen zwei Menschen, zwischen möglichst vielen Menschen, sollte man niemals voreilig in Frage stellen – es würde dann keine Hoffnung mehr existieren.«

Was ziemlich unverkennbar hieß: Er sagte ja zu diesem Vorschlag! Und eben das war wohl die wesentlichste Voraussetzung für das Gelingen dieses gewiß fantastischen Unterfangens. Welche Gefährlichkeit es barg, war immer noch nicht zu erkennen.

3

Am selben Tag, in den Mittagsstunden, ›ersuchte‹ Kriminalrat Kant, leitender Beamter im Polizeipräsidium, den recherchierenden Journalisten Klinger um eine Unterredung. Dieses ›Ersuchen‹ erfolgte mit einigem Nachdruck; unter Benutzung des Polizeiapparates nämlich. Eine von drei auf Herbert Klinger angesetzte Funkstreifenwagenbesatzungen erreichte ihn im Lokal ›Donisl‹.

Dort pflegte der Reporter des ›Kuriers‹ oftmals eine der urtümlichsten Speisen dieser Stadt zu sich zu nehmen, welche dazuhin – noch immer – von staunenswerter Preiswürdigkeit war: Lunge, hier auch ›Lüngerl‹ genannt; süß-sauer. Kostenpunkt: drei DM; doch ohne Semmelknödel, wie von Klinger bevorzugt, lediglich zwei Mark.

Die diesen Journalisten aufspürenden Polizeibeamten waren, gewiß weisungsgemäß, von großer Höflichkeit. Sie ließen ihn ungestört fertig speisen; nachdem sie über Funk gemeldet hatten: »Objekt angetroffen!« Sodann brachten sie ihn zum Polizeipräsidium.

Kriminalrat Kant, der Klinger dort erwartete, war eine sozusagen stadtbekannte Persönlichkeit: Chef aller Mordkommissionen; weithin anerkannter Fachmann für Verbrechensbekämpfung; eine Art ›graue Eminenz‹ dieser Institution. Deren nächster Präsident, so wurde vermutet, könnte er sein. Doch er vermied es stets, einen derartigen Eindruck aufkommen zu lassen.

Kriminalrat Kant sah aus wie ein Buchhalter – aber eben wie einer, der Gewaltverbrechen mit Todesfolge zu verwalten hat. Sein Gesicht mutete starr, zerklüftet, felswandhaft unzugänglich an. Seine Augen hingegen blickten irritierend freundlich. Bei ihm galt es, auf der Hut zu sein; bereit, sich zu wehren!

Was hier denn auch unverzüglich versucht wurde. »Also, Herr Kriminalrat, wo brennt's?« Bemüht munter.

Der sodann, ohne jede erkennbare Regung: »Mir geht es um einen Vorgang, über den ich mich gerne ein wenig mit Ihnen unterhalten möchte. Zumal ich glaube, Grund zu der Annahme zu haben, daß mir zugegangenes Recherchenmaterial Sie nicht ganz gleichgültig lassen dürfte.«

Was wohl eine Untertreibung war – wie sie bekanntlich dieser Kant pflegte. Denn er war eine Art ›weißer Hai‹ in seinem Metier; stets auf irgendwelche Opfer lauernd. Zumal dann, wenn ihm jemand bei seinem Fortkommen, seinem Ziel, dem Präsidentensessel, im Wege zu stehen drohte. Wobei er dann aber auch, umgekehrt, jene entgegenkommend zu umhegen wußte, die ihm nützlich sein konnten. Bei ihm war äußerste Vorsicht stets geboten.

Das nun wohl auch, als der Kriminalrat erklärte: »Es handelt sich um eine Leiche – was ansonsten ja bei uns ein ganz alltäglicher Vorgang ist. Doch eben diese Leiche, Herr Klinger, dürfte Sie vermutlich interessieren.«

»Als Reporter?« Ein kleines Ausweichmanöver, um Zeit zu gewinnen. Denn worauf, war wohl zu fragen, wollte dieser eisbärenhaft lauernde Verbrechergreifer hinaus? Sollte das eine Falle mehr sein?

»Von mir aus auch als Reporter, wenn Sie so wollen. Wobei Sie aber auch schon, ganz schlicht als Herbert Klinger, ein spezielles Interesse daran, also an dieser Leiche, entwikkeln dürften.«

Womit Kriminalrat Kant, mit zugegebenermaßen gekonnter Routine, geradezu unvermeidlich die Frage provozierte: »Wer ist es?«

Dieser Superkriminalist deutete lediglich ein Lächen an »Es handelt sich dabei um einen gewissen Mauermeister. Und der dürfte Ihnen bekannt sein, Herr Klinger!«

Das war nun wirklich ein Volltreffer – von diesem vielerfahrenen Verbrechergreifer wohl genau kalkuliert.

»Tatsächlich?« lautete die auf Zeit gespielte Frage.

Kant schnaufte leicht verächtlich auf. Schließlich war er Vollprofi. Mithin wußte er auch, daß sich der Weg zum Präsidentenstuhl erfahrungsgemäß am wirksamsten mit massiven, wenn nicht gar spektakulären Erfolgen ausbauen ließ; eine ebenso kluge wie kraftvolle Polizeipolitik gehörte dazu. Also blickte er nun Klinger, den er wohl für keinen gewöhnlichen Journalisten hielt, mit verbindlichem Entgegenkommen an.

»Aber, aber, mein Bester! Versuchen Sie mir nichts vorzumachen – falls Sie einen gewissen Wert auf Zusammenarbeit legen; was ich annehme, denn diese wäre ja auch in Ihrem Interesse. Selbstverständlich kennen Sie diesen Mauermeister. Der ist – oder eben der war – eine Art Materiallieferant. Ein Nachrichtenbeschaffer, ein Spezialist für Unterlagen aus dem Osten – von Journalisten besonders gerne in Anspruch genommen. Auch von Ihnen.«

»Wie kommen Sie zu dieser Ansicht, Herr Kriminalrat?« Bei diesem Mann war jede erdenkliche Vorsicht angebracht.

Kant produzierte abermals die Andeutung eines Lächelns; wobei seine Stimme allerdings einen leicht warnenden Unterton bekam. »Muß ich Sie unbedingt auf etwas aufmerksam machen, was für mich pure Selbstverständlichkeit ist? Ich pflege niemals irgend etwas zu behaupten, was ich nicht was ich nicht auch beweisen kann. In diesem Fall hat sich ganz einfach dies ergeben: Bei dem von uns sichergestellten Nachlaß des mutmaßlichen ostdeutschen Nachrichtenhändlers Mauermeister wurde auch Ihr Name, Ihre Adresse und Ihre Telefonnummer entdeckt. Das ist doch nicht etwa Zufall, Herr Klinger?«

»Das – weiß ich nicht, Herr Kriminalrat. Ich jedenfalls habe diesem Manne niemals irgendwelche Angaben über mich zukommen lassen.«

»Aber nicht doch gleich so was Banales, Herr Klinger – nicht mir gegenüber! Völlig unwichtig, ob Sie dem Ihre Adresse gegeben haben, ob er sie von jemand anderem bekommen oder einfach dem Telefonbuch entnommen hat. Die Hauptsache ist: Er wußte, wer Sie sind – und Sie wußten, wer er ist; oder eben war.«

»Nun gut, kann sein. Zugegeben. Doch erlauben Sie mir dann bitte eine ganz direkte Frage, Herr Kriminalrat: Glauben Sie bereits zu wissen, warum meine Adresse für diesen Mauermeister wichtig gewesen sein könnte – oder eben war?«

»Kompliment, Herr Klinger – Sie schalten schnell!« Das ansonsten tief unterkühlte Lächeln des Kriminalrats wirkte jetzt geradezu wohlwollend. »Sie beginnen mir zu gefallen. Und eben deshalb gebe ich nun auch ganz offen zu: Ich weiß noch nicht, noch nicht genau, worum es sich bei dieser Verbindung zwischen Mauermeister und Ihnen gehandelt hat. Denn bisher hatte ich keine Zeit, um die von uns bei der Leiche vorgefundenen, ziemlich umfangreichen Unterlagen in allen Einzelheiten durchsehen zu können.«

»Würden Sir mir erlauben, Herr Kriminalrat, Einblick in dieses Material zu nehmen?«

»Möglicherweise ja, Herr Klinger – warum eigentlich nicht? Das sogar mit einiger Sicherheit, wenn Sie mir überzeugend, möglichst in Einzelheiten, zu erklären vermögen, auf was Sie dabei Wert legen?«

»Hierbei, Herr Kant, geht es gar nicht um persönliche Interessen.« Den gekonnt gestellten Fallen dieses Herrn auszuweichen, war wahrlich nicht ganz einfach. Dennoch mußte das versucht werden. »Vielmehr dürften Sie annehmen, daß ich hierbei im Auftrag jener Zeitung, für die ich arbeite, tätig geworden bin. Mithin habe ich also in journalistischem Interesse gehandelt; auftragsgemäß. Was Ihnen nicht ganz gleichgültig sein dürfte.«

Eine Behauptung, die ihre Wirkung nicht zu verfehlen schien. Kant bemühte sich nun nicht mehr zu lächeln – er wirkte vielmehr nicht ganz unbesorgt. »Sie versuchen da doch nicht etwa, mir irgend etwas unterzujubeln, Mann! Nicht mir! Oder sollten Sie etwa auf den Einfall gekommen sein, mich gegen Ihren Zeitungskonzern ausspielen zu wollen? Aber doch nicht gleich das – kann ich Ihnen nur raten!«

»Gleich so dämlich – offen gesagt – mir etwas Derartiges zu leisten, bin ich gar nicht, Herr Kriminalrat. Dies jedoch könnte ein überaus heikler, weitzeugender Fall sein.«

»Vielleicht für Sie – für mich jedoch nicht! Offenbar gedenken Sie da irgend jemanden in die Pfanne zu hauen. Dabei könnte es nun Komplikationen geben; denn eine Leiche, richtig gehandhabt, vermag derlei mühelos zustande zu bringen. Ich jedenfalls beabsichtige lediglich gesicherte Ergebnisse auszuwerten; ohne mich dabei zu irgendeiner Rücksichtnahme verpflichtet zu fühlen. Es sei denn, man bemüht sich, mir, also der Polizei, eine solche Aufklärung durch bereitwillige Mitarbeit zu erleichtern. Das allerdings könnte mich, in gewisser Weise, sehr erfreuen; geradezu dankbar stimmen. Nun?«

»Darf ich Sie bitten, Herr Kriminalrat, mir ein wenig Zeit zu lassen? Damit ich über Ihre Vorschläge und Anregungen nachdenken kann.«

»Verstehe – durchaus, mein Bester. Diese Konfrontierung kam für Sie völlig unerwartet – denn die könnte Ihnen, unter Umständen, Ihr Konzept verhageln. Damit haben Sie aber nun gleich zwei Probleme zugleich zu bewältigen. Einmal mich – den sogenannten Polizeihai, der gefüttert werden will. Zum anderen: Ihre nun wohl sehr heikel gewordene Situation. Sie benötigen jetzt dringend Absicherungen, Rückversicherungen – ein Netz mit möglichst doppeltem Boden.«

Völlig unnötig, diesem Kant zu versichern, daß seine Vermutungen stimmten; und absolut schwachsinnig, nun etwa noch den Versuch zu unternehmen, deren Richtigkeit anzuzweifeln. »Geben Sie mir die notwendige Frist – von einigen Stunden?«

»Wird bewilligt«, entgegnete Kant. Sein Eisgesicht schien zu schmelzen; wenn auch nur geringfügig. »Ich gebe Ihnen sogar vierundzwanzig Stunden Zeit – also bis morgen mittag. Was hoffentlich ausreichen wird, um diese nun angesammelte Jauche zu durchwaten, was auch ich sehr erhoffe. Denn auf nicht ungefährliche Mißverständnisse lege ich am allerwenigsten Wert.«

Dieser Mann, vermochte sein nicht unbeeindruckter Besucher zu erkennen, war ein Meister der angedeuteten Eindeutigkeiten: Der versuchte erst gar nicht, einem wohl erklärt aufgeschlossenen Pressehecht das Wasser zu trüben. Wohl nicht im Hinblick auf den von ihm erhofften Präsidentenstuhl. Und wenn auch dabei irgend so ein Zeilenschinder nicht sonderlich richtig war – doch auf dessen Hintermänner kam es dabei an; auf diverse Zeitungsgewaltige also. In diesem Fall auf einen Chefredakteur und möglichst gleich auch noch auf den Herausgeber.

»Ich werde tun, was ich kann, Herr Kriminalrat.«

»Das, Herr Klinger, hoffe ich auch – sehr. Sie suchen mich dann also morgen um diese Zeit wieder auf. Wobei ich mich erfreuende Resultate erwarte. Und darauf bin ich nun geradezu gespannt.«

4

Die folgende, ihm reichlich gewährte Bedenkzeit erfüllte den recherchierenden Zeugen der Vorgänge mit heftiger Unruhe. Er versuchte sich davon zu befreien – zumindest sich abzulenken. Wodurch auch immer.

Klinger suchte zunächst ein sogenanntes ›normales‹ Kino auf. Dort lief der Film irgendeines spinnerten Daseinsentlarvers. Das Werk war eine absurd-naive Nabelschau, die von einigen übersättigten Er- und Aufklärern als tief geheimnisvoll gedeutet wurde. Geradezu fluchtartig begab er sich, immer noch darauf aus, sich zu zerstreuen, in einen Pornofilm.

Das geschah, so war er alsbald bereit zu schwören, zum letzten Mal in seinem Leben – ein Entschluß, der sich ihm bereits nach den ersten fünfzehn Minuten aufdrängte. Optische Bordelle dieser Art existierten allein in dieser Stadt, wie in zahllosen anderen auch, nun schon an die drei Dutzend. In allen war von den frühen Vormittagsstunden an bis Mitternacht immer wieder dasselbe auf der Leinwand zu erblicken: Geschlechtsgymnastik, keuchend betrieben, von ermüdender, würgender Eintönigkeit. Frühreife Schulknaben und Frührentner, fast ausschließlich männliche Wesen, bestaunten geradezu süchtig diesen geballten Unterleibskram.

Aus diesem stinkenden Geschlechtsstall flüchtete der Betrachter alsbald. Ihn verlangte nach Gesinnungsgenossen, nach Freunden. In diesen Stunden der Unruhe wollte er sich vorkommen wie ein einsamer grauer Wolf; ein Gefühl, das ihn indes mit grimmiger Genugtuung zu erfüllen vermochte.

Herbert Klinger durchstreifte sodann rund um den Platz ›Münchner Freiheit‹ mehrere Bars, Kneipen und Diskotheken. Dabei registrierte er überwiegend, und dies wohl auch recht bereitwillig: schmutzig verwahrlostes Junggesindel;

schamlos oberflächliches Geschwätz; das schweißtreiben-
de Gehüpfe sich gegenseitig Angeilender. Diese aufdringli-
chen Geschlechtsbeschauer hielten offenbar den Intimver-
kehr für eine Art Freizeitbeschäftigung, für noch selbstver-
ständlicher als das Waschen der Hände.

So etwas war diesen Typen beigebracht, eingeredet, suggeriert worden. In Filmen, im Fernsehen, von sich ihren Lesern anbiedernden Gazetten. Verdienstgeile Volksverblö-
der hatten schon seit längerem herausgefunden, daß man
einem Großteil dieser langsam idiotenhaft werdenden Un-
terleibskonsumenten so gut wie alles zumuten konnte.

In einem dieser gehörschädigenden Luxusställe fand er
dann Karl Peter – hier mit Vorliebe ›Carlos‹ genannt. Zwei
undefinierbare weibliche Wesen flankierten ihn, die er beide zugleich in den unteren Regionen betatschte; was diese
Damen vermutlich als Würdigung ihrer Person nahmen.

»Sind wir uns schon mal begegnet?« sprach ›Carlos‹, also
Karl Peter, den auf ihn zukommenden Klinger an und blin-
kerte mit den Augen.

Sie begaben sich sodann, nacheinander, in die Herrentoi-
lette, ohne sich – der Örtlichkeit entsprechend – zu betätigen. Karl ›Carlos‹ Peter ließ dabei sämtliche Wasserspülun-
gen laufen. Woraufhin er in nachdrücklichem Ton erklärte:

»Was diesen krepierten Mauermeister anbelangt – den
kennen wir nicht! Dem sind wir nie begegnet; jedenfalls
nicht gemeinsam. Kapiert? Diese Behauptung müssen wir
entschieden durchhalten. Was sich auch ohne weiteres ermöglichen läßt. Da der nun abgekratzt ist, läßt sich nichts
mehr nachweisen. Klar?«

»Auch nicht durch einen Kant?«

»Bei dem, sagen seine Kriminellen, gibt es nur zwei Möglichkeiten: nichts oder alles zu sagen!«

»Hast du ihm bereits irgend etwas gesagt?«

Carlos reagierte höchst unwillig, wohl um seine plötzli-
che Unsicherheit zu verbergen. »Den meide ich wie die

Pest! Und versuche nicht, mir diese Nacht zu vermiesen, Mensch – ich gedenke noch einiges aufzureißen. Sprechen wir morgen darüber, wenn ich wieder nüchtern bin.«

Karl Peter zu verlassen, war geradezu eine Erleichterung. Dessen Reaktion auf den Namen Kant hatte etwas Alarmierendes gehabt. Spürbar braute sich hier Unvorhergesehenes, Unberechenbares zusammen.

Wieder ins Freie gelangt versuchte Herbert Klinger, von einer Telefonzelle aus, Simone anzurufen; doch sie war weder bei sich zu Hause, noch in der Zeitung zu erreichen. Inzwischen hatte er Zeit genug gehabt, zu erkennen: Mit Kant mußte gerechnet werden; auf Peter war kaum Verlaß. Und nicht etwa Warnemann war die entscheidende Person bei diesen Vorgängen; ganz abgesehen davon, daß dieser ihn garantiert fallen lassen würde, wenn irgend etwas schiefgehen sollte. Allein wohl wirklich maßgebend war Stemmer, der Herausgeber; der Mächtige, Einflußreiche, Respektierte – auf ihn würden sie alle achten müssen; Warnemann bestimmt, Peter allemal, und ein Kant vermutlich auch. Auf Stemmer kam es an!

Und so suchte er erneut Barbara Clemens auf, jene Schauspielerin, die ein eigenes, kleines, doch in vielfacher Hinsicht sehr leistungsfähiges Theater besaß. Sie empfing ihn sozusagen mit offenen Armen. »Du, Herbert – schon wieder!«

»Und immer öfter – wenn du nur willst!«

»Du brauchst mir nur zu sagen, Herbert, was ich für dich tun kann – und ich werde es tun.«

»Gewiß, Barbara, machst du alles, wie bei dir gewohnt, absolut richtig. Laß dich umarmen! Falls ich noch weitere Wünsche haben sollte, werde ich sie dir mitteilen – doch wohl erst danach.«

Sie verstanden sich glänzend – man hätte wohl auch sagen können: Sie waren recht aufeinander eingespielt, und zwar in allen erdenklichen Variationen. »Dich«, gestand sie,

»könnte ich lieben! Wenn ich nicht bereits schon so köstlich verdorben wäre; und wenn ich nicht ziemlich genau wüßte, daß du gar keiner großen Gefühle fähig bist.«

Sie hatten inzwischen bereits intensive siebzig Minuten miteinander im Bett verbracht, worauf er sie dezent aufmerksam machte. Nicht ohne schlichten Stolz.

Eine Feststellung, die sie entzückte. »Bei mir ist das irgendwie ein Rekord! Dafür, Herbert, habe ich dir dankbar zu sein – bin ich auch. Doch jetzt – komm noch einmal zu mir.«

Das sogenannte ›Innenleben‹ von Barbara Clemens war Herbert Klinger mehr als ausreichend bekannt. Davon pflegte sie gern einiges preiszugeben, was vermutlich als stimmungsfördernd gedacht war. Sie, auch sie, wurde von ihr behauptet, suche eben nach jemandem, den sie lieben konnte; als wäre damit schon alles erklärt. Doch so mühsam diese Suche auch anmutete, sie schloß – glücklicherweise – Zwischenstationen nicht aus.

Wie sich das eben bei ihr so ergab! Da war etwa einer ihrer Beleuchter – der vermochte vollstes Licht allein auf sie zu konzentrieren, ohne sie dabei brutal gleißender Helligkeit auszusetzen; außerdem saßen dessen Hosen verlokkend stramm. Ferner gab es einen von ihr engagierten Schauspieler, der nach einer gewichtigen Rolle gierte, die sie ihm offerierte – dessen Dankbarkeit war geradezu überströmend; wenn auch für sie, eingestandenermaßen, nicht sonderlich überzeugend. Des weiteren beschäftigte sie sich bisweilen mit dem Tankstellenwart von der nächsten Ecke, dem Paketpostboten, dem gelegentlich benötigten Installateur. Zufallsbekanntschaften – da sie eben ein suchendes Wesen war. Unentwegt.

»Wenn ich mich mit diversen Männern eingelassen habe«, erklärte sie ihm, »dann nur, weil ich glaubte, mir einiges von ihnen versprechen zu können. Das allerdings fast immer vergeblich. Du, Herbert, bist eigentlich der einzige, mit dem ich wirklich glücklich gewesen bin – und das soeben sogar mehr als siebzig Minuten lang. Können wir das, ab und zu, so halten?«

»Warum eigentlich nicht?« Worauf er ungeniert hinzugefügte: »Leider bin ich derzeit nicht gerade in Hochform. Doch das könnte sich ändern, wenn ich in gewisser Hinsicht etwas mehr wüßte. Wobei du dir wohl vorstellen kannst, worauf ich hinaus will. Das habe ich dir bereits schon neulich angedeutet.«

»Und ich, Herbert, habe mir das gemerkt.« Sie spielten nun, gleichsam versonnen, mit ihren Körpern – wobei sie die unteren Regionen bevorzugten. Wobei sich Barbara nun auch in anderer Hinsicht sehr bereitwillig zeigte. »Ich glaube, ich habe da etwas für dich.«

»Stemmer betreffend?«

Ihre Lippen glitten abwärts. Doch zwischendurch sagte sie: »Ich nehme an, daß dir eine gewisse Angela Mühlen bekannt ist – nicht wahr?«

Das war sie. Bei dieser Person handelte es sich um ein geschwätziges, sich dabei überaus geistvoll vorkommendes weibliches Wesen, dessen Triefaugen hinter dicken Brillengläsern verborgen waren. Sie besaß eine knochige Figur, war vorne und hinten platt wie ein Brett, verfügte dazuhin noch über massive Schultern, Reiterbeine und Plattfüße. Zu allem Überfluß hielt sich diese Angela Mühlen, die sich durch das Spielen von Chargenrollen über Wasser hielt, für eine Dichterin. Sie war beständig dabei, Poetisches von sich zu geben, von dem sie hoffte, daß es gedruckt würde.

»Aber doch nicht die! Ein irgendwie geartetes Verlangen nach diesem Trampel traue ich nicht einmal einem Stemmer zu. Auch wenn der nicht gerade sonderlich wählerisch gewesen zu sein scheint, wenn es um seine Befriedigung ging.«

»Urteile da nicht voreilig, Herbert! Denn diese Dame besitzt etwas höchst Verlockendes, und zwar eine Tochter mit

Namen Anita. Diese Kleine war damals kaum mehr als vierzehn Jahre alt – als es geschah.«

Eine Eröffnung, die die Fantasie des Besuchers ungemein zu beflügeln vermochte. So etwas war, unter den gegebenen Umständen, fast zu schön, um wahr zu sein. Da hatte er eine Art Strohhalm erwartet, an den er sich klammern konnte – doch was hier zum Vorschein kam, mutete wie ein stabiles Rettungsboot an. Damit war sicheres Land zu gewinnen.

»Du«, brach es erleichtert aus ihm heraus, »bist absolut einmalig, Barbara.«

»Freut mich, wenn du das sagst. Für dich habe ich nämlich eine ganze Menge übrig.«

»Erzähle mir nun möglichst alles, was du von dieser Anita weißt.«

Das tat sie. Es geschah mit geradezu fantastischen Einzelheiten. Herbert Klinger war entzückt. Noch während er sich anzog, versicherte er dankbar: »Zu dir kehre ich immer wieder zurück!«

Was sie zu hoffen schien – berechtigterweise.

5

Noch in der gleichen Nacht begab sich Herbert Klinger – unmittelbar von Barbara Clemens kommend – in die Berliner Straße, zu jenem Haus, in dem sich das Apartment von Ingrid Reiner befand. Sozusagen als Interimsunterkunft, bevor sie, wie sicherlich geplant, Stemmers feudales Dasein voll würde teilen können.

Er klingelte sie – nahezu zwei Stunden nach Mitternacht – aus ihrem gewiß von sanften Hoffnungen gewiegten Schlummer. Ingrid öffnete die Türe einen Spaltbreit; diese war mit einer Kette gesichert. Ihre Stimme klang ungehalten: »Was willst du denn hier, Herbert – um diese Zeit?«

»Mich mit dir unterhalten, Ingrid.«

»Ich wüßte nicht, worüber! Wenn das Herr Stemmer erfährt, könnte das sehr peinlich werden .«

»Für wen denn wohl, Mädchen? Für dich? Für ihn? Für mich jedenfalls nicht. Und von wem sollte er es erfahren? Von mir bestimmt nicht. Doch falls du dir unbedingt Schwierigkeiten einhandeln willst, Ingrid – die kannst du haben; die kann ich dir sogar garantieren. Eben dann, wenn du dich weigerst, dich mit mir zu unterhalten.«

Bei diesem Vorgehen handelte es sich um praktisch erprobten Polizeiterror, dessen Technik aufmerksame Journalisten längst mitbekommen hatten. Auch derartige Lektionen hatten sie mitbekommen: Überrumpelung zum völlig unerwarteten Zeitpunkt; Anwendung von Massivvokabeln; auch das Durchklingenlassen einer gewissen Besorgnis war angeraten. So etwas vermochte zu beeindrucken – Unerfahrene durchaus.

Ingrid Reiner öffnete nunmehr die Tür ganz. Sie stand in einem roten Hausmantel vor ihm – eine Farbe, die an sich recht gut zu ihrer dunklen, südländisch-sinnlichen Schönheit paßte. Dennoch wirkte sie, wohl verständlich um diese Zeit, leicht derangiert und müde; ihr stark eingekremtes Gesicht glänzte wie eine große, in Olivenöl schwimmende Tomate. Dies schien ihr jedoch bei diesem Besucher nicht im geringsten von Belang; offenbar legte sie kaum noch Wert darauf, ihn durch Äußerlichkeiten zu beeindrucken.

Klinger schritt, ohne sie weiter zu beachten, an ihr vorbei – ins Wohnzimmer hinein. Dort suchte er sich den bequemsten Sessel aus – vermutlich jenen, der stets für Herrn Stemmer reserviert war. In den ließ er sich fallen. »Brandy«, verlangte er sodann. »Ohne Eis.«

Daß dieses Getränk hier vorrätig war, damit rechnete er – denn Stemmer pflegte nun mal Brandy zu bevorzugen. Ingrid stellte auch prompt eine fast noch volle Flasche vor ihn hin; und ein kristallschweres Glas dazu. Doch darüber sah Klinger zunächst noch hinweg und – sie an. »Du wirkst reichlich strapaziert, Mädchen – hoffentlich gelingt es dir, deine bisherige Kondition bis zum endgültigen Erfolg durchzuhalten.«

»Du bist so unberechenbar, Herbert – bist es wohl schon immer gewesen. Wobei ich aber hoffe, daß du mir nicht mit dem kommen wirst, was einstmals zwischen uns gewesen ist. Herr Stemmer weiß davon – darüber habe ich ihn, mit der gebotenen Aufrichtigkeit, aufgeklärt.«

»In allen Einzelheiten?«

Ingrid war, wie Schutz suchend, zunächst hinter einem der Sessel stehengeblieben. Von dort aus wich sie nun weiter zurück, als versuche sie in volle Deckung zu gehen. »So etwas interessiert ihn nicht.«

»Sei dir da nicht so sicher, Ingrid. Wie ich dich kenne, hast du deinem Stemmer lediglich ein paar fromme Märchen erzählt, aber gewiß nicht die reichlich scharfe Wirklichkeit. Schon gar nicht mich betreffend.«

»Was, Herbert, soll denn das! Hast du mir denn nicht neulich versprochen, mir in dieser Hinsicht keinerlei Schwierigkeiten zu bereiten? Und habe ich dir nicht zugesichert, daß ich bei günstiger Gelegenheit ein gutes Wort für dich bei Stemmer einlegen werde. Das werde ich bestimmt tun – sobald sich die Gelegenheit dazu ergibt.«

Er betrachtete sie nachsichtig, wie sie ihren flauschig-roten Hausmantel enger um sich zog. Ohne damit verhüllen zu können, was ihm bereits, in allen erdenklichen Einzelheiten, hinreichend bekannt war. Doch in derartigen Erinnerungen gedachte er nun nicht mehr zu schwelgen.

»Ich bin doch kein armer Spinner, Ingrid. Ich gedenke da nicht das geringste zu zerstören, oder auch nur zu stören. Und gerade dir gönne ich einfach alles – sogar einen Stemmer; vielleicht den in Besonderheit. Und ich erwarte gar nicht, daß du bei ihm für mich ein sogenanntes gutes Wort einlegst – das war vielleicht gestern.«

Nun erst griff Herbert Klinger nach der Brandy-Flasche. Er füllte sein Glas, nahm es auf, beroch dessen Inhalt mit sichtlichem Genuß. »Das Beste vom Besten! Mithin angemessen – ihm, dir und mir!«

»Derartig sadistische Anwandlungen, Herbert, solltest du mir nicht zumuten. Ich bin nicht mehr ein dir höriges Geschöpf, wie du das wohl einstmals von mir angenommen hast. Was beabsichtigst du?«

»Dir zunächst einmal einen Ratschlag zu erteilen, Mädchen, auf den du hören solltest. Denn, falls dies, wie ich vermute, Stemmers persönliche Flasche sein sollte, mit erlesenem, hochbezahltem Brandy, dann wird er auch auf deren Inhalt achten. Wenn du also seine peinliche Frage vermeiden willst, wer denn da wohl – außer ihm – von seinem Feuerwässerchen getrunken haben könnte, solltest du diese Flasche nachfüllen; bis der Inhalt wieder die gehabteHöhe ausweist.«

»Versuche mich nicht immer wieder zu verwirren, Herbert. Du bist auf etwas ganz Bestimmtes aus. Auf was?«

»Hierbei, Ingrid«, wurde ihr nahezu liebenswürdig erklärt, »handelt es sich um Vorgänge, die möglicherweise bald der ›Fall Hagen‹ genannt werden könnten. Wobei mit Sicherheit anzunehmen ist: Dein Stemmer ist daran nicht nur beteiligt, er ist vielleicht sogar, wenn auch im Hintergrund, der auslösende, dominierende Faktor.«

»Ist es das, was ich herausfinden soll, Herbert?«

»Darauf zu achten, würde ich dich bitten, Ingrid – und zwar intensiv und unverzüglich. Und sobald du derartiges zu erkennen vermagst, was dir nicht allzuschwer fallen dürfte, wäre ich für eine diesbezügliche Benachrichtigung dankbar.«

»Ist das wirklich so wichtig, Herbert?«

»Nicht nur für mich – für ihn auch; und damit gleichermaßen für dich. Und eben deshalb wünsche ich möglichst rechtzeitig informiert zu werden; um vor möglicherweise heiklen, gefährlichen Fehleinschätzungen warnen zu können. Denn sobald es zu einer direkten, mir aufgezwungenen Konfrontation mit ihm kommen sollte, wären die Folgen daraus kaum abzusehen. Das würde dann auch dein Stemmer sehr bedauern müssen; und du dazu. Was mich dabei betrifft, ist wohl anzunehmen, daß sich meine Verlustmöglichkeiten in Grenzen halten würden.«

»Ich verstehe das alles nicht. Doch ich vermag zu erkennen, daß du mir offenbar keine andere Wahl läßt, als diesem deinem Wunsch, deiner Forderung zu entsprechen. Die Drohung in deinen Worten war unüberhörbar.«

»Aber nicht doch gleich so was, Mädchen! Ich versuche lediglich, dich aufzuklären. Um es dir zu ermöglichen, einem guten, alten Freund bei der Bewältigung heikler Vorgänge behilflich zu sein.«

»Und wie stellst du dir das vor?«

»Mache deinem Stemmer – aber das bitte nicht erst bei nächstgünstiger Gelegenheit, vielmehr möglichst gleich noch heute – eindeutig dies klar: Du legst nach wie vor auf meine Freundschaft ganz erheblichen Wert; aus edlen, menschlichen Motiven, von mir aus. Und das, wirst du ihm mit Nachdruck erklären, habe er zu berücksichtigen; darauf bestehst du. Mußt du bestehen. Deute ihm an, mit der dir eigenen Behutsamkeit, daß du gar keine andere Wahl hast; und er somit auch nicht. Dann kannst du meiner Dankbarkeit sicher sein – aber eben nur dann.«

»Also doch – eine Drohung?«

»Ein Angebot, Ingrid. Frei zitiert nach Schiller: ›Ich sei, gewährt mir die Bitte, in eurem Bunde der Dritte.‹ Dabei bleibe ich höflich im Hintergrund, versteht sich. Das Ganze wird nicht allzulange dauern, vermute ich. Aber dann bist du mich für alle Zeiten los.«

»Nun gut, Herbert. Wenn du das so siehst, dann werde ich wohl deinen Anregungen entsprechen müssen.«

Sie blickte ihn wie ergeben an, mit halb geschlossenen,

nun leicht grünlich schimmernden Augen. Darin lag eine Mischung aus Empörung und Enttäuschung, verhaltener Wut und aufkommendem Selbstmitleid. Was Klinger erkannte, ihn aber nicht daran hinderte, auf Ingrid Reiner große Hoffnungen zu setzen. Diese würde jetzt wohl bemüht sein, ihm den Rücken freizuhalten.

Nun glaubte er, einigermaßen zuversichtlich, gut gerüstet an sein großkonzipiertes Werk gehen zu können.

6

In den verendenden Stunden dieser Nacht – also nahe dem Morgengrauen – erreichte der Journalist Herbert Klinger, in dem Glauben, sich weitgehendst abgesichert zu haben, seine Wohnung im Münchner Stadtteil Schwabing. Diese betrat er wie eine Fluchtburg. Er schloß die Tür hinter sich.

Bei dieser, seiner Wohnung handelte es sich um zwei Räume, nebst Bad und Kochnische. Das in der derzeit üblichen Mietshausausführung; was hieß, daß sie beengt anmutete, nur wenige Möbelstücke aufzunehmen vermochte, die sich dann gegenseitig im Weg standen. Und die Wände waren dünn wie Packpapier.

Eine Mietwohnung, die in der kalten Jahreszeit stets erstickend überheizt anmutete. Doch der darin herrschende dumpf-feuchte Geruch wurde von Farbe und Holz überlagert; von Küchen- und Toilettenausdünstungen auch. Doch nichts davon vermochte Klinger nun noch wahrzunehmen. Er setzte sich an seinen Schreibtisch, der aus einer Fichtenholzplatte bestand, die auf zwei Holzböcken auflag; unzureichend gefügt, wackelnd und ächzend; ebenso der Stuhl, der dahinter stand.

Doch wenn Klinger von seinem Schreibtisch aufsah, erblickte er hoch aufragende Wohnkasernen, deren zahlreiche Fensterwaben so gut wie niemals geöffnet wurden, nur bisweilen erleuchtet waren. Gleichsam am Horizont dieser Betonlandschaft glühten in seinen Nächten zwei Lichtreklamen. Die eine, giftig grün, gehörte zu einem Hotel; die andere, blutig rot, warb für ein Cola-Produkt.

Klinger war wohl der einzige Mensch weit und breit, der derlei Darbietungen in dieser fahlen Morgendämmerung zur Kenntnis nahm. Jedoch nur kurz. Dann zog er einen seiner stets bereitliegende Notizblocks an sich und begann, die oberste der saugfähigen Seiten mit einem Filzstift zu beschreiben; was mit großen plakativen Buchstaben geschah. Er war dabei, seinen ersten Entwurf für einen Artikel zu konzipieren. Und der sollte, wie er hoffte, einiges bisher Dagewesene in den Schatten stellen.

Übernächtigt, doch noch immer nicht bereit, sich schlafen zu legen, starrte Klinger auf den Himmel, der sich langsam blaßblau, dann rosa getönt einzufärben begann. Die dunkle Masse der darunter liegenden Mietshäuser besaßen tiefdunkle, dschungelhafte Dimensionen. Klinger ließ seine Gedanken schweifen, versuchte in seiner aufwallenden Fantasie diese tropisch anmutenden Regenwälder einer Großstadt zum Leben zu erwecken. Sie umzuformen – zum Schauplatz jener Vorgänge zu machen, die es nunmehr zu schildern galt.

Was sich dabei auf seinem Schreibblock niederschlug, sollte wohl erklärt realistisch wirken, war jedoch passagenweise überaus provozierend und unbeherrscht zu nennen. Denn schließlich hatte Klinger jene Zeit, mit der er sich nun beschäftigte, nicht bewußt miterlebt; er war jedoch sicher, sich darin auszukennen. Und das nicht nur, weil er etliche überaus informierende Bücher zu diesem Thema gelesen hatte. Vielmehr war er überzeugt davon, die sogenannte deutsche Mentalität durchschauen zu können. Denn diese, da war er sicher, hatte sich seiner Meinung nach, in wesentlichen Grundzügen nicht verändert.

Mithin glaubte er zu wissen, was damals geschehen war, wie es geschehen konnte: Ein Rausch der Selbstzerstörung hatte jene Zeit beherrscht; eine Verlogenheit erzeugt, die vom Geruch des Todes umweht wurde, sogar eine Art Todessehnsucht erzeugt hatte. Diese war von den damals Mächtigen mit grauenerregender Skrupellosigkeit ausgenutzt worden. Und eben das galt es nun deutlich zu machen.

Ein Versuch, der bei Klingers erstem Anlauf dazu so aussah: »Damals, als dieses Unerhörte, Unglaubliche, kaum Begreifbare geschah . . .«

Doch diese Anfangsformulierung strich er dann schnell und energisch wieder aus. Wenn auch durchaus zu vermuten stand, daß so etwas bei den Lesern seines Blattes ankam, auch die Zustimmung von Chefredakteur Warnemann finden würde, der Sentimentalitäten gegenüber stets aufgeschlossen war – ihm jedoch wollte das irgendwie unwürdig vorkommen. Strebte er doch schließlich stets danach, ein betont sachlicher, seriöser Berichterstatter zu sein.

Weswegen er seinen Artikel, nach einem dritten Anlauf, denn auch folgendermaßen began::

›In jenen Tagen – also Anfang November 1944 – in denen sich das ereignete, was hier geschildert wird, vermochte der großdeutsche Wehrmachtsbericht keine alarmierenden Besonderheiten zu vermelden. In jenem Abschnitt des Kriegsgeschehens, in dem die hier zu berichtenden Vorkommnisse stattfanden – im westlichen Polen also – herrschte sogenannter Frontalltag; wie es ihn dort und anderswo wohl Hunderte von Malen gegeben hat. Wieder einmal mehr wurden beim ›Feind‹ – richtiger wohl: beim Gegner – erhebliche Verluste registriert; während zugleich behauptet wurde: jene der großdeutschen Truppen hätten sich in Grenzen gehalten.

Sie belauerten sich also auch in diesem Kampfabschnitt – ›entschlossen zur Vernichtung bereit‹, wie es im damaligen

Sprachgebrauch hieß; während die Gegenseite sich ›unbeirrt verteidigungswillig‹ gab. Hier also großdeutsche, dort sowjetrussische Infanterieeinheiten. Wie diverse Augenzeugen berichteten, herrschte dichter Herbstnebel, der beiden Seiten keine Sicht erlaubte; mithin auch keinerlei Zielmöglichkeit. Ein Umstand, der die Soldaten, hier wie dort, zu einer angestrengten, die Nerven strapazierenden Wachsamkeit zwang.

Der Schauplatz der Ereignisse ist ziemlich genau lokalisierbar, auch fast in allen Einzelheiten zu rekonstruieren, und zwar anhand einer aufgetauchten Kriegsgerichtsakte, zu der auch eine exakt erstellte Ortsskizze im Maßstab 1 : 100 gehört. (Siehe Abbildung 1). Danach handelte es sich um eine weitläufige, wiesenartige Waldlichtung – etwa einen Kilometer tief und nahezu drei Kilometer breit. Die gegnerischen Truppen hielten jeweils die Waldränder besetzt; man lag sich also gegenüber.

Das waren Soldaten, die inzwischen wohl durch alle erdenklichen Strapazen dieses Krieges gegangen waren, der immer mehr höllenartige Ausmaße annahm. Sie waren gezeichnet vom Hunger und der grausamen östlichen Winterkälte – aber dennoch nicht umzubringen. Mit rotumränderten, fiebrigen Augen, so wird berichtet, starrten sie in die vor ihnen liegende, nebelverhangene Landschaft.

Plötzlich löste sich ein Mann – und zwar einer aus dieser verschworenen, allen Strapazen trotzenden, überleben wollenden deutschen Infanterieeinheit. Der warf in wilder, ihn wohl zutiefst beherrschender Verzweiflung, sein Gewehr von sich. So haben es zumindest etliche Zeugen behauptet.

Dieser Mensch also stürzte sich, vermutlich erfüllt von Panik, feindwärts. Ein Vorgang, der bisweilen vorgekommen sein soll; zumal gegen Ende eines Krieges. Doch eben so etwas pflegt, und zwar in allen Armeen der Welt, als ›Fahnenflucht‹ zu gelten; worauf die Todesstrafe steht.

In diesem Fall rief der zur Wachsamkeit entschlossene Kompanieführer dieser Infanterieeinheit – sein Name ist bekannt, der jenes Deserteurs auch – seinen Männern zu: ›Erledigt ihn, Leute! Schweinehunde haben keine Existenzberechtigung!‹ Formulierungen, die im vorliegenden Kriegsgerichtsprotokoll wortwörtlich wiedergegeben sind. (Siehe Abbildung 2).

Woraufhin jener, sich von seiner Truppe zu entfernende verrückte Deserteur, bei seinem angeblichen Fluchtversuch erschossen wurde. Ein Vorgang, der – nach Lage der Dinge, bei den damals herrschenden Verhältnissen – unvermeidbar anmuten mag. Wohl lediglich als einer unter tausend ähnlichen Fällen mehr.

Wobei jedoch das wohl Besondere daran war, was dann auch sozusagen ›amtlich‹, in einem Kriegsgerichtsurteil, seinen Niederschlag fand: Diese tödlichen Schüsse, welche dann den Flüchtenden erledigten – nach einer anderen, aber offiziell für unzutreffend erklärten Aussage, sollte dieser lediglich versucht haben, auszutreten – stammten aus einer einzigen Maschinenpistole. Sie waren also, amtlich registriert, allein von einem Mann abgefeuert worden. (Siehe Abbildung 3).

Bei diesem Todesschützen hat es sich, einwandfrei nachweisbar, um einen Unteroffizier gehandelt, der zu jener Kampfgruppe des dann von ihm Getöteten gehörte. Unklar, beziehungsweise nicht mehr aufklärbar blieb, ob nun diese Erschießung bei oder unmittelbar nach den angeblich anfeuernden Worten des zuständigen Kompanieführers erfolgt war. Jedenfalls erkannte das Kriegsgericht als Tatsache: Dieser Unteroffizier hatte sich aus seinem Deckungsloch erhoben und dann fast ein ganzes Magazin seiner Maschinenpistole leergeschossen – mit sozusagen eindeutig blutigem Erfolg.

Der Todesschütze ist ein amtlich einwandfrei festgestellter Unteroffizier der 8. Kompanie des Infanterieregimentes

334 gewesen. Sein Name: Hagen. Heinz Hagen. Das ist anhand der vorliegenden Dokumente zweifelsfrei nachweisbar.‹

Damit endete der Entwurf dieses ersten Artikels des Herbert Klinger. Dem er dann noch den fast schon klassischen Zusatz hinzufügte, von dem auch bereits der ältere Dumas, sowie der jüngere Balzac, bereits effektsicher Gebrauch gemacht hatte: ›Fortsetzung folgt.‹

Eine gleichfalls bei Skandalkonsumenten wohlerprobte, vielfach bewährte ›Spritze‹ kam noch hinzu: ›In der nächsten Ausgabe: Weitere Einblicke in ein ungewöhnliches Kriegsgerichtsurteil. Vorlage von einzigartigen Originaldokumenten. Dabei der Versuch, die Frage zu klären: Muß einer, der tötet, auch ein Mörder sein?‹

Nachdem er das produziert hatte, gelang es Herbert Klinger nicht mehr, sich in sein Bett zu flüchten. Er sackte vielmehr, total entkräftet, über seinem Schreibtisch zusammen. Und der ächzte in allen Fugen.

7

Der nunmehr zu einem journalistischen Abenteuer Aufgebrochene – als solchen empfand er sich eingestandenermaßen – fühlte sich erneut und nun noch verstärkt von dem Verlangen beherrscht, sich in allererster Linie abzusichern, abzusichern und nochmals abzusichern! Dabei kam es darauf an, so gut wie nichts und niemanden auszulassen.

Sein knapp sechsstündiger Schlaf – in den er nach Fertigstellung des Entwurfs seines Hagen-Artikels getaumelt war – vermochte seine wuchernde Unruhe nicht zu dämpfen. Verzerrte Träume hatten ihn verfolgt – die waren in Mondlandschaften angesiedelt, von sich auftürmenden Wellenbergen bedrängt, von Hetzjagden durchtobt. Hasen hatten sich sterbend überschlagen, Rehe ihn aus unsagbar flehenden Augen angeblickt, ein Wolf sich in endlosen Zuckungen gegen das Verenden aufgebäumt.

Diese ihn quälenden Träume versuchte er abzuschütteln; doch sie fielen nicht von ihm ab, wie etwa welke Blätter von einem Baum. Er mußte sie mit sich herumschleppen; so entschlossen er auch war, sie zu vergessen. Dabei gab es etliches, das ungleich wichtiger war.

So zum Beispiel Karl, oder eben »Carlos«, diese journalistische Filzlaus von elefantösen Ausmaßen, der sich überall massiv-gewichtig anhängte, kaum jemals abzuschütteln, sich stets seines Wertes, mithin seines Preises bewußt war. Sie trafen sich diesmal im ›Mövenpick‹, einem bürgerlichen Restaurant der oberen Mittelklasse am Lenbach-Platz im Zentrum der Stadt.

Wobei sich Carlos erwartungsgemäß großzügig bewirten ließ – er bestellte eine ganze Abfolge von Speisen und Getränken. Neben seiner seelischen durfte auch seine körperliche Verdauungsfähigkeit als enorm bezeichnet werden. Er genoß so gut wie alles, was sich irgendwie genießen ließ – völlig ungeniert. Doch selbst noch dabei blieb er ungemein wachsam.

»Solltest du etwa inzwischen kalte Füße bekommen haben, Freund und Kollege Klinger? Du bist mir bereits gestern, bei unserer Begegnung in diesem Musikschuppen, vorgekommen wie jemand, der kurz davor ist, sich in die Hosen zu machen. Nicht ganz unberechtigt übrigens – wie mir nun allerdings auch klar geworden ist; klar gemacht wurde.«

»Von wem?«

»Mich hat inzwischen die gleiche Institution unterrichtet, wie vermutlich auch dich – Kriminalrat Kant nämlich. Der gute, alte, bewährte, bei gewaltsam produzierten Leichen unvermeidliche Kant.«

»Und – was hat er dich gefragt, was hast du ihm gesagt?«

»Gefragt hat der eine ganze Menge; gesagt habe ich dem, was ich auch von dir hoffe – so gut wie nichts.«

»Kant scheint ein ziemlich gefährlicher Mann zu sein. Was ist deine Ansicht über ihn? Du kennst ihn näher.«

Carlos lächelte gezwungen vor sich hin, wobei er aber seine Speisen nicht aus den Augen ließ. Er schaufelte etliches davon in sich hinein, worauf ihn abermals sichtliche Behaglichkeit überkam. Dann erst sagte er: »Kriminalrat Kant gilt, das muß man wissen, als absolut unbestechlich. Damit hat man zu rechnen.«

»Wodurch ziemlich heikle Situationen entstehen können.«

»Nicht doch, mein Lieber!« Carlos kaute ebenso genußvoll wie ausdauernd auf seinem Lendensteak herum; er spülte mit trockenem Schweizer Weißwein nach, einem Dezaley. »Darüber habe ich nach unserem Pissoirgespräch nachgedacht. Mit dem Ergebnis: Irgendwie beeinflußbar, wenn nicht gar manipulierbar, ist selbst der.«

»Du glaubst, seine besondere Schwäche zu kennen, Carlos?«

»Die kennst du auch, Mensch! Der will in dieser unserer gewiß schönen, gelegentlich auch reichlich verdorben anmutenden Stadt unbedingt Polizeipräsident werden. Was allerdings nicht ganz einfach ist – auf diesen Posten sind auch noch etliche andere scharf. Mithin, habe ich mir überlegt, benötigt also unser Kant, und zwar dringend, sogenannte Verbündete. Du brauchst dem also nur klarzumachen, daß du zu seinen Förderern gehören willst – und das mit Freuden.«

»Der ist also auf Publicity scharf?«

»Genau das, Herbert! Aber nicht auf die billige Tour! Was der vielmehr sehr gerne sehen würde, ist eine möglichst seriös wirkende Würdigung seiner ihm überaus werten Person. Doch warum, habe ich mir überlegt, sollten wir ihm da nicht entgegenkommen?«

»Sagtest du: *wir?* Also wir beide, Karl?«

»Sagte ich, Herbert. Und das aus zwei Gründen. Einmal bin ich keinesfalls wild darauf, zu einem seiner Ausfrageobjekte zu werden – während du für ihn Weihrauch produzierst. Dann mache ich schon lieber mit dir gemeinsame Sache.«

»Und der zweite Grund?«

»Sieht ganz einfach so aus: Wenn ich mit dir zusammenarbeite, dann doch gewiß nicht deiner schönen Augen wegen, wie man so sagt, sondern eben in der Hoffnung, daß sich das auszahlt. Eine Art Wohlfahrtsinstitut für in Not geratene Kollegen bin ich schließlich nicht.«

»Weiß ich. Und vielleicht gibt es da tatsächlich eine Möglichkeit. Denn ich verfüge nunmehr über weitere dreitausend Mark, die mir mein Chefredakteur für die Erschließung von Informationsquellen bewilligt hat.«

»Na bestens, Herbert. Das ist zwar nicht gerade großzügig, doch besser als nichts. Blättere also, sagen wir unter Brüdern, zwei Drittel davon für mich hin.«

»Für einen toten Informanten?«

»Was doch dein Warnemann noch gar nicht weiß, nicht wissen muß – vermutlich gar nicht wissen will.«

»Und wie erkläre ich dem, daß sich inzwischen Kant eingeschaltet hat?«

»Gar nicht. Zumindest nicht in Einzelheiten. Du brauchst Warnemann lediglich klarzumachen, daß nunmehr möglicherweise auch mit Kant zu rechnen ist; doch der, da bist du sicher, wird sich in Grenzen halten lassen. Denn Kant wird erklärten, ihn förderungswilligen Gesinnungsfreunden kaum Schwierigkeiten bereiten.«

Carlos, der kassierte, was immer ihm möglich war, sahnte diesmal zweitausend Mark ab – in zwanzig blauen Hunderterscheinen. Diese steckte er lässig in seine Rocktasche.

»Damit, Herbert, ist unser neuerliches Geschäft perfekt.« Wobei er sanft warnend hinzufügte: »Doch hüten wir uns davor, Kant zu unterschätzen. Wenn der, was anzunehmen ist, tatsächlich die sogenannte Hinterlassenschaft dieses Mauermeister in die Hände bekommen hat – dann wird er auch mit diesen Pfunden wuchern.«

»Wobei ich den Eindruck hatte: Der versucht zu pokern.«

»Könnte – muß aber nicht sein. Denn derartige Nachrichtenlieferanten, wie der nun krepierte Mauermeister, horten fleißig Adressen, Daten, Zahlen und Stichworte – wenn auch oft verschlüsselt; doch ein Kant hat dafür seine Experten. Damit mußt du rechnen.«

»Selbst dann, willst du damit andeuten, wenn der Eindruck stimmen würde, daß der pokert – wäre es falsch, zumindest keinesfalls ratsam, mit dem mitzuhalten?«

»Genau erkannt, Herbert! Versuche so etwas niemals – nicht bei dem; das ist noch keinem gut bekommen. Erinnerst du dich an den Fall Lüttge vor kaum drei Jahren? Lüttge, ein Kollege von uns, hatte damals versucht, der Mordkommission schwere Untersuchungsfehler anzulasten; und damit, wenn auch nur indirekt, einem Kant. Worauf dieser Lüttge festgenommen wurde – wegen Beteiligung am Rauschgifthandel. Er wurde verurteilt – zu fünf Jahren.«

»Vielleicht sollte ich«, sagte Klinger besorgt, »einfach Schluß machen, alles abblasen, mich zurückziehen – möglichst weit vom Schuß.«

»Das würdest du wohl gerne, was? Doch das kannst du nun nicht mehr – nicht, nachdem hier ein Kant, offenbar ganz entschlossen, mitzumischen gedenkt. Dabei bleibt uns nur eine Wahl: Wir jubeln diesen Chefkriminalen hoch – du in deinem Blättchen, ich in dem meinen. Dann allerdings, und wohl nur dann, dürfte dieser sich als entgegenkommend erweisen.«

»So daß er möglicherweise bereit wäre, mir Einblick zu gewähren in die Materialien, die bei dem toten Mauermeister vereinnahmt wurden?«

»Nicht ganz ausgeschlossen, Kollege Klinger. Denn bei

Kriminalisten, und nicht nur bei ihnen, gibt es einen sogenannten ›Ermessensspielraum‹. Mithin kann es sich ein
Kant leisten, Einsichten zu gewähren, wenn er es für richtig
hält. Ob er es in diesem Falle für richtig hält, darauf wird es
ankommen.«

8

In den Abendstunden dieses denkwürdig zu nennenden
Tages traf Barbara Clemens, die Theaterchefin, Theodor
Stemmer, der gelegentlich, ein wenig übertrieben, als »Zei-
tungszar von München« bezeichnet wurde. Sie hatte ihn
um eine vertrauliche Unterredung gebeten. Welcher
Wunsch ihr gewährt wurde.

Wofür Barbara sehr dankbar zu sein schien. Denn sie
wußte schließlich, wer ihr Freund und Gönner Stemmer
war. Verglichen mit seinen Jahreseinnahmen konnte der
örtliche Ministerpräsident als Rentenempfänger gelten.
Wenn auch nicht gleich der derzeitige.

Barbara Clemens und Theodor Stemmer trafen sich also,
wie von ihr angeregt, im ›Fontana di Trevi‹. Das war ihr erklärtes Lieblingslokal; hier wurde vermutlich der beste
Espresso außerhalb Italiens serviert. Hinzu kam, daß dieses
Etablissement eine überaus wohltuende Besonderheit besaß: weder das Café in den unteren Räumlichkeiten, noch
das Ristorante darüber waren jemals von den Gesell-
schaftshyänen dieser Stadt frequentiert und damit abge-
wertet worden.

Was praktisch bedeutete: Hier konnte sich jeder, der darauf Wert legte, ziemlich ungeniert, da weitestgehend unbe-
achtet, einfinden. Das gedachten nun auch diese beiden zu
genießen, nachdem sie sich nahezu mit Vertrautheit be-
grüßt hatten. Dennoch musterten sie sich fast prüfend auf-

merksam, wenn auch nur kurz. Wobei Stemmer bei sich feststellte: Barbara wird auch nicht gerade jünger. Und deren Gesichtsausdruck besagte: Der scheint immer fetter zu werden.

»Sollte ich, meine liebe Barbara, etwas für dich tun können?« fragte er entgegenkommend. »Du brauchst mir nur zu sagen, was!«

Er duzte sie, väterlich-wohlwollend. Sie jedoch redete ihn, wie um ihn respektvoll zu würdigen, mit »Sie« an; was er freundlich-lässig geschehen ließ. Sie war eben ein kleines raffiniertes Biest und er eine anerkannte Respektsperson. Er blickte sie ermunternd an.

»Ich bin Ihnen stets zu Dank verpflichtet, Herr Stemmer, für Ihre Großzügigkeit, derer ich mich immer wieder erfreuen konnte. Erlauben Sie mir, Ihnen das zu versichern.«

»Nun ja, meine Liebe, so bin ich eben. Zu der Welt der Künstler habe ich mich schon immer hingezogen gefühlt. Wobei ich dir wohl bereits gestanden habe, daß ich mir in meiner Jugend nichts so sehr gewünscht habe, wie dies: ein Schauspieler zu werden!«

Das war Barbara bekannt. Und er wäre, hatte sie ihm versichert, ganz gewiß ein vorzüglicher Darsteller geworden. Was gar nicht einmal so unrichtig war, wie sie inzwischen glaubte feststellen zu können. Seine Lieblingsrolle beherrschte er nämlich allmählich fabelhaft: die des großzügigen Förderers der schönen Künste! Oder, wohl noch zutreffender: die des Mentors schöner Künstlerinnen.

»Also, Barbara – lasse mich ungeniert wissen, was du dir diesmal von mir wünschst. Etwa einen weiteren Zuschuß für deine Institution? Warum nicht, Mädchen!« Seine Großzügigkeit besaß durchaus einiges Format. Zumal er sich derartiges leisten konnte – denn solche ›Spenden‹ waren, bei geschicktem Vorgehen seiner Experten, von der Steuer abzusetzen.

»Darum geht es mir diesmal nicht.«

Stemmers rundliches Gesicht produzierte nun ein Lächeln, das langsam erstarrte. Denn als Geschäftsmann wußte er: Wer ein großzügiges Angebot ausschlägt – der spekulierte damit mit Sicherheit auf ein anderes, gewiß weit höheres. Er trank gemessen von dem ihm vorgesetzten, mit wenig Soda vermischten Campari. »Worum, Barbara, geht es dir dann?«

»Sie haben so viel für mich getan, Herr Stemmer! Und dafür habe ich Ihnen nicht nur sehr dankbar zu sein, das verpflichtet mich auch.«

»Nicht doch, meine Liebe!« stellte Stemmer mit äußerster Liebenswürdigkeit fest. Was wohl nach der erprobten Methode geschah: Nehme dem anderen den Wind aus den Segeln, wenn du vor ihm das Ziel erreichen willst! Doch eben welches Ziel das in diesem Falle war, das erkannte er noch nicht. »Im Grunde, meine verehrte Barbara, bin ich es, der dir dankbar zu sein hat – für deine stete Verständnisbereitschaft, dein sehr kultiviert zu nennendes Entgegenkommen; das rechne ich dir hoch an.«

»Für mich, Herr Stemmer, ist derlei stets selbstverständlich gewesen. Doch vielleicht könnte sich nun die Gelegenheit ergeben, Ihnen gegenüber meine Dankbarkeit auch überzeugend zum Ausdruck zu bringen.« Wobei sie zu erspüren glaubte, daß es nun nicht weiter ratsam war, seine offensichtliche Unruhe noch weiter zu schüren. »Erlauben Sie mir, daß ich Sie auf jemanden aufmerksam mache, der Ihnen Schwierigkeiten bereiten könnte. Und zwar – auf Herbert Klinger.«

Stemmer kaschierte seine Überraschung mit großer, wegwerfender Geste. »Aber ich bitte dich, Barbara – doch nicht diese Null von einem Möchtegern!« Worauf dennoch eine gewisse instinktive Besorgnis bei ihm durchschlug. »Was sollte der mir schon anhaben können?«

»Er scheint sich da offenbar in Vorgänge eingelassen zu haben, die ihm weit über den Kopf zu wachsen drohen.

Worum es sich dabei im einzelnen handelt, weiß ich nicht. Doch soviel scheint mir klar: Er ist wie wild darauf versessen, sich mit Material über gewisse Leute zu versorgen. Und sich abzusichern; in jeder erdenklichen Hinsicht – so gut wie um jeden Preis.«

»Einfach lächerlich!« rief nun Stemmer aus; ohne jetzt noch seine Erregung verbergen zu können. »Wie kommt sich denn dieser Klinger vor? Von seiner Sorte versuchen sie hier massenweise zu existieren. Die wollen nichts wie vorwärtskommen, sich in den Vordergrund drängen, indem sie skrupellos provozieren! Die werfen wahllos mit Dreck, in der Hoffnung, den einen oder anderen fertigmachen zu können. Doch nun mal ganz vertraulich: dieser Klinger ist bereits so gut wie erledigt; ohne daß der das auch nur zu ahnen vermag.« Doch dann kam wieder die Frage: »Doch womit, was meinst du, könnte der mich anzusauen versuchen?«

Barbara Clemens ließ Stemmer ausreichend Zeit, sich einen weiteren Campari mit Sodawasser zu bestellen. Doch davon trank er nicht. Seine noch vor wenigen Minuten vorhanden gewesene muntere Genußbereitschaft hatte inzwischen erheblich nachgelassen. Es war, als schimmerten seine Augen nun dunkel vor Unwillen.

»Selbstverständlich ist ein Klinger in keiner Weise mit Ihnen zu vergleichen, Herr Stemmer.« Was sich bei Barbara fast wie eine feierliche Würdigung anhörte, aber auch als hinterhältige Feststellung ausgelegt werden konnte. Stemmer jedoch nahm bereitwillig das erstere an. Er lauschte ihren weiteren Ausführungen mit spürbarer Aufmerksamkeit; zumal er zu ahnen begann, daß sich hier so etwas wie ein Kuhhandel anbahnte – der gewiß letzten Endes zu seinen Gunsten ausschlagen würde.

»Sie, Herr Stemmer, sind ein souveräner Mensch. Klinger jedoch scheint neuerdings unter einer Art Verfolgungswahn zu leiden. Vermutlich gehört er zu jenen, die überall

Feinde wittern. Was jedoch, möglicherweise, seine besondere Gefährlichkeit ausmachen könnte. Er glaubt offenbar, soweit ich das zu erkennen vermag, sich seiner Haut wehren zu müssen – sozusagen mit Klauen und Zähnen. Dabei scheint ihm wohl jedes Mittel, jede Möglichkeit recht zu sein.«

»Was, Barbara, veranlaßt dich dazu, so etwas anzunehmen – und warum kommst du damit zu mir?«

»Einigen seiner Andeutungen wegen, die er in einer wohl als schwach zu bezeichnenden Stunde machte – für ihn schwachen Stunde. Doch eben diese Andeutungen betrafen Sie, Herr Stemmer. Darüber darf ich Sie wohl nicht im unklaren lassen.«

»Was könnte denn ausgerechnet der mir anzulasten versuchen?«

»Das allerdings, Herr Stemmer, glaube ich zu wissen. Er scheint einige Vorgänge herausgefunden zu haben, von denen er sich möglicherweise einiges verspricht.«

»Mich betreffende Vorgänge?«

»Einige davon ja, wie gesagt – ohne daß ich genau weiß, welche, und in welchem Umfang sie ihm bekannt sind. Doch dabei hat er etwas angedeutet von etwaigem Mißbrauch blutjunger Schauspielerinnen, diverser Sekretärinnen, also abhängige Personen, wie Klinger dies formulierte. Dann also auch noch dies: der intime Umgang mit einer Minderjährigen, die Ihnen durch deren Mutter zugeführt wurde.«

»Wie kommt denn dieser Saukerl darauf?« fragte Stemmer mit zorniger Empörung. »Wer hat denn dem das in seine großen Ohren geblasen? Du etwa, Barbara?«

»Bitte, Herr Stemmer, halten Sie mich nicht für beschränkt oder naiv! Trauen Sie mir denn zu, daß ich den Ast absäge, auf dem ich nun, seit etlichen Jahren schon, ziemlich sicher sitze?«

»Klingt überzeugend, Barbara«, versicherte Stemmer

versöhnlich und zugleich mit leichtem Bedauern. »Du solltest also, bitte, meine soeben geäußerte spontane Bemerkung, meine wohl sehr voreilige Vermutung vergessen.« Er sah sie zustimmend nicken. »Doch wie wohl, frage ich mich, also durch wen, wurde Klinger zu diesen hinterhältigen, schweinischen Unterstellungen veranlaßt?«

»Das, Herr Stemmer, weiß ich nicht. Das ist wohl auch im Augenblick nicht sonderlich wichtig. Wichtig ist vielmehr: Sie sollten sich unverzüglich dagegen absichern. Und ich vermag mir auch schon vorzustellen wie.«

»Und wie wohl, meine Liebe, könnte eine derartige Absicherung, deiner Ansicht nach, aussehen?« wollte Stemmer nun höchst aufmerksam wissen.

»Das scheint gar nicht sonderlich schwierig zu sein. Diese jungen Schauspielerinnen sind an sich kein Problem – da ist wohl rein rechtlich nichts zu machen. Wobei ich bereit bin, als Zeugin aufzutreten, wenn es sein muß. Die Sekretärinnen sind Ihre Sache – Sie werden sich da abgesichert haben, wie ich Sie kenne.«

»Habe ich – du kennst mich wirklich, Barbara. Aber was ist mit der sogenannten Minderjährigen, die ich mir da angeblich geleistet haben soll? Auch kein Problem, meinst du?«

»Nicht unbedingt, Herr Stemmer. Auch das ließe sich arrangieren. Zumal jene in Frage kommende Dame mit Tochter nicht gerade auf Rosen gebettet ist, wie man so sagt. Um noch deutlicher zu werden: Beiden geht es derzeit ziemlich beschissen. Da ist kein Mann, der für sie zahlt; auch kein lukrativer Auftrag, kein Engagement ist in Sicht, soviel ich weiß. Die betreffende Dame wird also keinem irgendwie günstigen finanziellen Angebot ausweichen, steht zu vermuten.«

»Klingt einleuchtend, Barbara – zumal ich weiß: du kennst dich in solchen Verhältnissen aus. Und falls ich dich, meine Verehrte, richtig verstanden habe, bist du durchaus

bereit, mir bei der Klärung dieser heiklen Vorgänge behilflich zu sein. Was mich dir sehr verpflichten würde; eben
das brauche ich wohl nicht noch extra zu betonen.«

Mußte er nicht; wahrlich nicht. Ihm ihre Dienstwilligkeit
zu beweisen, war Barbara Clemens unverzüglich bereit.
»Ich könnte ihr«, mithin dieser Mutter einer ehemals, zur
›Tatzeit‹ minderjährigen Tochter, »eine Rolle, eine ziemlich
große, bei meiner nächsten Theaterproduktion verschaffen
– einigermaßen gut honoriert; soweit mir das bei meinen
Mitteln möglich ist.«

»Dafür, Barbara, laß mich sorgen!«

»Danke!« erwiderte sie, um sich nun noch fürsorglicher
zu geben. »Ich werde also versuchen, von dieser Dame eine
diesbezügliche schriftliche, vielleicht sogar amtlich bestätigte Erklärung zu erhalten. Und zwar dahingehend: Sie be-
zeuge – nichts derartig Verleumderisches wäre jemals geschehen!«

»Das, genau das, meine liebe, verehrte Barbara, solltest
du arrangieren!«

»Werde ich machen – für Sie sehr gerne. Wobei ich allerdings noch, was Sie mir gewiß erlauben werden, auf ein
nicht ganz unwichtiges Detail aufmerksam machen möchte: Sie sollten nicht annehmen, daß sich hier Klinger als eine
Art Sittenrichter zu betätigen gedenkt. Der besitzt vielmehr
ganz erhebliches Verständnis für jede Art von zwischen-
menschlichen Beziehungen.«

»Wie habe ich denn das zu verstehen?« Stemmer reagierte höchst verwundert, überaus auf der Hut auch. »Solltest
du etwa versuchen, den in Schutz zu nehmen – ausgerechnet den?«

»Ja. Genau das, Herr Stemmer. Denn für den besitze ich
eine sehr persönliche, stark ausgeprägte Schwäche. »Den«,
gestand sie dann mit gekonnt bebender Stimme ein, als habe sie eine Gefühlsanwandlung überwältigt, »will ich mir
erhalten.«

Stemmer glaubte unverzüglich zu erkennen, was es mit dieser Bekundung auf sich hatte. »Du versuchst den also vor Dummheiten zu bewahren?«

»Und zugleich bin ich bemüht, mich Ihnen gegenüber erkenntlich zu zeigen. Lassen Sie mich also dafür sorgen, daß er nicht leichtfertig zu Ihrem Gegner wird. Viel lieber würde ich sehen, wenn er sich auch Ihres Wohlwollens erfreuen dürfte – worauf er ganz bestimmt Wert legt.«

»Nachdem der mich derartig massiv anzugehen versucht hat?«

»Nichts wie eine Absicherungsaktion, Herr Stemmer. Die sich vermeiden lassen wird. Was ich gewiß auch schaffen werde – Ihr Entgegenkommen vorausgesetzt.«

»Nun – warum nicht!« Stemmer schien ungemein erleichtert, war jedoch bemüht, das nicht allzudeutlich zu zeigen. Doch diese Konstellation gefiel ihm sichtlich. »Warum also nicht, Barbara? Ich bin ziemlich beeindruckt davon, in welch erfreulichem Ausmaß wir uns beide verstehen.«

»Was ich sehr begrüße! Und nur hoffen kann, daß dem so bleibt.«

»Worauf du dich verlassen kannst, Barbara. Wir haben nun also einen Pakt geschlossen – allein zwischen uns beiden. Mit allen dazugehörenden Konsequenzen. Die erste für mich wird sein: Gleich morgen zu veranlassen, daß dir ein stattlicher Betrag für dein Theaterunternehmen angewiesen wird. Und dann bist du am Zug!«

9

In den späten Abendstunden dieses Tages durfte Herbert Klinger bei Kurt Warnemann, seinem Chefredakteur, erscheinen. Dieser wirkte geradezu herzlich. Unverzüglich griff er nach dem Entwurf des ersten Hagen-Artikels seines

Mitarbeiters. Dabei bedeutete er dem, mit nahezu großzügiger Geste: Er möge sich niederlassen.

Nunmehr gleichsam im direkten Dunstkreis des Gewaltigen sitzend, betrachtete Klinger die etwas plumpen, wenn auch sehr gepflegt wirkenden Hände seines Chefredakteurs, in denen sich sein Manuskript befand. Warnemanns ausdruckslose Blaßaugen glitten darüber hin.

Wobei der sich in den ersten Minuten dieser Lektüre betont skeptisch gab, demonstrativ überlegen, kurzum: unbeeindruckbar. Derartiges war erprobt; das hatte schon so manchen seiner Mitarbeiter in nervöse Unruhe zu versetzen vermocht. Doch diesmal begann er alsbald einige zustimmende Grunztöne zu produzieren – zunächst verhalten; schließlich solche, die sich freudig-kraftvoll anhörten.

»Brauchbar«, stellte er sodann mit nahezu geschlossenen Augen fest.

Was eine recht eindeutige Zustimmung war, auf die es hier allein ankam. Wer veröffentlichen wollte, und was auch immer, mußte die dabei entscheidenden ersten Hürden nehmen. Ob nun errichtet von vorsichtigen Redakteuren, eifrigen Lektoren oder selbstgefälligen Dramaturgen. Kein Weg in die Öffentlichkeit führte an ihnen vorbei! Und das schon gar nicht an den erklärten Göttern oder eben Halbgöttern dieser Branche, den Chefredakteuren, Herausgebern und Verlegern.

In diesem Fall jedoch schien sich eine ziemlich weitgehende Übereinstimmung zu ergeben – zwischen Textlieferanten und Meinungsmacher. Warnemann erklärte: »Das, mein lieber Klinger, scheint ein durchaus verwertbarer, wenn nicht gar überaus vielversprechender Auftakt zu sein.«

»Das zu vernehmen freut mich, Herr Chefredakteur.« Herbert Klinger hatte erhebliche Mühe, sein Erstaunen über diese kaum erwartete, nahezu wohlwollende Zustimmung zu verbergen. Denn schließlich war dieser Bursche einer der Skrupellosesten und Radikalsten seiner Branche. Von diesem Aufrichtigkeiten zu erhoffen, war etwa gleichbedeutend damit, einem ausgehungerten Schakal zuzutrauen, sämige Ziegenmilch von sich zu geben.

»Diese, Ihre Arbeit, mein Bester, wird von mir anerkannt – und ich nehme an, Sie vermögen abzuschätzen, was das zu bedeuten hat.«

»So ungefähr, Herr Chefredakteur«, erwiderte Klinger ein wenig mühsam, wenngleich in dankbarem Tonfall. »Wobei es wohl auf die jeweilige Zeitungspraxis ankommt – die Sie ja hier bestimmen.«

Warnemann gab nunmehr eine seiner instruktiven Lektionen von sich: »Dieser Artikel sollte möglichst wirkungsvoll herauskommen – bei kluger Ausschöpfung der Gegebenheiten unseres Metiers.«

Kein Wort fiel dabei über jenen Menschen, um den es hierbei ging; nicht der geringste Versuch wurde unternommen, eventuelle Zusammenhänge zu deuten, daraus Folgerungen zu ziehen. Hierbei ging es nicht um den Geist oder Ungeist einer historischen Zeitspanne, um das beständige Ausgeliefertsein der Menschen an Macht und Mächtige. Worauf es diesem Macher wohl allein ankam, war eine möglichst praktische Nutzung der sich ihm anbietenden Gegebenheiten; also deren publikationswirksamste Auswertung.

»Wir werden mithin Ihren Artikel, Klinger, der recht überzeugend wirkt – doch das sagte ich wohl schon – nicht gleich in der morgigen Ausgabe unserer Zeitung herausbringen. Vielmehr gedenke ich den weit wirksamer zu plazieren – und zwar in unserer nächsten Wochenendausgabe, die in zwei Tagen erscheint. Dort wird dann Ihr Artikel auf der Frontseite ganz groß angekündigt werden – um dann auf unserer exklusiven Seite drei voll in Erscheinung zu treten.«

Was Warnemann damit beabsichtigte, ließ sich mühelos

erkennen: Der spekulierte einmal auf die allwöchentlich höchste Auflage seines Blättchens, die jeweils an Samstagen zu verzeichnen war – so an die zweihunderttausend Exemplare ließen sich dann verkaufen. Zum zweiten dachte der offenbar an den danach folgenden fast zeitungslosen Sonntag, an dem sich erfahrungsgemäß derartig losgelassene Verdächtigungen brütend auszuwachsen vermochten. Und das eben nicht nur bei den normalen ›Kurier‹-Lesern, auch in anderen Redaktionen, ob nun von Zeitungen, Rundfunkstationen, dem Fernsehen.

»Dabei, Herr Klinger, gedenke ich Ihnen dann noch eine Chance ganz besonderer Art zu geben.« Der Chefredakteur verkündete dies, als beabsichtige er, eine hohe journalistische Ehrung zu erteilen. »Diesen Artikel werden wir mit Ihrem vollen Namen und mit einem Foto von Ihnen versehen. Wenn auch, zunächst noch, mit dem Zusatz: ›Von unserem Sonderberichterstatter‹. Also nicht gleich: ›Chefreporter‹. Doch das kann noch kommen – wenn Sie so weitermachen.«

Diese gewiß überaus hinterhältige Berechnung, der vorbeugende Versuch, einen später möglicherweise benötigten Sündenbock bereits vorzeitig namentlich und bildlich festzulegen, versuchte Klinger zu verkraften. Das jedoch nicht ohne erneutes Absicherungsverlangen. »Dabei muß ich Sie aber wohl, Herr Chefredakteur, auf einen kleinen Schönheitsfehler aufmerksam machen – der sich, unter unglücklichen Umständen, als recht fatal erweisen könnte.«

Warnemann horchte auf. »Sie wollen damit doch wohl nicht sagen, Klinger, daß sich inzwischen eine Art Laus in diesen von Ihnen so prächtig ausgebreiteten Pelz hineingeschlichen hat?«

»Vielleicht – vielleicht aber auch nicht. So genau vermag ich das nicht zu erkennen. Doch immerhin steht dieses fest: Unser Materiallieferant ist inzwischen umgebracht worden. Krepiert. Unter Gewaltanwendung. Also – ermordet.«

»Na – und wenn schon!« Um zu dieser Reaktion zu gelangen, brauchte Chefredakteur Warnemann nur kurz nachzudenken; er wirkte betont lässig, bestrebt souverän. »Die Hauptsache dabei ist: Der hat bereits geliefert – so gut wie alles, worauf es hier ankommt. Also in erster Linie das Original eines großdeutschen Kriegsgerichtsurteils, das sich nun in meinem Panzerschrank befindet. Außerdem sparen wir dabei dreitausend Mark, die ich Ihnen sozusagen treuhänderisch übergeben habe – für weitere Informationen. Welche jedoch dieser Mann nun nicht mehr liefern kann.«

»Diese Summe habe ich dem aber bereits ausgehändigt – am Abend vor seinem Tod.«

Warnemann blinzelte katergleich, quasi: sprungbereit. Seine Lauerhaltung verwandelte sich jedoch rasch in eine Art schnurrendes Wohlwollen, in gut kalkulierte Verständnisbereitschaft. »Ach, Mensch – ich kenne doch auch Nachrichtenkerle und eure Praktiken! Na schön – von mir aus können Sie auch noch diesen Betrag kassieren, den als zusätzliches Honorar betrachten. Sofern hier alles richtig läuft, sollte dies jedoch nicht der Fall sein, mein Lieber, dann werde ich Sie, auch in dieser Hinsicht, zur Kasse bitten. Sonst noch was?«

»Erlauben Sie mir lediglich noch einen Hinweis, Herr Chefredakteur. Dieser inzwischen umgebrachte Nachrichtenlieferant scheint noch weiteres, verwertbares Material zum Fall Hagen besessen zu haben. Doch eben das befindet sich nunmehr im Besitz der Polizei – und zwar bei Kriminalrat Kant.«

»Kant«, echote Warnemann nachdenklich. »Haben Sie Kontakt mit ihm?«

»Ja«.

»Positiven?«

»Scheint so, Herr Chefredakteur. Der hatte mich gestern zu sich bestellt – um mich aufzuklären. Das durchaus wohlwollend; um nicht zu sagen: ziemlich entgegenkommend.«

»Nun ja – gewiß. Der ist kein erklärter Feind der Presse. Sehr wohl überlegt nicht. Kaum vorstellbar also, daß der irgendwelche Schwierigkeiten angedroht, oder gar eindeutige Forderungen gestellt haben könnte.«

»Lediglich diese: Er erhoffte Zusammenarbeit! Und zwar eine, wie er sagte, eindeutig konstruktive. Wohl diesbezüglich hatte der mich erneut, und zwar heute mittag, zu sich bestellt.«

»Und – mit welchem Erfolg?«

»Mit keinem, Herr Warnemann. Wohl bin ich in seinem Büro aufgekreuzt – doch er war nicht anwesend. Sein Assistent erklärte mir, sehr höflich im übrigen: Der Chef ließe sich entschuldigen; er habe sich, eines dringenden Falles wegen, an den Tatort begeben müssen.«

»Völlig klar«, stellte der Chefredakteur leicht belustigt fest. »Der zögert die Dinge hinaus – schiebt sie vor sich her. Das ist seine Methode. Was jedoch kann vielversprechender sein?«

»Kriminalrat Kant scheint immerhin, wie übereinstimmend bezeugt wird, als unbestechlich, unbeirrbar zu gelten. Dennoch hatte ich, muß ich gestehen, anläßlich meiner gestrigen, ziemlich ausgedehnten Unterredung mit ihm den zwingenden Eindruck: Eine völlig uneinnehmbare Festung ist selbst er nicht.«

»Wem sagen Sie das?« Warnemann produzierte ein wohl fein gedachtes Lächeln, um seine wissende Überlegenheit, wieder einmal mehr, zu demonstrieren. Und das gelang ihm diesmal ziemlich überzeugend. »Kant, und das weiß doch jeder Kenner der hiesigen internen Verhältnisse, will hier Polizeipräsident werden.«

»Haben wir irgend etwas dagegen?« Klinger benutzte das ›Wir‹, das die Zeitung samt Chefredakteur und Herausgeber umfaßte, ziemlich ungeniert. »Zwar besitzt er, soweit bekannt, kein Parteibuch – hätte er jedoch eins, dann wäre das wohl gewiß ein unserem Hause sehr genehmes. Sein bisheriges Verhalten, seine geäußerten Ansichten weisen darauf hin.«

»Versuchen Sie, sich möglichst von derartigen Spekulationen frei zu machen, Klinger! Wir sind eine erklärt objektive, um Wahrheit bemühte, betont demokratische Zeitung.« Falls das eine tadelnde Richtigstellung sein sollte, so mutete sie zugleich auch reichlich erheiternd an. »Kommen wir also zur Sache! Sind Sie tatsächlich davon überzeugt, daß Kant Unterlagen zum Vorgang Hagen besitzt, die für uns von Bedeutung sein könnten?«

»Da bin ich ziemlich sicher. Und der Kriminalrat scheint das auch zu sein.«

»Sollte Ihnen das, mein Lieber, irgendwie gefährlich erscheinen?«

»Nicht unbedingt, Herr Chefredakteur. Denn Kant mutete, wie gesagt, ziemlich entgegenkommend an. Das jedoch wohl in der gezielten Hoffnung: Auch wir kommen ihm entgegen! Eine Art Geschäft mithin – doch ein durchaus vielversprechendes.«

»Dann«, entschied Warnemann schnell und zupackend, wie er wohl glaubte, »steigen wir dabei ein! Den jubeln wir also hoch, bringen ihn groß heraus! Dabei dürfen jedoch, vorläufig noch, keinerlei Andeutungen fallen, daß wir uns für diesen Kriminalrat als zukünftigen Polizeipräsidenten entschieden haben. Den würdigen wir lediglich möglichst wirkungsvoll; und zwar als einen großartigen, wenn nicht gar genialen Kriminalisten.«

»Was den sicherlich erfreuen dürfte. Erlauben Sie mir, daß ich dementsprechende Andeutungen mache?«

»Dürfen Sie! Mit herzlichen Grüßen von mir.«

Worauf Warnemann unverzüglich weitere, schöpferische Ideen entwickelte, wie er meinte. Erstens: Herr Stemmer, der Herausgeber, könnte mit dem obersten Vorgesetzten des Herrn Kant speisen, also mit dem Innenminister – was unverzüglich erfolgen würde, wenn er das anrege.

Zweitens: Er, als Chefredakteur, wäre bereit, den Polizeire-
porter seiner Redaktion dahingehend zu instruieren, daß
dieser umgehend die besonderen Verdienste des Kriminal-
lers zu würdigen habe. Wobei man wohl auf folgendes achten könne: Erfolgreiche Verbrechensbekämpfung; ent-
schiedenes Eintreten für Sicherheit und Ordnung; sodann
dessen besondere Verdienste bei dem Bemühen, unsere
Stadt von fragwürdigen Elementen freizuhalten.

»Drittens dann: Ich werde dafür sorgen, daß Kant in unserer vielbeachteten, gern gelesenen Serie – ›Ein Tag mit einem Prominenten‹ – erscheint. Damit gedenke ich unsere
Simone zu beauftragen. Die macht das gewiß glänzend. Sie
wird ihn mit gewohnter Verläßlichkeit betreuen.«

»Und damit, meinen Sie, dürfte auch Herr Stemmer einverstanden sein?«

»In dieser Sache, Klinger«, stellte nun Warnemann abermals in streng verweisendem Ton fest, »sind Sie allein mit
mir konfrontiert! Nur wir beide treten dabei in Aktion.
Worauf es ankommt: Nichts auszulassen, was irgendwie
verwertbar erscheint, nichts von dem zu übersehen, was irgendwie gefährlich werden könnte. Und wenn gefährlich,
dann wohl in allererster Linie für Sie, Klinger. Wenn Sie dabei nicht ganz scharf aufpassen!«

10

In jener Nacht lösten sie sich voneinander – schwer atmend,
erschöpft, doch ohne die ersehnte Befreiung gefunden zu
haben: Ingrid Reiner und Theodor Stemmer. Und schwer
zu bestimmen, wer sich da von wem löste. Ihr Schweiß und
seine Ausscheidungen, die sich miteinander vermischt hatten, schienen sie auf geheimnisvolle Weise noch miteinander zu verbinden.

Doch selbst jetzt suchte keiner von ihnen, was gewiß empfehlenswert gewesen wäre, das Bad auf. Wohl war die fontänenartig sprudelnde Heftigkeit zwischen ihnen abgeklungen – eine Art wuchernde Erwartung beherrschte sie noch immer. Dennoch, wenngleich mühsam, bahnte sich ein Gespräch zwischen ihnen an – das von ihm gelenkt wurde.

»Wir beide, Ingrid«, begann Theodor, sich vortastend, wobei er sie zugleich abtastete, wie um sie voll zu begreifen, »wir gehören zusammen. Nicht wahr?«

»Ja, mein Geliebter«, bekannte sie bereitwillig und ernsthaft.

»Für diese deine Bestätigung danke ich dir; die weiß ich zu schätzen. Dein eindeutiges Bekenntnis zu mir vermag mich immer wieder zutiefst zu beglücken.«

»Das ist doch geradezu selbstverständlich, Theodor.«

»Im Grunde, meine herrliche Geliebte, glaube ich es auch zu verdienen – zumindest hoffe ich es. Du weißt, was ich alles für dich – und dies selbstverständlich gerne – zu opfern bereit bin – nur um dich als Teil von mir zu wissen.«

Ingrid hätte nun sagen können: Schließlich habe ich ja auch einiges für dich geopfert; oder eben riskiert. Etwa meine Ehe. Und wenn diese auch vergleichsweise bescheiden war, so doch immerhin einigermaßen gesichert. Denn ihr Mann hatte sie stets verehrt, sie also niemals richtig einzuschätzen verstanden. Und immerhin gehörte eine Tochter von sanftmütigem Wesen dazu, vierzehn Jahre alt; die sie bei ihrem Mann gelassen hatte. Der schien das im übrigen alles wie ein unvermeidliches Schicksal hinzunehmen.

Doch eben das sagte Ingrid nicht – nicht ihrem Theodor. Denn dieser, hatte sie erkannt, legte Wert auf Untadeligkeit. Und schließlich zählte eins: Nur sie vermochte ihn glücklich zu machen; er sie jedoch reich.

»Ich jedenfalls«, versicherte er ihr, »wünsche nichts so sehr wie dies: Mir deiner sicher zu sein!«

»Das kannst du, Theodor – das wirst du immer können.«

Was vermutlich sogar stimmte. Ingrid hatte einigen Freunden, wenn auch nicht gleich Klinger, nachdem ihre Bekanntschaft mit Stemmer in ein erstes vielversprechendes Stadium getreten war, erklärt: Dieser Mann vermöge ihr zu imponieren, sie empfinde ihn in geradezu antiker Weise als schön – ein einzigartiges Wesen von herrlicher Ausstrahlung. Doch wer so etwas von diesem nicht nur verfetteten, sondern dazuhin noch mit Froschaugen und Wulstlippen ausgestatteten Menschen behauptete, der mußte verblendet sein; oder eben – geblendet. Unschwer zu erraten, wovon.

Wie um ihre Worte zu beweisen, beugte sich Ingrid über ihren Theodor, glitt an ihm mit feuchten, saugenden Lippen abwärts, massierte alles, was ihr dabei in die emsigen Hände geriet. Das geschah möglicherweise erprobt mechanisch, mutete jedoch überzeugend wirkungsvoll an. In diese von ihr erzeugte Lustdemonstration sank Stemmer genußvoll ein. Noch niemals zuvor hatte ein weibliches Wesen bei ihm einen derartigen Erlebnisreichtum so überzeugend bewirkt.

»Du«, bekannte er sodann, »bist die denkbar vollkommenste Erfüllung meines Lebens, geliebte Ingrid. Und ich kann nur hingebungsvoll hoffen: Du vermagst alles, einfach alles, was vor uns beiden gewesen ist, zu vergessen.«

»Die Vergangenheit ist Vergangenheit! Nun gibt es nur noch uns. Also dich, dein Leben mit mir.«

Genau das hatte Stemmer wohl zu vernehmen begehrt. Abermals fühlte er sich glücklich, während er das Abklingen des zweiten erregten Höhepunktes dieser Nacht registrierte. Erfahrungsgemäß würde dem kein dritter folgen; das schaffte er einfach nicht mehr. Und sie, einfühlsam wie sie war, forderte das auch nicht. Was jedoch konstruktive Gedankengänge nicht ausschloß. Und er gedachte, nunmehr seinen Überlegungen freien Lauf zu lassen.

»Für deine Familie, Ingrid, muß selbstverständlich großzügig gesorgt werden. Wobei wir deinem Mann, dessen nun bei ihm lebende Mutter und deinem Kind keine direkten finanziellen Zuwendungen zukommen lassen dürfen; das könnte, was wir doch gewiß nicht wollen, deren Stolz verletzen. Das soll uns jedoch nicht daran hindern, ihnen generöse Geschenke zukommen zu lassen; etwa zu Geburts- und Feiertagen, insbesondere Weihnachten. Außerdem werde ich bemüht sein, deinem Mann eine bessere, also besser bezahlte Stellung zu verschaffen; dessen Fernsehdirektor gehört zu meinen Freunden.«

»Danke dir!« versicherte sie nahezu ergriffen. »Ich freue mich so unsagbar auf unser gemeinsames Leben ohne jede Einschränkung.«

»Wozu aber auch – wie ich dir bereits mehrmals angedeutet habe, Ingrid – eine Art Schlußstrich wird gehören müssen, was deine bisherigen Freundschaften anbelangt. Diese sind dir nun nicht mehr angemessen. Sobald wir verheiratet sind, was hoffentlich sehr bald der Fall sein wird, werden wir in den allerbesten Gesellschaftskreisen verkehren – beim Kanzler in Bonn ebenso wie beim bayerischen Ministerpräsidenten, bei Angehörigen des Diplomatischen Corps und Wirtschaftsgewaltigen.«

»Ich werde stets versuchen, Theodor, mich deiner würdig zu erweisen. Und du wirst, da bin ich sicher, zufrieden mit mir sein.«

»Was ich mir erhoffe und wünsche, Ingrid. Ohne jede Einschränkung. So etwa solltest du einen Herbert Klinger in Zukunft meiden.«

Sie suchte mit heißfeuchten Lippen seinen Mund, wisperte: »Der existiert nicht mehr für mich – nicht, seitdem du mein Leben bist.«

»Doch was etwa dann, Ingrid, wenn er versuchen sollte, erneut auf dich zuzukommen, etwaige Besitzansprüche anzumelden? Wie würdest du darauf reagieren?«

»Ablehnend – ganz selbstverständlich! Schließlich habe ich mich für dich entschieden. Ganz abgesehen davon, dürfte ausgerechnet der doch gar kein Problem für uns sein. Der ist gar nicht imstande dazu, einen Menschen ehrlich zu lieben – er ist allein auf seine Erfolge als Journalist scharf. Diese solltest du ihm ermöglichen– und er wird dir aus der Hand fressen!«

»Ihm dies zu ermöglichen, meine liebe Ingrid, versuche ich bereits. Doch er soll, dies meint auch Warnemann, schwierig sein, unberechenbar.«

»Herr Warnemann«, entgegnete sie vorsichtig, »scheint das möglicherweise nicht ganz richtig zu sehen. Was er bei Klinger für kompliziert hält, ist vermutlich dessen durchaus berechenbarer Ehrgeiz – der will Chefreporter werden. Dafür tut er alles.«

»Woher weißt du das? Hat er dir das gesagt – und wann?«

»Das weiß jeder, der ihn kennt. Das ist stets sein erklärtes Lieblingsthema gewesen – damit pflegt er alle anzuöden, von denen er glaubt, daß sie ihm zuhören. Wer ihm die Erfüllung dieses Traumes ermöglicht, dem wird er die Füße küssen – so ist er!«

Wenn dem so ist, mußte sich Stemmer sagen, dann war bei diesem Klinger auch die gegenteilige Reaktion denkbar: Wer ihn am Karrieremachen zu hindern trachtete, dem würde dieser radikale Kerl Tiefschläge, Tritte in den Hintern zu verpassen suchen. Woraufhin er nachdenklich meinte: »Ehrgeiz kann eine sehr schöne, höchst nutzbar zu machende Sache sein; vorausgesetzt, es gelingt, diesen rechtzeitig in die richtige Richtung zu lenken.«

»Das«, versicherte sie ihm fast ein wenig zu schnell, »sollte man ihm ermöglichen.«

Theodor Stemmer lauschte ihren Worten nach; er richtete sich auf und sagte dann bedächtig, fast ein wenig feierlich: »Ich fühle mich durchaus versucht, meine geliebte Ingrid, deiner dankenswerten Anregung Folge zu leisten.

Doch was, bitte, wenn er, nun vielleicht erst recht, Anstalten machen sollte, sich dir erneut aufzudrängen?«

»Dann, Theodor, mein Geliebter, würde ich darauf so reagieren, wie du es von mir erwartest; und zwar in jeder Hinsicht. Wobei ich auch an Klingers heimtückische, hinterhältige Bereitschaft denke, alles und jeden in den Dreck zu ziehen, der sich ihm in den Weg stellt. Doch selbst das würde ich hinnehmen. Deinetwegen, Theodor – wenn du es von mir verlangst.«

Er streichelte, wie um sich und sie zu beruhigen, ihr vollstraffes Fleisch, das sie ihm willig darbot. Wobei er behauptete: »Ich werde dir niemals irgendeine fragwürdige Forderung zumuten, meine wunderbare Geliebte – denn ich bin dir unsagbar dankbar für alles, was du mir in völliger Freiwilligkeit zu gewähren bereit bist. Und was immer sich auch daraus ergeben sollte – nun bin ich sicher: Zwischen uns herrscht vollkommene Harmonie.«

11

Herbert Klinger suchte erneut Kriminalrat Kant auf. Und der empfing ihn diesmal unverzüglich, ohne jede Förmlichkeit. Dabei suchte Kant den Eindruck zu vermitteln, so gut wie pausenlos im Dienst zu sein. In solchen Augenblicken berief er sich gerne, wenn auch wie augenzwinkernd, auf eine Anordnung des derzeitigen Polizeipräsidenten:

»Vertreter der Presse sind stets höflich zu behandeln. Alle gewünschten Auskünfte sind ihnen zu erteilen. Das in Besonderheit dann, wenn es sich um statistische Angaben, angewandte Arbeitsmethoden, abgeschlossene Fälle handelt. Falls dabei jedoch Zweifel bestehen sollten, sind Vertreter von Nachrichtenorganen an die Pressestelle des Präsidiums zu verweisen.«

Letztere Bemerkung besaß jedoch für einen Kant, der seine eigene Art von Dienstvorstellung pflegte, keinerlei verpflichtende Bedeutung. Er empfand nicht das geringste Verlangen, wichtige Vorgänge seines Bereichs dieser kleinen, öligen Ratte von Pressesprecher zu überlassen. Denn dieser Kretin verfügte nicht über die geringsten polizeipraktischen Erfahrungen – den hatte der Präsident von einer Werbefirma übernommen, die für Kirchen, Parteien und Ministerien zu arbeiten pflegte.

Kriminalrat Kant jedenfalls war offensichtlich entschlossen, in bestimmten, von ihm bestimmten Fällen, sein eigener Pressesprecher zu sein. Mithin betrachtete er den ihn besuchenden Journalisten mit sichtlichem Wohlwollen. Sein ständig waches und wachsendes Mißtrauen gegen jene, die irgendwie Einfluß zu nehmen suchten, verbarg er mühelos – er hatte sich im Verlauf langer Dienstjahre ein Pokergesicht zugelegt.

Zunächst also belauerten sie einander lediglich. Offenbar vermochte immer noch keiner von ihnen zu erkennen, was der andere zu spielen, auszuspielen gedachte. Welcher Umstand sie zu großer Höflichkeit veranlaßte.

Dabei gefielen sie sich zunächst in nichtssagenden Gebrauchsfloskeln. Etwa zum Wetter, das in diesem Land, in dieser Stadt abrupt zu wechseln pflegte; was nachgewiesenermaßen zu zusätzlichen kriminellen Aktionen führte. Zu ihrem Metier, das sie jeweils als mühevoll und unübersichtlich bezeichneten. Zum sogenannten Zeitgeist, der, so versicherten sie sich, nur dies eine mit Sicherheit signalisiere: Nichts wäre unmöglich. Aber auch darüber waren sie sich klar; es gab nichts, was es nicht bereits schon einmal gegeben hätte.

Dabei schien die Geduld des Kriminalrates nahezu unerschöpflich zu sein. Er wartete auf das, was ihm Herbert Klinger vorzutragen hatte. Er sah ihn bereits leicht transpirieren; auch dessen Stimme begann hastiger und heller zu klingen. Aber eben das war auch Klinger klar. Ihm lag jetzt daran, möglichst rasch zur Sache zu kommen.

»Herr Kant«, sagte er nun, den Vorstoß einleitend, »ich bin sehr erfreut darüber, Ihnen mitteilen zu können, daß sich meine Zeitung, der ›Münchner Kurier‹, überaus für Ihre Position interessiert, Ihre kriminalistischen Wirkungsmöglichkeiten, Ihre zunehmende Bedeutung für unsere Stadt. Ich habe Ihnen herzliche Grüße von meinem Chefredakteur, Herrn Warnemann, zu übermitteln.«

»Danke sehr«, sagte der Angesprochene gemessen. Dabei war nicht erkennbar, ob ihn diese Ankündigung irgendwie zu beeindrucken vermochte. Doch das nun aufkommende, bei ihm höchst selten zu registrierende Lächeln, signalisierte eine gewisse Zufriedenheit. »Sonst noch was, Herr Klinger?«

»Auch der mit mir befreundete stellvertretende Chefredakteur der hiesigen ›Morgenzeitung‹, Karl Peter, ist gleichfalls bereit, Ihre Person zu würdigen, und zwar aus Überzeugung – wodurch eine entsprechende Wirksamkeit gegeben sein dürfte. Ist das nicht eine gute Sache?«

»Nicht schlecht«, registrierte Kant, wenn auch noch sehr verhalten. Dabei schimmerte jedoch bereits ein gewisses Einverständnis durch; allerdings nicht ohne eine gewisse Belustigung.

»Sollten Sie etwa – in einem ganz bestimmten Fall – mit diesem Peter gemeinsame Sache gemacht haben? Und deswegen diese gemeinsame Aktion? Das jedoch hoffentlich nicht, ohne daß Sie sich möglichst weitgehend abgesichert haben. Sich dieser prächtigen Pressehyäne auszuliefern, könnte unter Umständen lebensgefährlich sein. Wie sehen Sie das?«

»Ich bin kein Anfänger, Herr Kriminalrat.«

Kant vernahm das mit Befriedigung. Schließlich hatte er im Verlauf der Jahre, bei seinem Weg nach oben, inzwischen einiges lernen müssen, was er, Charaktermensch, der er war, als Scheußlichkeit zu empfinden vorgab. Er verachtete diese sich stets bereitwillig entblößenden, herumschnüffelnden, sich in allen Medien breitmachenden Sittensäue sondergleichen. Dieser ›Carlos‹ gehörte dazu. Dennoch, dennoch – unter bestimmten Umständen waren Typen wie der durchaus brauchbar. Falls man es richtig anstellte.

»Warum nun also«, fragte Kriminalrat Kant, »soviel massiertes Wohlwollen? Warum wirklich? Das, Herr Klinger, würde ich nun gerne wissen wollen. Möglichst genau.«

Der also Angesprochene hatte erhebliche Mühe, sich zu beherrschen. Auch wenn er die Manipulationen von Kant inzwischen zu durchschauen glaubte – dessen Methoden wirkten ungemein irritierend. Es war, als wären sie sich zuvor noch niemals begegnet. Nichts von dem, was zwischen ihnen vor zwei Tagen besprochen worden war, schien jetzt noch zu existieren.

»Ich bemühe mich sehr, Herr Kriminalrat, Ihnen entgegenzukommen.«

»Dann, bitte, tun Sie das auch, Herr Klinger. Denn allein mit vorbehaltloser Aufrichtigkeit kommt man bei mir weiter. Teilen Sie mir also ganz offen mit, was Sie von mir erwarten – damit ich Ihnen behiflich sein kann, was ich gerne sein will; soweit sich das mit meinen Dienstvorschriften vereinbaren läßt. Also – worum handelt es sich?«

Auf diese deutlich fordernde Frage einzugehen, war Herbert Klinger nun bereit. Mithin tat er also genau das, was Kant, der Vielerfahrene, von ihm erhoffte. Und wenn es sich auch, bis jetzt noch, um eine Art Redaktionsgeheimnis von einiger Größenordnung handelte – das nun hier preiszugeben, schien Klinger ebenso notwendig wie sinnvoll. Das konnte eine vertrauliche Atmosphäre schaffen, jene Hochachtung zum Ausdruck bringen, die man diesem Superkriminalisten unbezweifelbar entgegenzubringen hatte; zumindest vorgeben mußte, es zu tun.

»Es handelt sich, Herr Kriminalrat, um eine sorgfältig vorbereitete, überaus vielversprechende Kampagne meiner Zeitung, mit deren Durchführung ich beauftragt worden bin. Und zwar – dies bitte ganz vertraulich – gegen einen gewissen Herrn Hagen, der Ihnen wohl nicht unbekannt sein dürfte.«

»Hagen?« fragte Kant verblüfft. »Heinz Heribert Hagen?«

Dies wurde ihm unverzüglich bestätigt. Woraufhin Kant scheinbar nachdenklich meinte: »Nun ja – wer kennt ihn nicht.« Das sollte wohl wie eine nebensächliche Bemerkung klingen – allein Klinger glaubte, einen Unterton von Ablehnung herauszuhören.

Warum dem so war, durfte beinahe schon als stadtbekannt gelten. Denn Hagen hatte sich, wenn auch nur gelegentlich, so doch geradezu beschwörend, mit Ermahnungen und Appellen an die Adresse der Polizei gewandt. Diese mußten dort ziemlich böses Blut erregt haben.

Die Polizei, so hatte Hagen behauptet, wäre oftmals zu voreilig, zu unkontrolliert, allzu selbstherrlich in Funktion getreten; zu bedenkenlos und gelegentlich geradezu brutal. Mithin durfte Hagen wohl kaum, schon gar nicht in den Augen von Kant, als ein sonderlich erklärter Freund von gewachsener Sicherheit und bewährter Ordnung gelten.

»Ein durchaus achtbarer, wenn auch recht ungewöhnlicher, reichlich eigenwilliger Mensch«, glaubte Kant anmerken zu müssen. »Dessen Einstellung mag wohl manchem bisweilen recht unbequem erschienen sein, wenn auch gleich mir, da ich mit solchen Versuchen noch nicht direkt, nicht persönlich konfrontiert worden bin. Doch nun muß ich fragen: Was glauben Sie denn gegen ihn glaubhaft und überzeugend vorbringen zu können?«

»Einiges, Herr Kriminalrat – und wohl ziemlich Schwerwiegendes. Da existiert ein uns im Original übergebenes Kriegsgerichtsurteil aus dem Jahre 1944. Hagen ist damals, amtlich bestätigt, Unteroffizier in der 8. Kompanie des Infanterieregiments 334 gewesen. Und als solcher, läßt sich nachweisen, hat Hagen einen Kameraden erschossen, der angeblich Fahnenflucht zu begehen versuchte. Aus unserer heutigen Sicht dürfte sich dies als brauchbares Belastungsmaterial erweisen.«

»Das, Herr Klinger, gedenke ich nicht zu beurteilen – und das werden Sie auch gewiß nicht von mir verlangen. Ob es sich dabei nun um eine Art Kameradenmord gehandelt hat, worauf Sie offenbar hinauswollen, oder eben lediglich um eine Kriegshandlung mehr – das hat mich nicht zu interessieren.«

Kant ließ Klinger zappeln wie einen Fisch auf dem Trockenen. Der Kriminalrat verbreitete sich ausgiebig über Tötungsmöglichkeiten jeder erdenklichen Spielart – auch über deren Nachweisbarket. »Dafür benötigt man Unterlagen. Einwandfreie, ausreichende. Doch eben die, mein Lieber, scheinen Sie nicht zu besitzen, nicht im notwendigen Ausmaß, nicht in gewünschter Vollkommenheit – das ist mir schon bei unserer vorigen Unterredung klar geworden. Sie wollen also – mehr; noch mehr Material.«

Dieser Kant war nun einmal ein Polizeipraktiker von hohen Graden – dem konnte so leicht nichts vorgemacht werden. Und das versuchte Klinger auch nicht. Jetzt nicht mehr.

»Dieses erste, durchaus verwertbare Material hat mir – und selbstverständlich nicht umsonst, wie Sie sich denken können – jener Mauermeister zur Verfügung gestellt, der nun tot und damit in Ihrem Zuständigkeitsbereich gelandet ist, und er hatte uns noch weitere Unterlagen dazu versprochen.«

»Wenn ich da das Wörtchen ›uns‹ höre, will ich nicht annehmen, daß Sie damit sich und diesen Peter meinen – vielmehr sich und Ihre Zeitung. Auf derartige nicht unwichtige Kleinigkeiten sollten Sie achten, Herr Klinger. Jedenfalls habe ich nun wohl festzustellen, daß Ihnen dieses Kriegsgerichtsurteil noch nicht genügt. Eine Denkweise, die mir gefällt – sie entspricht meiner Einstellung: absolute Gründlichkeit! Nur nichts dem Zufall überlassen.«

Herbert Klinger versuchte, diese durchaus zutreffende Feststellung zu überhören. Sie bewies die gefährliche Hellhörigkeit dieses Chefkriminalisten, der er sich unverzüglich zu entziehen trachtete. Und das, indem er nun, nahezu bieder, zu behaupten versuchte: »Mir geht es dabei um die journalistische Wahrheitsfindung. Und dazu gehört wohl auch in diesem Fall: Die Sammlung aller irgendwie erreichbaren Details über die Vergangenheit des Herrn Hagen, dessen militärische Vergangenheit im besonderen.«

»Und derlei, so vermuten oder hoffen Sie, könnte ich Ihnen liefern?«

»Genau das! Darf ich Sie daran erinnern, Herr Kriminalrat, daß ich Sie bereits neulich gebeten habe, mir Einblick in die bei Mauermeister vorgefundenen Unterlagen zu gewähren?«

Woraufhin Kant, wohlüberlegt, sagte: »An sich wäre ich durchaus dazu bereit – schließlich haben wir stets erheblichen Wert auf eine enge, vertrauensvolle Zusammenarbeit mit der Presse gelegt. Doch inwieweit ich dazu in diesem Fall, rein juristisch gesehen, berechtigt bin, weiß ich nicht. Noch nicht.«

»Und wann, Herr Kriminalrat, werden Sie das wissen?«

»Das, Herr Klinger, könnte sehr bald sein – wobei ich gar nicht sicher bin, ob Ihnen das letztendlich angenehm sein wird. Doch immerhin ist anzunehmen, daß sich alles, was Sie da in Bewegung gebracht haben, ungemein beschleunigen könnte.«

Der kannte sich aus. Mit dem mußte gerechnet werden. Doch er war nicht der einzige, mit dem Klinger sich herumzuschlagen haben würde. »Ich wäre Ihnen wirklich sehr dankbar, wenn . . .«

Kant winkte nahezu schroff ab. »Ich werde selbstverständlich gerne tun, was ich irgendwie zu tun vermag – so weit mir das mein Amt erlaubt. Geben Sie mir Zeit, herauszufinden, wie weit ich dabei gehen kann.«

12

In der nächsten Wochenendausgabe des ›Münchner Kurier‹ erschien nunmehr der erste Artikel des Herbert Klinger. Groß angekündigt, wie geplant, und zwar rechts oben auf Seite eins: ›Eine tödliche Affäre‹. Darunter etwas kleiner: ›Dunkle Schatten einer blutigen Vergangenheit‹. Dann, noch kleiner gedruckt: ›Siehe Seite drei.‹

Jene Enthüllungsstory, deren behauptete Tatsachen alsbald zum ›Fall Hagen‹ werden sollten, war denkbar geschickt plaziert worden – dank der Regie von Chefredakteur Warnemann.

Die ersten Exemplare der Wochenendausgabe des ›Kuriers‹ wurden – wie stets – bereits am Freitag abend in Restaurants, U-Bahnhöfen und an Hauptverkehrspunkten feilgeboten. Außer der üblichen Leserschar erfuhren mithin auch Fachleute – Zeitungs-, Rundfunk- und Fernsehjournalisten – vorzeitig von diesem brandheißen Vorgang. Der jedoch würde nun über das Wochenende weiter »schmoren«.

Ein wahrlich nicht unraffinierter Artikel. Dessen kalkulierte Verlogenheit glaubten Fachleute bereits aus der Einleitung ersehen zu können. Die hatte Warnemann von Klinger entwerfen lassen, um sie sodann stilistisch zu verfeinern, wie er vermeinte. Sie lautete:

»Es gibt Augenblicke, da wir in unserer stets um Verantwortung bemühten journalistischen Tätigkeit innehalten müssen, vielleicht sogar davor zurückzuschrecken haben, unseren Lesern das zur Kenntnis zu bringen, was wir als schmerzend, beunruhigend und zutiefst beklagenswert empfinden. Doch wir haben keine andere Wahl, als der Wahrheit zu dienen, so schwer uns das auch fallen mag. In diesem Fall sind uns gewisse Dokumente, im Original, vorgelegt worden, deren Existenz nicht verleugnet werden darf.«

Alles dabei mutete betont auf seriös getrimmt an. Der Artikel war, wie vorgesehen, mit vollem Namen gezeichnet worden. Darunter befand sich der Zusatz: ›Von unserem Sonderberichterstatter‹. Auch ein Foto von diesem – ein weiterer Einfall von Warnemann – war beigefügt worden – das Bild eines ernsthaft dreinblickenden jungen Menschen.

Dieser ›Sonderberichterstatter Herbert Klinger‹ versuchte sich an jenem Freitag abend maßlos zu besaufen. Bemühungen jedoch, die ihm erfahrungsgemäß jedesmal mißlangen. Denn sobald er sich einem gewissen Punkt der Trunkenheit näherte, machte sein Magen einfach nicht mehr mit. Dann mußte er sich übergeben, sich leerkotzen – um danach, oft stundenlang, mit schweren Kopfschmerzen umherzutaumeln.

Er versuchte, Ingrid Reiner anzurufen – doch diese war nicht erreichbar; sie genoß, vermutlich mit Stemmer, Wochenendfreuden in einem von dessen Landhäusern; an irgendeinem See oder in den Bergen. Und Barbara Clemens, die er daraufhin anrief, erklärte ihm freundlich ungeniert: Falls er sich rechtzeitig bei ihr anmelde, wäre er ihr stets willkommen; doch im Augenblick hätte sie gewissen, bereits vorgeplanten ›Verpflichtungen‹ nachzukommen. Sodann versuchte er Hagen zu erreichen – doch dieser meldete sich nicht.

Was an sich nichts Ungewöhnliches war – wenn man wußte, wie Hagen lebte. Seine Wochenenden pflegte er zumeist allein zu verbringen. Mit Büchern, Bildern und

Schallplatten; bei abgestelltem Telefon. Freiwillig unerreichbar. Was ihm gewiß zu gönnen war, sich in diesem Falle jedoch geradezu vernichtend auszuwirken drohte.

Klinger begab sich zu dessen Wohnung, klingelte Sturm. »Ich muß den Meister sprechen – es ist dringend!« erklärte er Hagens Wirtschafterin, Frau Brasch, die an der Tür erschienen war und ihn voller Widerwillen betrachtete. »Was wollen Sie denn hier – noch dazu in Ihrem Zustand? Sie wirken reichlich betrunken, Herr Klinger.«

»Ich muß ihn dennoch sprechen, Verehrteste!«

»Er ist nicht hier.«

»Wo ist er dann?«

»Das geht Sie nichts an, Herr Klinger. Ich habe keinerlei Befugnis, irgend jemandem den Aufenthaltsort von Herrn Hagen mitzuteilen – auch Ihnen nicht. Bitte, belästigen Sie mich nicht länger – nicht in Ihrem derzeitigen Zustand.«

Später sollte sich dann herausstellen: Hagen hatte dieses Wochenende bei einem adligen Gesinnungsfreund und alten Parteigefährten verbracht. Sich dort auf dessen Gut im einsamen Bayerischen Wald aufgehalten, um an ›Jagdfreuden‹ teilzunehmen. Diese bestanden jedoch, wie ebenfalls bekannt wurde, aus langen Spaziergängen und ausgedehnten nächtlichen Beobachtungen, die mit Ferngläsern und unter Verwendung von Infrarotlicht vorgenommen wurden. Wobei sich Hagen allerdings eine heftige, fiebrige Erkältung zuzog, die ihn bereits am Sonntag bettlägerig machte, jedoch erst in der Nacht zum Montag voll ausbrach.

Tage danach glaubte Klinger, aufgrund eines Gesprächs mit Hagens adligem Gastgeber, herausgefunden zu haben: Dieser gutsherrliche Parteifreund war dazu angeregt worden, diese Wochenendeinladung an Hagen auszusprechen. Und zwar – von Stemmer. Was allerdings später beide, danach befragt, geradezu beschwörend leugneten.

Am späten Samstag jedenfalls landete der verstörte Klinger in einem von ihm besonders gerne aufgesuchten Café

›Im Fuchsbau‹: Angenehme Leute, freundliche Bedienung, verhältnismäßig solide Preise waren dort gegeben. Er durchquerte das Café, ohne sich umzusehen – um die Toilette zu erreichen. Dort entleerte er, mit würgenden Geräuschen, einem nahezu löwenhaften Gebrüll, seinen übervollen Magen in eines der Becken. Danach begab er sich, ohne die geringste Erleichterung zu empfinden, direkt zur Theke.

Und hier sah er Simone sitzen; bei einem Glas Rotwein. Sie lächelte vor sich hin, neigte sich ihrem Getränk entgegen; fühlte sich vermutlich überaus gelangweilt. Bei Klingers Anblick breitete sie ihre Arme aus, um ihn an sich zu ziehen. Was er sich gern gefallen ließ.

»Das«, versichete sie ihm, durchaus anerkennend, »was du ausgekochter Kerl dir diesmal geleistet hast, ist ein ganz großer, dicker Hund! Ein Heuler von Format. So etwas jedenfalls ist mir bisher noch niemals gelungen – so sehr ich mich auch abgestrampelt habe.«

»Das, was du da so als ›abstrampeln‹ bezeichnest, Simone, vermochte mir schon immer zu imponieren. In dieser Hinsicht bist du absolut einzigartig.«

Er bestellte für sich schwarzen Kaffee, einen starken Cognac dazu – beides vermischte er mit lässig sicheren Bewegungen. Doch er trank nichts davon. Er betrachtete vielmehr Simone mit nahezu letzter Hoffnung; sie schien ebenso volltrunken zu sein wie er.

Ihre Stimmung, erkannte er, war der seinen irgendwie ähnlich. Zumal sie jetzt bekannte: »Ach, Mensch – im Grunde sind wir doch nichts wie arme Schweine! In was sind wir da hineingeraten? In die pure Scheiße! Und früher oder später werden wir daran ersticken. So oder so. Garantiert.«

Herbert legte einen Arm um sie, zog sie an sich. Doch sie stieß ihn fast schroff von sich. Ohne ihn dabei aus ihren dunklen, wie verschattet wirkenden Augen zu lassen.

»Diese Schweine«, sagte sie weiter mühsam, »denen wir ausgeliefert sind, versauen unser Dasein – total und mühelos. Die degradieren uns zu schäbig bezahlten Tagelöhnern – wobei wir ihnen unser Gehirn verkaufen, als handele es sich um Exkremente.«

»Das mag stimmen, Simone – muß aber kein Dauerzustand sein. Denn immerhin – dort wo es sogenannte Regeln gibt, da existieren auch Ausnahmen davon. Und auf die könnte es hier ankommen.«

Sie sah ihn mit ihren blaßmüden Augen groß an; mit jener Ausdauer, die stark alkoholisierten Menschen oftmals eigen ist. »Du mußt ziemlich besoffen sein, Herbert, wenn du behauptest, daß du eine Ausnahme bist. Solltest du etwa glauben: Jetzt hast du es geschafft? Und das, weil es dir gelungen ist, einem bedeutenden Menschen in aller Öffentlichkeit einen Tritt in den Arsch zu versetzen, aber zugleich einem Mistkerl sondergleichen in den Hintern zu kriechen? Ach Mensch – nur ein Fehler, nur ein winziger Fehler – und die machen dich fertig!«

»Na, wer denn wohl? Etwa dieses schäbige Seelenverkäufergespann Stemmer und Warnemann? Auch wenn du dich, wie ich weiß, bei diesen Menschenverbrauchertypen ziemlich gut auskennst. Denn mit Warnemann sollst du schon einmal so gut wie verlobt gewesen sein, wie geflüstert wurde. Was du offenbar gar nicht ungern gehört hast, zumindest ist das von dir niemals dementiert worden. Ohne dabei Stemmer, diverse andere dazu, ausgelassen zu haben.«

Simone lachte schallend auf; sie schien sich prächtig zu amüsieren, wenn auch um einige Grade zu heftig. Was jedoch Herbert Klinger nicht zu überraschen vermochte – denn je mehr sie trank, um so lauter pflegte sie zu werden; überdeutlich oft noch dazu. Und eben das war ein Effekt, der ihm gar nicht unwillkommen war.

»Ich habe deine ausgebreitet gekonnten Bemühungen«,

versicherte er ihr, »stets mit großem Interesse zur Kenntnis genommen – sogar mit kollegialer Anerkennung. Denn du hast, allein was unsere Zeitung betrifft, so gut wie nichts ausgelassen – mich eingeschlossen; woran ich mich jedoch gerne und dankbar erinnere.«

»Soll das etwa, Herbert, in eine Moralpredigt ausarten?«

»Aber nicht doch so was, Mädchen! Gäbe es bei diesem Blättchen einen weiblichen Chefredakteur, oder eine Herausgeberin – ich würde nicht gezögert haben, wenn irgendwie gewünscht oder möglich, diese zu beschlafen. Um der guten Sache willen – gewissermaßen.«

Simone trank ihr Glas leer, das ihr unverzüglich nachgefüllt wurde. Klinger bestellte für sie beide eine weitere Flasche des von ihr bevorzugten Rotweins – einen verlockend schwerduftenden Burgunder. Den ließ sie in sich hineinlaufen, als wäre es Mineralwasser.

»Solltest du da womöglich, mein Lieber, auf diverse intime Einzelheiten scharf sein – etwa im Hinblick auf Theodor Stemmer? Darüber, rate ich dir, befrage deine Busenfreundin Ingrid Reiner – die kann dir sicherlich wesentlich tiefere Einblicke liefern. Denn zwischen mir und Stemmer lief so was ziemlich schnell ab, fast geschäftsmäßig, ohne jede Besonderheiten – im zeitgemäßen Verbraucherstil sozusagen. Wir waren einige Male zusammen. Doch eine diesbezügliche Buchführung angelegt habe ich mir nicht.«

»Ein Versäumnis, Simone, das du vielleicht nachholen solltest. So etwas könnte sich, möglicherweise, lohnen.«

»Du willst doch nicht etwa versuchen, Mensch, da irgend etwas ganz Bestimmtes auszukochen? Sogar einen Stemmer abzukochen!« Das fragte sie mit leicht verächtlicher Belustigung. »Dabei kannst du dir die Finger verbrennen! Ich spreche da aus einer gewissen Erfahrung.«

»Die du in verschiedener Hinsicht gemacht hast, mit wem auch immer – (mit wem) nicht. Doch ganz speziell mit deinem ehemaligen Fast-Verlobten Warnemann.«

»Genau mit dem, Herbert! Und von dem glaubst du wohl: Der arbeitet wie eng mit dir zusammen, der gibt dir eine Chance, dessen Wohlwollen kannst du sicher sein? Und das nur, weil du ihm eine mächtige Schweinerei geliefert hast, auf die er im übrigen seit Jahren spekuliert hat. Nichts wie pure Scheiße, Mann!«

»Du mußt es wissen.«

»Dieser aalglatte Scheißkerl wird auch dich ausnehmen wie eine Weihnachtsgans – das Brauchbare davon in seinen Schmortopf, den Rest auf den Misthaufen. Und verglichen mit diesem hinterhältigen Warnemann will mir sogar ein Stemmer fast wie ein Ehrenmann erscheinen. Bei dem mußte ich mich gelegentlich zwar auch mal hinlegen; doch entsprechende Honorare ließ er mir immer anweisen; durch seine Buchhaltung – vermerkt als Spesen. Kleinlich war der nicht.«

»Was denn, was denn, Mädchen! Willst du denn damit sagen, daß dieser Warnemann, zu allem Überfluß, auch noch ein ganz schäbiger Knicker ist?«

Eine weitere Flasche Burgunder – »Alles auf meine Rechnung!« hatte Klinger der Bedienung gesagt – wurde vor sie hingestellt. Simone genoß Getränk und Gespräch; womöglich als sexuelle Ersatzbefriedigung.

»Dieser Stemmer«, erklärte sie, wobei sie sich Klinger zuneigte, »mag ja sexuell eine reichlich verkorkste Type sein. Ein Warnemann jedoch pflegt mit wesentlich anderen Methoden zu arbeiten – und zwar mit denen eines Zuhälters.«

Eine derartige Behauptung vernahm Klinger mit freudigem Interesse. Er offerierte Champagner – den besten, der zu bekommen war. Simone konnte sich diese Bemerkung nicht verkneifen: Wenn er, Klinger, sich heute, seines sensationellen Artikels wegen, wie ein König vorkomme, so gönne sie ihm das. Doch ein derartiges Erfolgsgefühl werde gewiß nur von kurzer, vermutlich sogar sehr kurzer Dauer sein.

»Eben, weil du hier, mein Junge, an einen Warnemann geraten bist, den du zu kennen glaubst. Doch wenn den jemand wirklich kennt, dann bin ich das. Als ich ihn darum bat, für dieses beschissene Blatt schreiben zu dürfen, verlangte er prompt von mir die Bereitschaft zur absoluten Zusammenarbeit. Reichlich eindeutig, was der darunter verstand.«

»Und damit, Simone, hast du dich einverstanden erklärt.«

»Hatte ich denn eine andere Wahl, Mensch? Meine Versuche, mich als Schauspielerin zu betätigen, waren glatt in die Binsen gegangen. Mein Gejaule als Liedermacherin war eine weitere Pleite. Und mit Fernsehreklame ließen sich auch keine Brötchen backen. Ich hatte Schulden, hauste in einer schäbigen Bude; machte eine Bauchlandung nach der anderen. Aber schließlich mußte ich irgendwie überleben. Was Warnemann prompt erkannte.«

Herbert Klinger verspürte nun das heftige Verlangen, erneut die Toilette aufzusuchen, um sich leerzukotzen. Doch er bemühte sich, mit einiger Heftigkeit, diesem Drang nicht zu erliegen. Denn Simones ansonsten schon überaus geprägte Mitteilungsbereitschaft versprach in dieser Nacht geradezu enorme Ausmaße anzunehmen. Und diesen Umstand wollte er nicht durch irgendeine Unterbrechung gefährden.

»Hast du oft mit ihm geschlafen?«

»Wie sich das eben so ergab. Jedenfalls fühlte ich mich in jenen vielversprechenden Wochen, wohl zwei Monate lang, mit ihm verlobt. Und daran habe ich ganz ehrlich geglaubt, Mann. Das hat der mir glatt in den Bauch geredet.«

»Das allerdings, Mädchen, sind ja nicht gerade die Methoden eines feinen Mannes – aber auch die, wie du behauptest, eines Zuhälters?«

»Der ist tatsächlich einer! Als er glaubte, mich sicher im Sack zu haben, setzte er mich alsbald, ganz systematisch, auf von ihm ausgesuchte, ihm publikationsträchtig erscheinende Objekte an. Und das mit ungeniert eindeutigen Hinweisen: Mache dich an die heran, nehme die aus, verführe die zu möglichst verwertbaren Zu- und Eingeständnissen – ohne Rücksicht auf Verluste, mit all deinen Mitteln und Möglichkeiten. Was ich denn auch getan habe.«

»Du hast recht, Simone – ein Zuhälter. Doch immerhin bist du, erwiesenermaßen, als erkennbar hochbegabte Reporterin durchaus erfolgreich gewesen. Zahlreiche deiner Artikel besaßen ein überaus weitreichendes Hintergrundmaterial, haben sich als publizistisch ziemlich wirksam erwissen – und sie waren glänzend geschrieben.«

»Danke dir, dennoch, Herbert – wenn du das sagst, höre ich das besonders gerne. Warnemann hat mich auch oftmals gelobt; und ich habe tatsächlich geglaubt: Der liebt mich, der will mich heiraten! Doch dieser Kerl hat mich mißbraucht. Denn ich mußte, über die jeweiligen Objekte, auf die er mich angesetzt hatte, für ihn jeweils zwei Berichte verfassen: Zunächst einmal einen offiziellen, der dann veröffentlicht wurde; dann aber auch einen internen mit möglichst intimen Details. Den nahm er dann in seine wohl sehr spezielle Aktensammlung auf, die sich in seinem Panzerschrank befindet.«

Nunmehr fühlte sich Klinger kaum noch sonderlich oder gar überlegen amüsiert; keinesfalls, wie er geglaubt hatte, als Beherrscher der Situation. »So was – veranstaltet der tatsächlich?«

»Bei jeder sich bietenden Gelegenheit.«

»Solltest du dem auch intimes Material über mich geliefert haben?«

»Noch nicht, Herbert. Doch das könnte der nun möglicherweise von mir verlangen. Der läßt einfach nichts aus, was ihm irgendwie wichtig erscheint. Wobei durchaus anzunehmen ist, daß der bereits etliche intime Informationen über dich besitzt.«

Nun war es Klinger, der heftig zu trinken begann. Dabei

mußte ihm wohl ein gewisser Nachholbedarf an Betäubung zugestanden werden. Er leerte sein volles Champagnerglas, ohne es abzusetzen. »Könnte aber auch sein«, sagte er sodann heftig, »daß ich inzwischen, was seine Person betrifft, über ähnliches Hintergrundmaterial verfüge wie er möglicherweise über mich.«

»Das ist ganz einfach lachhaft, Mann!« Simone war sich ihrer Sache sehr sicher. »Gegen den, seine Beziehungen, Möglichkeiten und Mittel, kannst du doch gar nicht anstinken! Der verkörpert die Großmacht einer Zeitung – hinter ihm steht ein höchst einflußreicher Verleger und Herausgeber. Und sicherlich noch einige andere – im Dutzend. Die aber könnten dich, wenn es ums Ganze geht, in einer schon abgestimmten Aktion zerquetschen wie eine Laus.«

»Da bin ich nicht so sicher, Mädchen. Schließlich bin ich kein käufliches Freudengeschöpf.«

»Käuflich bist auch du – genau das! Versuche diese Tatsache nicht zu verdrängen. Auch dich hat Warnemann, mit welchen verlogenen Angeboten auch immer, in ein gewisses Abhängigkeitsverhältnis zu sich gebracht – dein Artikel über Hagen beweist das; seine Aufmachung, sein Inhalt. Eine typische Warnemann-Manipulation. Und damit bist du genau auf der von ihm bestimmten Straße. Und es gibt kaum einen Zweifel, wohin die führt.«

»Unterschätze mich nicht!« rief er aus.

Eine Bemerkung, über die Simone nur lächeln konnte – wenn auch nachsichtig. Klinger, vermochte sie zu erkennen, benötigte dringend noch weitere Aufklärungen. Die ihm zu gewähren aufgrund ihrer zahlreichen persönlichen Erfahrungen, war sie bereit. Etwa in der Art:

Da gab es einen international renommierten Opernintendanten. Und der hielt seine mit Millionen von Steuergeldern subventionierte Kunstwelt für die denkbar beste aller künstlerischen Welten. Da mußte man sich dann wohl – überwältigt – einfach hinlegen.

Ferner gab es da, unter etlichen anderen, zwei von Boule-
vardblättern hochgejubelte ›prominente‹ Regisseure. Der
eine war auf gefälliges Boulevardtheater spezialisiert, der
andere mit Krimi-Fernsehserien beschäftigt. Die von ihnen
erstellten Besetzungslisten muteten wie Bordellpersonen-
verzeichnisse an.

Sodann tummelten sich in dem Barbara zugewiesenen
Reporterrevier: diverse Jungfilmer, die der Überzeugung
huldigten, daß sich ihre Großartigkeit auch ausreichend bezahlt zu machen hätte. Des weiteren ein parteipolitisch fi-
xierter Dichter, vorgeblich Ewigkeitswerte schaffend – was
stattliche Honorar- und Beschlafbedürfnisse beinhaltete.
Ebenso tönende Kulturbekenner, würdig erscheinende
Kunstverwalter, geschäftige Vereinsmeier zur Pflege volks-
nahen Brauchtums – beständig bereit, Finanzen für sich ab-
zuzweigen; ob nun vom Bund, von den Ländern und Ge-
meinden zur Verfügung gestellt.

»Geschenkt!« rief Klinger aus. »Wer versucht denn nicht,
sich ein möglichst großes Stück vom Kulturkuchen abzu-
schneiden?«

»Nun gut, Herbert – das weiß man. Doch wer kann so etwas in allen fragwürdigen Einzelheiten beweisen? Warnemann!«

»Mit deiner Hilfe, Simone?«

»Ach was – für den bin ich doch nur ein Zuträger unter
›ferner liefen‹. Der benutzt auch noch andere, aus ganz anderen Bereichen: aus Verwaltung, Politik, Wirtschaft. Unter
dem Motto: Ich tue was für dich, wenn du auch was für
mich tust! Und zu seinen bienenfleißigen Anlieferern gehörst nun auch du.«

Klinger verstummte für längere Zeit. Er trank sich Mut
an; ziemlich entschlossen. Doch ohne jede erkennbare
Wirkung. Währenddessen plauderte Simone weiter über
ihre vielfältigen Erfahrungen.

Da habe sie, erst neulich, eine noch nicht ganz verblühte,

schwerreiche Witwe kennengelernt, auf die Betreuung vielversprechender junger Literaten spezialisiert – mindestens drei verwertbare Adressen wären dabei herausgesprungen. So auch bei einem Industriellen, der Schlagersängerinnen zu fördern suche; Rennstallbesitzer genannt. Die wohl »heißeste« Adressensammlung jedoch besitze ein Modemacher – der vermittle in seinem Zwinger gelandete Vorführ- und Vorzeigedamen, sogenannte Mannequins, geradezu massenweise. An Parteileute, Meinungsmacher, Geldgeber, Staatsbeamte, bis hin zu Ministern. »Und derartige Unterlagen besitzt Warnemann.«

»Das genügt wohl!« wehrte Klinger geradezu erschöpft ab.

»Solltest du nun etwa, mein Junge«, was geradezu teilnahmsvoll klang, »kalte Füße bekommen haben?«

»Mir ist kalt bis hin zur Herzgegend«, bekannte Klinger mit holzpuppenhaftem Grinsen.

»Nicht zuletzt mit derartigen Manipulationen ist Warnemann hier Chefredakteur geworden. Und durchaus anzunehmen, daß er sogar einiges, möglicherweise ziemlich viel von seinem Stemmer weiß – bestimmt weit mehr als du. Und dagegen glaubst du tatsächlich ankotzen zu können?«

»Mich beherrscht im Augenblick«, sagte Klinger mit schwerzüngiger Trunkenheit, »lediglich eine Frage: Kommst du mit in meine Behausung – oder gehen wir zu dir?«

»Du willst mit mir schlafen?«

»Mit dir und einer weiteren Flasche Champagner; um kurz mal schöne Erinnerungen aufzufrischen. Einverstanden?«

Das war sie. Völlig komplikationslos und mit der lächelnden Bemerkung: »Schlafen wir also bei dir. Doch dabei kann ich dir heute nacht kaum irgend etwas Besonderes versprechen. Auch ich bin ziemlich besoffen, dementsprechend zum Umfallen müde. Nach einigen Stunden allerdings könnte ich dann, wie du weißt, wieder recht munter sein.«

Sie bestiegen, einander stützend, ein herbeigerufenes Taxi. Das transportierte sie zu seiner Wohnung. Dort angekommen, bewegten sie sich, leicht taumelnd, auf sein Bett zu – ließen sich darauf fallen. Ohne sich auszuziehen, die Zähne zu putzen, sich zu duschen.

Alsbald schliefen sie, nebeneinanderliegend, ein.

13

Es war Sonntag gegen Mittag, als Klinger zu registrieren vermochte: Simone lag noch immer neben ihm auf dem Rücken, leise röchelnd, mit leicht geöffneten Beinen. Was wohl ein wenig mehr als eine lediglich automatisch eingenommene Stellung war; die bislang indes noch nicht praktisch genutzt wurde. Klinger wälzte sich seitwärts aus dem Bett; bemüht, ihren Schlaf nicht zu stören. Nun erst zog er sich völlig aus.

Nackt, wie er dann war, öffnete er ein Fenster einen Spalt breit; um ein wenig frische Luft atmen zu können, was ihm dringend notwendig erschien. Dann, nachdem er kurz die Toilette aufgesucht hatte, begab sich Herbert Klinger an seinen Schreibtisch. Dort lag, von ihm höchst widerwillig betrachtet, der Entwurf seines zweiten Hagen-Artikels.

Diesen Seich hatte er, in wenigen Stunden, bei Warnemann persönlich abzuliefern – für die Montagsausgabe. Generalthema: die immer noch unbewältigte großdeutsche Vergangenheit! Grundtenor: Die Schatten von damals drohten nun auch die allzu bereitwillig vergessenden Mächtigen von heute zu erreichen.

Was dieser zweite Artikel beinhaltete, erkannte Klinger, war jedoch, verglichen mit dem ersten Paukenschlag zu diesem Thema, kaum mehr als ein Nachgesang. Dennoch durfte dieses Opus immer noch als ziemlich informativ bezeichnet werden, mithin in ähnlicher Weise wirksam wie der erste Artikel.

›Jenes Kriegsgerichtsverfahren fand im November 1944 statt. Dabei stellte sich im Verlaufe der Verhandlung heraus: Es war von dem Betroffenen selbst beantragt worden – also von Unteroffizier Hagen. Dieser erhoffte bei diesem Verfahren eine Klärung darüber, ob ihn bei dem Vorgefallenen irgendeine Schuld treffe, also ihm angelastet werden konnte. Das war behauptet worden.

Und zwar behauptet, wie sich ergab, von einem Gefreiten namens Erwin Bahr; der gleichfalls zu der Kampfgruppe des Unteroffiziers Hagen in jenem Infanterieregiment 334 gehörte. Dessen hier noch zu prüfende Behauptung wurde jedoch vom Kriegsgericht als ›voreilige Vermutung, wenn nicht gar als gezielte Verleumdung‹ bezeichnet. Und diese, wurde festgestellt, müsse nicht nur als ehrenrührig angesehen werden, sondern auch als Untergrabung der Moral der kämpfenden Truppe. Woraus sich dann ein weiteres Verfahren ergab gegen den Gefreiten Bahr, das von diesem abgetrennt wurde.

Dieser Gefreite Bahr jedenfalls wurde alsbald danach, wegen Gefährdung der Kampfmoral, zu sechs Monaten Gefängnis verurteilt. Eine Strafe, die ›zur Bewährung‹ ausgesetzt wurde – mit der Anweisung: der Verurteilte habe bei einem Strafbataillon an der Ostfront Dienst zu tun. Was der nicht überlebte. Er wurde, lediglich drei Wochen später, beim Räumen von Minen zerfetzt.

Unteroffizier H. Hagen allerdings, 8. Kompanie, IR 334, wurde damals von dem Verdacht, einen Kameraden vorsätzlich getötet zu haben, freigesprochen. Darüber hinaus wurde ihm vorbildliches Verhalten und tatkräftige Entschlossenheit bescheinigt. Es habe sich bei diesen Vorgängen, so hieß es in der Urteilsbegründung, um eine unver-

meidbare, absolut notwendige Kriegshandlung gehandelt –
einem nachweislichen Deserteur gegenüber.

Diverse, gleichfalls im Original vorliegende ›Zeugenaussagen‹, schienen das zu bestätigen. Etwa jene des damaligen Kompanieführers des Unteroffiziers Hagen, eines
Oberleutnants namens Hausermann. ›Diese Erschießung
eines Deserteurs auf frischer Tat ist mit geradezu unver-
gleichbarer Selbstverständlichkeit geschehen. Denn
schließlich ging es in jenen Tagen, in denen wir von unserem Regiment kurzfristig abgeschnitten waren, um das
nackte Überleben; was eine verschworene, zu allem entschlossene Gemeinschaft notwendig machte. In einer solchen Situation hatte ein zum Feind Überlaufender nicht die
geringste Existenzberechtigung mehr.‹

Völlig damit übereinstimmend waren auch die Aussagen
von zwei weiteren Zeugen. Der eine Soldat: ›Unteroffizier
Hagen ist uns stets ein guter Kamerad und ein zu verehren-
der Vorgesetzter gewesen; eine vorbildliche Führungsper-
sönlichkeit.‹ Der andere Soldat: ›Der von unserem Unteroffizier erschossene Deserteur hatte sich des öfterne als
höchst destruktives Element erwiesen. Er bezweifelte unseren Endsieg, versuchte sogar, den Sinn unserer heroischen
Verteidigungsbereitschaft zu verleugnen. Ein Mensch ohne das geringste vaterländische Bewußtsein.‹

Hierzu kam dann noch eine offizielle Beurteilung dieses
Unteroffiziers Heinz Hagen durch seinen damaligen Kom-
mandeur, Major Wagner, welche, unter anderem folgende
Floskeln enthielt: › . . . ein ausgezeichneter, hochbewährter
Soldat . . . vielfach verwendungsfähig . . . vorbildlicher
Untergebener . . . zur Beförderung zum Offizier vorgese-
hen . . . erfüllt vom großdeutschen Geist und der Treue
zum Führer.‹ Was konnte eindeutiger sein?‹

So weit also dieser gigantische Seich und vielleicht auch
so gut. Um seinen Chefredakteur noch ein wenig mehr zu
erfreuen, gedachte Klinger zu diesen Vorgängen auch noch

einen Kommentar auszubreiten. Was er nunmehr versuchte.

Dabei saß er völlig unbekleidet an seinem Schreibtisch. Simone lag, gleichfalls nackt, wenige Meter von ihm entfernt auf seinem Bett. Sie schlief immer noch; leicht röchelnd, die Beine nun ein wenig weiter geöffnet. Klinger fing an zu schreiben:

›Damals ist also ein Mensch einfach umgebracht worden. Einer mehr unter Hunderttausenden anderen. Doch diesmal noch dazu ›legal‹, den damaligen Gesetzen entsprechend. In einer Welt, in der jetzt nur noch Freund oder Feind existierten, in allerletzter Konfrontation, wurden potentielle Mitmörder zu rechtsbeauftragten Urteilsverkündern – zu deren Vollstreckung total bereit.

An sich wohl nicht weiter verwunderlich in einer Zeit, in der Menschen einfach abgespritzt wurden; nur weil sie angeblich unheilbar krank waren. Und weitere Menschen, welche gemäß der damaligen Sprachregelung von ›minderwertiger Rasse‹ waren, wurden wie Viehherden zusammengetrieben, ausgehungert, erschlagen, erschossen, vergast und verbrannt. In einer Größenordnung von mehreren Millionen, wurde später geschätzt – fünf bis sechs. Wobei jedoch versucht wurde, diesen immer brutaler exekutierten Massenmorden eine absolute ›Ehrenhaftigkeit‹ zu unterstellen. Denn Opfer mußten nun mal gebracht werden, waren unvermeidlich! Für Vaterland, Volk und Führer! Und was auch immer diese entfesselten Gefolgsleute darunter verstehen mochten – sie standen zur Verfügung!

Dies angeblich gar guten Glaubens. Eine Behauptung, die man ihnen, diesen dumpf-ehrenwerten Befehlsempfängern, total geblendeten Idealisten oder eifrig enthemmten Vollzugsbeamten wohl abnehmen muß. Sogar ein gewisses Verständnis müssen wir für sie aufbringen. So etwas, muß man sich wohl sagen, hätte auch jedem von uns passieren können – wenn wir in jene Zeit hineingeboren worden wären. Mithin gedenken wir also nicht voreilig zu richten. Dennoch muß uns die Frage erlaubt sein:

Wer so etwas erlebt hat, erleben mußte, dem ausgeliefert war – was haben wir von ihm zu erwarten? Doch zumindest wohl das Bekenntnis: So und so ist es gewesen, von dem wurde ich heimgesucht, das ist mir geschehen! Wozu gewiß, eingestandenermaßen, nicht wenig Mut gehört, da eine derartige Aufrichtigkeit kaum dankbare Anerkennung, wohlwollende Würdigung erfahren dürfte. Diesbezügliche Bekenner werden nicht selten für Verräter gehalten – von ihren einstigen Volksgenossen.

Denkbar daher, daß die Betroffenen verschämt und bedrückt schweigen, sich zurückziehen, sich verkriechen; ein sogenanntes ›normales‹ Leben zu führen versuchen. Sich schwören: nicht das geringste mehr mit derartigen Vorgängen gemein haben zu wollen! Derartiges könnte als stille Abkehr bezeichnet werden, der eine sehr menschliche Komponente nicht abgesprochen werden darf. Solchen Bestrebungen gebührt Respekt.

Eines allerdings darf man niemals: Einfach so tun, als wäre damals nichts Ungewöhnliches geschehen, als habe man keinerlei Anteil, nicht die geringste Mitschuld daran – denn das hieße, diese Dinge verdrängen zu wollen. Womit man sich und andere belügt.

Wer jedoch derartig zu denken sich verführt fühlt, der muß wie ein wild wucherndes Krebsgeschwür anmuten; der ist wie eine heimliche, schleichende Gefahr für unsere Demokratie. Vollends dann, wenn er nicht zögert, Anspruch auf hohe und höchste Ämter anzumelden. So jemand muß wohl, geradezu unvermeidlich, zum Totengräber unserer Freiheit werden.‹

Soweit dieser Kommentar. Sein Verfasser überlas ihn mehrmals – mit steigendem Widerwillen. Sich davon zu lösen, empfand er als dringendes Bedürfnis. Er bewegte sich auf die auf seinem Bett liegende Simone zu.

Neben ihr ließ er sich fallen. Sie zog ihn mit geschlossenen Augen verschlafen an sich. Mit alsbald eindeutigem Erfolg. Den sie beide, erlösungsbereit, genossen.

14

In den frühen Nachmittagsstunden dieses Sonntags suchte dann Herbert Klinger – teils ungemein geschwächt, teils überaus gestärkt – seinen Chefredakteur Warnemann auf, um diesem seinen zweiten Artikel samt Kommentar zum sogenannten ›Hagen-Komplex‹ zu übergeben.

Warnemann streckte seine Rechte aus – doch nicht etwa, um seinen Mitarbeiter mit Handschlag zu begrüßen; lediglich, um dessen Artikel in Empfang zu nehmen. Diesen legte Warnemann vor sich hin, überlas ihn mit der ihm eigenen schnellen Auffassungsgabe. Und mit Wohlgefallen.

»Das«, versicherte er sodann befriedigt aufgrunzend, »ist wohl genau das, was uns hier noch gefehlt hat. Kompliment, Klinger.«

»Damit hätte sich also«, bemerkte Klinger durchaus nicht unerfreut, »Ihr Optimismus bestätigt?«

»Gewiß, mein Lieber«, versicherte der Chefredakteur. »Denn bei diesem Vorgang haben wir, wie man so sagt, unsere Spürnase ganz weit vorne gehabt. Uns ist es gelungen, einzigartige Zusammenhänge aufzudecken, die die Konkurrenz vor Neid erblassen lassen werden.«

Was Warnemann unverzüglich, behaglich breit dasitzend, erläuterte: »Dabei handelt es sich um einen nur recht selten in unserem Metier zu registrierenden Vorgang: eine Zeitung, also diesmal die unsere, hat eine Art Goldmine entdeckt! Sie ganz allein für sich.«

»Heißt das: Die anderen steigen zunächst gar nicht in diesen Fall ein?«

»Sie werden uns scharf belauern – wie versessen darauf sein, uns irgendeinen Fehler nachzuweisen; doch vergeblich, nicht wahr? Sie können also gar nicht anders, als uns diesen dicken Brocken zu überlassen.«

»Ausnahmslos?«

»Mit einer nicht unkomischen Ausnahme, Klinger. Ihr Freund Carlos von diesem Boulevardblatt versucht mitzubellen. Doch nur schwach, in erheblicher Entfernung. Mithin haben allein wir hier völlig freie Hand. Und eben das müssen und werden wir nutzen.«

»Doch was, Herr Chefredakteur, ist mit Hagen?«

»Mein lieber Klinger!« Warnemann rekelte sich nun geradezu genußvoll, wodurch er weitere, nahezu betäubende Duftwolken verströmte. »Versuchen Sie niemals, mich zu unterschätzen! Ich habe mehrfach versucht, Herrn Hagen anzurufen – beziehungsweise anrufen zu lassen. Unsere Telefonzentrale hatte entsprechende Weisung; und dort sind auch alle, leider vergeblichen Versuche, registriert worden.«

»Alle Achtung, Herr Chefredakteur! Sie können also, falls das notwendig sein sollte, exakt nachweisen, daß Sie intensiv bemüht gewesen sind, eine Stellungnahme von Herrn Hagen zu erhalten. Doch bedauernswerterweise vergeblich.«

»Letzten Endes nicht ganz vergeblich«, wurde Klinger nahezu nachsichtig beschieden.

»Sollte es Ihnen tatsächlich gelungen sein . . .«

Warnemann genoß das merkbare Erstaunen seines derzeitig wohl schärfsten Aufreißers – und nahm es für spontane Bewunderung, die ihm gegenüber gewiß angebracht war. »Also – nachdem ich unentwegt, doch eben vergeblich, versucht hatte, Hagen zu verständigen, tat ich ein übriges, um unserem erklärten Grundsatz der Fairneß zu entsprechen. Was heißt: Ich war bestrebt, auch der Gegenseite Gelegenheit zu einer Stellungnahme zu geben, und wendete mich deshalb an jenen Rechtsanwalt, von dem ich weiß, daß er Hagen vertritt.«

Der Chefredakteur ließ sich bereitwillig bestaunen. »Es gelang mir, ihn bei irgendwelchen Wochenendvergnügungen aufzuspüren. Ich unterrichtete ihn über diese Vorgänge – sehr gründlich, wie sich das gehört. Worauf ich ihn bat, sich mit Hagen in Verbindung zu setzen, um diesem zu erklären, der ›Kurier‹ stünde seinem Mandanten jederzeit für eine Stellungnahme oder eben Gegendarstellung zur Verfügung. Und mit welchem Inhalt oder Umfang auch immer – wir würden das drucken; fair wie wir sind.«

»Doch nichts Derartiges liegt vor, habe ich wohl anzunehmen?«

»Immerhin erfolgte eine Reaktion. Denn diesem Rechtsanwalt gelang es tatsächlich, wenn auch erst gestern spät am Abend, Hagens habhaft zu werden. Dieser hielt sich irgendwo im Bayerischen Wald auf. Und dort wurde er dann ausgiebig unterrichtet.«

»Mit welchem Ergebnis?«

»Nun – einem ziemlich widersinnigen, wie ich versucht bin, zu behaupten. Hagen hat offenbar gar nicht zu begreifen vermocht, was da auf ihn zugekommen ist. Er versuchte, den ganzen Vorgang einfach zu negieren.«

»Mit welcher Äußerung, mit welchem Wortlaut?«

»Geradezu fatal, überaus leichtfertig! Ich zitiere wörtlich: ›So etwas ist absoluter Unsinn! Mehr habe ich dazu nicht zu sagen!‹«

Klinger versuchte zu verbergen, wie sehr ihn diese Mitteilung erregte, wenn nicht gar beglückte. Das, was Hagen da von sich gegeben hatte, paßte exakt in sein Konzept. »Hört, hört!« äußerte er ungeniert ironisch. Um dann festzustellen: »Doch eben damit, wenn ich Sie richtig verstehe, läßt sich wohl nicht sonderlich viel anfangen.«

Diese Hagen-Meinung wäre natürlich keinesfalls im ›Kurier‹ zu verwerten, erklärte Warnemann; sie käme einer

Verächtlichmachung journalistischer Arbeit sehr nahe. Doch mit diesem Ausspruch werde Hagens Rechtsanwalt garantiert hausieren gehen, diesen also allen erreichbaren Publikationsorganen zuspielen. »Und dann könnte auch die von uns mehrfach überrundete Konkurrenz einen halbwegs brauchbaren Anlaß sehen, in die Arena zu steigen.«

»Gegen uns?« fragte Klinger freudig aufhorchend.

»Im Grunde mit uns. Sie werden zuschnappen und diesen für uns indiskutablen Unsinn-Ausspruch fleißig kolportieren. Und dabei ungeniert erklären: Es gehe ihnen allein um die Wahrheitsfindung. Aber damit sind auch sie mit im Geschäft.«

»Sie kennen sich in derlei Praktiken offenbar gut aus!«

»Ich bin nun mal ein Praktiker, Klinger! Und daher weiß ich: Sobald auch die anderen Zeitungen, verführt durch diesen leichtfertigen Hagen-Unsinn, in Fahrt kommen – wird die Öffentlichkeit auf breiter Basis voll mobilisiert. Was kann vielversprechender sein?« Womit Warnemann vermutlich auf eine Auflagensteigerung seines ›Kuriers‹ hindeutete, die damit so gut wie garantiert war.

Eine Perspektive, die Klinger erschaudern ließ, ihm aber gleichzeitig ein makabres Wonnegefühl vermittelte. Er sagte, wie um sich selbst zu warnen: »Besteht dabei nicht die Möglichkeit, daß wir Hagen unterschätzen – dessen Einfluß, seine Wirksamkeit, seine Bedeutung? Er ist schließlich nicht – irgendwer!«

»Ach, mein Lieber – durchaus möglich, daß er einmal wer gewesen ist! Möglicherweise sogar einstmals eine Art Monument. Das jedoch weist bereits seit längerer Zeit erhebliche Risse auf und droht nun vollends zusammenzustürzen. Die Zahl jener, die ihn immer noch zu überschätzen scheinen, wird von Tag zu Tag geringer. Und wer will denn jetzt noch zu diesem verlorenen Häuflein gehören? Sie etwa?«

»Schließlich habe ich diese Artikel geschrieben.«

»Eben! Und Hagens Reaktion darauf ist keinesfalls die eines klug wägenden Realpolitikers. Sein Unsinn-Ausspruch beweist das. Er versucht offenbar, gleich dem Vogel Strauß, seinen Kopf in den Sand zu stecken – in der Hoffnung: Was er nicht sieht, das wird auch nicht gesehen.«

»Also werden wir uns, falls ich Sie richtig verstehe, keinesfalls auf unseren Lorbeeren ausruhen?«

»Sehr richtig erkannt, lieber Klinger. Halbe Sachen machen wir hier nicht! Ich werde mit allen Unterlagen arbeiten, die in unserem Archiv zum Vorschein gekommen sind. Ich werde alle sich irgendwie anbietenden Verbindungen nutzen. So etwa habe ich bereits zwei der uns ständig zur Verfügung stehenden Rechtsanwälte angesetzt. Einen davon direkt auf Hagen, beziehungsweise auf dessen Rechtsvertreter. Der andere hat den Auftrag, die juristische Absicherung unserer, also Ihrer Artikel vorzunehmen; sowie auf mögliche rechtliche Gegenzüge zu achten.«

»Das mit dem Einverständnis von Herrn Stemmer – darf wohl angenommen werden.«

»Das dürfen Sie annehmen; doch das hat Sie nichts anzugehen! Hier haben Sie es allein mit mir zu tun – achten Sie stets darauf; ich wiederhole mich bei Überflüssigkeiten nicht gerne. Wir wollen uns keine Zeitverschwendungen leisten!«

»Eine sehr beeindruckende Strategie«, bekannte Klinger betont respektvoll.

»Die eine oder andere verwendbare Maßnahme muß dann noch hinzukommen. Etwa das ziemlich weitgehende private Hintergrundmaterial unserer Simone über Hagen. Hinzu halte ich diverse Ansichten, Meinungen, Bekundungen für angebracht; ob nun von Gegnern, Neutralen oder sogar Gesinnungsfreunden. Diesbezüglich habe ich bereits unseren bewährten Ramsauer eingeschaltet. Na – was sagen Sie nun?«

Worauf Klinger zunächst einmal verstummte. Der Name Ramsauer ließ prompt seinen Magen rebellieren. Mithin begehrte er, sich auf die Toilette zu begeben. Ein Ansinnen, das ihm jedoch gewährt wurde.

15

Als dann Herbert Klinger, nach dieser ihm gestatteten Pause, erneut bei Chefredakteur Warnemann erschien, wirkte er zwar körperlich erleichtert, ansonsten jedoch bedrückt. »Ausgerechnet dieser Ramsauer! Läßt sich der dabei nicht vermeiden?«

»Ich gedenke eben nichts auszulassen, wenn es ums Ganze geht – wie oft muß ich Ihnen das noch sagen? Und Ramsauer ist schließlich der beste Mann, wenn es sich darum handelt, allerletzte Aufklärungsarbeit zu leisten.«

Das war der tatsächlich; unbezweifelbar. Was immer dieser Ramsauer auch unter ›Aufklärung‹ verstehen mochte, er betrieb sein Geschäft mit mörderischer Akribie. Wahrlich nicht zufällig wurde, nicht nur in den Redaktionen des ›Kuriers‹, der Name Ramsauer zu ›Ansauer‹ verballhornt. Und wenn es diesem auch gegeben war, lammfromm zu wirken – so wußte doch jeder, der ihn kannte, in welchem kaum faßbaren Ausmaß dieser Kerl ein journalistisches Reptil war.

»Auch der noch – in diesem Zerstörungszirkus?«

»Wir müssen eben einfach alles aufbieten, um unser Ziel zu erreichen. Und kaum jemandem sind derartig durchschlagende Recherchen gelungen wie ihm. Sollten Sie das etwa bezweifeln, Klinger?«

Eben genau das war, leider, nicht zu bezweifeln. Denn dieser so überaus harmlos wirkende Familienvater, ein fleißiger Kirchenbesucher und erklärter Fahnenschwinger für den Humanismus, durfte als nahezu einsamer Spezialist gelten – für journalistische Exekutionen nämlich. Vorgänge, die Ramsauer selbst als »sittliches, beziehungsweise ethisches Anliegen« zu bezeichnen pflegte.

Worauf er auch immer losgelassen worden war – das sehr oft gezielt von Warnemann – dieser Ramsauer war in seinem Metier ganz große Spitze. Er vermochte so gut wie alles mit seiner Überzeugungsjauche zu übergießen, mit Wortkaskaden zu vernebeln, in seine Scheiße zu ziehen. Um das dann als beschissen zu erklären.

Wobei die oft geäußerte Vermutung, dieser Ramsauer wäre eigentlich ein verhinderter Romanautor und Dramatiker, wohl kaum zutraf – nichts Derartiges war ihm zuzutrauen. Doch er behauptete beharrlich, eine enorme Menge von künstlerischen Dingen zu verstehen; er hielt sich für den geborenen Kritiker, der alles zu durchschauen vermochte, dem einfach nichts entging. Er schien sich ständig auf einem Hochstand zu wähnen – von Freiwild umwimmelt.

Wobei Ramsauer bei seinen fleißigen Abschlußversuchen zwei Spielarten bevorzugte. Einmal konzentrierte er sich auf jene, die seiner Ansicht nach unberechtigt Erfolge verbuchen konnten. Weiterhin erregten seinen heftigen Unwillen auch sogenannte Verschleierungs- und Versauungstypen, die er als linkslastige Intellektuelle betrachtete (und ständig zu entlarven bemüht war).

Doch beiden Gruppen gemeinsam, seiner verbindlich geäußerten Ansicht nach, war dies: Diese Kulturkläffer vermochten einfach nicht logisch zu denken, kein klares gutes Deutsch zu schreiben, keinerlei sittliche Verpflichtungen anzuerkennen. Destruktive Elemente!

»Dennoch, bei allen möglichen Vorurteilen ihm gegenüber«, erklärte nun Warnemann geradezu werbend, »darf doch wohl unser Kollege Ramsauer«, der im übrigen einen Doktorgrad besaß und auf eine außerordentliche Professur spekulierte, »als ein vielfach bewährter Mitarbeiter von höchster Verläßlichkeit gelten. Achten Sie, bitte, darauf.«

»Werde ich! Wobei ich mich jedoch immer noch fragen muß: Warum ausgerechnet ein Ramsauer?‹

»Eine Frage, die mir erneut beweist, wie beklagenswert wenig Sie, selbst jetzt noch, von unseren redaktionsinternen Vorgängen wissen. Doch diesbezüglich will ich Sie gerne aufklären – da Sie hier Chefreporter werden wollen; was Ihnen, wenn Sie so weitermachen, auch durchaus gelingen könnte. Dabei scheint Ihnen aber entgangen zu sein, daß sich unser Kollege Ramsauer nicht nur als kritischer Betrachter von geistigen Strömungen betätigt, sondern auch als Kritiker von Zeiterscheinungen. Etliche überaus beachtenswerte, bei uns erschienenen Leitartikel, gezeichnet mit ›Argus‹, sind von ihm verfaßt worden.«

»Diese allerdings – wurde in unserer Redaktion allgemein angenommen – hätten Sie verfaßt.«

Warnemann wehrte diese Vermutung sichtlich geschmeichelt ab. »Jene Leitartikel habe ich lediglich angeregt – schließlich kann ich hier nicht alles alleine machen. Bei den Arbeiten unseres Ramsauer wird aber Ihnen, als Fachmann, gewiß dies aufgefallen sein: Der geht bewußt dokumentarisch vor; er pflegt mit Zitaten zu arbeiten, mit belegten Äußerungen, mit Zeugenmaterial.«

»Und was wird dabei von ihm im Fall Hagen erhofft?«

»Auch diesmal habe ich versucht, die spezielle Begabung eines Raumsauer zu mobilisieren. Mithin dessen ausgeprägtes Talent, verwertbare Zeitzeugen aufzuspüren, die zielstrebig zu befragen, deren Äußerungen richtig zu deuten.«

»Mit Erfolg?«

»Absolut! Schließlich ist unser Ramsauer ein hochbewährter Profi. Aber eben noch dazu ein Mann von großem Verantwortungsgefühl. Ich habe ihm unsere Situation geschildert, ihn mit allen dabei heiklen Details bekannt gemacht – welche ihn ehrlich empörten.«

»*Unsere Situation?*«

»Das Verhalten von Hagen, die von uns erarbeiteten Unterlagen gegen den, das Ziel unsere Kampagne – alles das habe ich Ramsauer ganz offen dargelegt. Danach zögerte er nicht, sich zu engagieren.«

»Sollte er etwa zu diesem Fall zusätzlich noch einen von seinen ›Argus‹-Leitartikeln loslassen wollen? Oder meinen Kommentar zu diesen Vorgängen umschreiben? Damit wäre ich nicht einverstanden. Denn das würde die Wirksamkeit meiner Arbeit dezimieren.«

»Regen Sie sich wieder ab, Klinger! Wir teilen hier lediglich die Verantwortung auf. Diesen Vorgang können Sie, zeitgemäß, als ›Teamwork‹ bezeichnen. Ramsauers spezielle Aufgabe dabei: die Beschaffung zusätzlicher, ergänzender Unterlagen. Schließlich gehört er zu den ganz wenigen, die tatsächlich das wert sind, was wir monatlich für sie ausspucken.«

Während dies von Ramsauer gesagt wurde, befand der sich im Kreis seiner Familie. Er spielte mit seinem vierjährigen Sohn, kraulte zwischendurch den Dackel seiner Frau, ließ den Fernsehapparat uneingeschaltet. Was alles einen ungemein idyllischen Eindruck machte. »Ein liebenswürdiger, höflicher, bescheidener Mensch!« pflegten die Nachbarn, übereinstimmend, von ihm zu behaupten.

Zur gleichen Zeit bemühte sich Warnemann weiter, Klinger aufzuklären. »Ramsauer ist es inzwischen tatsächlich gelungen, über die Kriegsgerichtsprotokolle hinaus, sogenannte Tat- und Augenzeugen jener Vorgänge aufzuspüren. Und zwar fünf an der Zahl – und das innerhalb von achtundvierzig Stunden. Eine beachtliche Leistung! Aber zugleich auch eine durchaus erklärbare. Denn dieses Infanterieregiment 334, zu dem der Unteroffizier Hagen gehörte, rekrutierte sich überwiegend aus dem oberbayrischen Raum. Sie sehen – wir kommen sehr gut weiter.«

»Mit fünf Stellungnahmen, oder eben Zeugenaussagen? Und diese gedenken Sie dann, gemeinsam mit meinem zweiten Hagen-Artikel, samt meinem Kommentar, an die Öffentlichkeit zu bringen?«

»Lediglich zwei davon.«

»Sollten etwa die restlichen drei, aus Ihrer Sicht, negativ sein?«

»Nichtssagend.«

»Doch immerhin – irgendein neutrales, wenn auch nichtssagendes Bla-Bla«, gab Klinger zu bedenken, »würde sich vielleicht gar nicht schlecht dabei machen – zwecks Betonung unserer Objektivität.«

»Wir sind da nun wohl bereits«, stellte Warnemann fordernd fest, »in eine entscheidende Phase geraten. Jetzt kein gefälliges Geschwätz mehr – nur noch harte Tatsachen!«

Wie diese aussahen, darüber wurde Klinger unverzüglich von seinem Chefredakteur aufgeklärt. Dieser legte bereitwillig die zwei ausgewählten, von Ramsauer erbrachten Erklärungen vor. Und diese waren, wie es sich in diesem Metier nun einmal gehörte, weitgehend abgesichert: an Eides Statt erklärt, mit amtlich beglaubigten Unterschriften versehen.

Die eine dieser Auslassung über Unteroffizier Hagen, 8. Kompanie, Infanterieregiment 334, stammte von einem anderen Unteroffizier jener Einheit und besagte: »Ein stets vorbildlicher Soldat und prinzipientreuer Kamerad . . . von entschlossen kämpferischem Wesen; welches allerdings gelegentlich auch als unnachsichtig und rücksichtslos bezeichnet wurde . . . was jedoch nicht zutraf, vielmehr war Heinz Hagen ein konsequenter Frontsoldat, der stets bemüht war und dem es auch gelang, seine Untergebenen zu Höchstleistungen anzuspornen, mitzureißen.«

Das war, erkannte Klinger, eine jener hirnrissigen Eisenfresser-Aussagen aus der Geisteswelt von damals, die jedoch heutzutage einen hohen Gefährlichkeitsgrad besaßen. Jede Stellungnahme hierzu erübrigte sich. Gemessen an dieser heroisch aufgepulverten Eloge, die erkennbar auf

Ramsauers Formulierungsmist gewachsen war, mutete das zweite dieser angebotenen ›Dokumente‹ nahezu von der Stange kommend an – ein Konfektionserzeugnis, bestehend aus gängigen Landserweisheiten.

›... geriet ich, als einfacher Soldat, unter die Befehlsgewalt dieses Hagen ... hatte ich gar keine andere Wahl ... war der gewiß als geborener Schleifer zu bezeichnen; sogar noch an der Front versuchte der seine Kasernenhofspiele zu betreiben ... forderte er immer nur, scheuchte uns herum, geradezu erbarmungslos ... redete unentwegt vom Endsieg, von der großen Bewährung, der letzten Hingabebereitschaft und solchen Humbug ... war einer von jenen Typen, die über Leichen gehen, um ihre eigene schäbige Haut zu retten.‹

»Unglaublich«, stellte Karl Klinger mit ehrlichem Staunen fest. »Sollte sich denn ein derartig beschriebener Mensch so ungemein total geändert haben. Das ist doch nicht jener Hagen, den wir kennen!«

»Mann – wovon reden Sie denn da? So etwas hat es immer gegeben.« Warnemann schien aus dem Born seiner Erkenntnisse zu schöpfen. »Schließlich hat es einen Paulus gegeben, der zunächst nichts weiter war als ein verfolgungssüchtiger, vernichtungsbereiter Saulus. Auch andere Mörder versuchten später als Geistliche zu büßen. Selbst Terroristen, die so manches Blutbad angerichtet haben, betätigten sich alsbald danach als geradezu rührend eifrige Sozialhelfer. Und in der Heilsarmee sollen ehemalige Huren besonders erfolgreich aktiv sein.«

»Derart extrem veranlagte Menschen sind gewiß Ausnahmen, Herr Warnemann. Diesen einen Hagen zuzurechnen, fällt mir, offen gestanden, schwer.«

»Warum sollen wir da herumphilosophieren! Wir halten uns an die Tatsachen«, entgegnete Warnemann mit nahezu strahlender Entschlossenheit. »Und das, was uns inzwischen vorliegt, mutet absolut überzeugend an.«

16

Noch in der Nacht jenes Sonntags zum Montag – während bereits die Rotationsmaschinen des ›Kuriers‹ den zweiten Anti-Hagen-Artikel, plus Kommentar und Zeugenaussagen, ausspuckten – versuchte Klinger erneut, Hagen telefonisch zu erreichen. Es meldete sich dessen Wirtschafterin, Frau Brasch.

Klinger nannte seinen Namen, äußerte den Wunsch, Hagen zu sprechen. Worauf die Hausdame prompt negativ reagierte: »Ausgerechnet Sie!« Worauf sie den Telefonhörer auflegte.

Klinger rief abermals an, um dann sofort zu sagen: »Versuchen Sie mir zuzuhören, Frau Brasch. Sie kennen mich; und ich kenne Sie. Ich verstehe Ihre Empörung durchaus. Doch Sie sollten mir Gelegenheit geben, Ihnen, beziehungsweise Herrn Hagen, zu erklären, was das alles zu bedeuten hat, worauf dabei zu achten ist.«

Die Brasch schnaufte nunmehr zutiefst verächtlich auf: »Nun gut – ich will Ihnen zuhören; da Sie diesmal nicht betrunken zu sein scheinen. Doch das eine sage ich Ihnen gleich: Dieser von Ihnen, ausgerechnet von Ihnen, verbreitete Zeitungsmist stinkt! Einfach himmelwärts!«

»Ein Gestank, Frau Brasch, der vermutlich gleich morgen noch wesentlich intensiver in Erscheinung treten dürfte. Aber eben deshalb rufe ich Sie an.«

»Doch nicht etwa, um sich zu entschuldigen? Um zu erklären, daß alles, was Sie da so von sich gegeben haben, nicht stimmt?«

»Das stimmt, Frau Brasch – in allen Einzelheiten. Soweit es die geschilderten Tatsachen betrifft.«

»Wenn Sie so etwas tatsächlich von Herrn Hagen glauben sollten, Herr Klinger, wenn Sie das zu behaupten wagen, dann treffen und enttäuschen Sie damit nicht nur ihn, auch mich. Ich nehme an: Sie wissen, warum.«

Das wußte Klinger; das wußte jeder, der im Hause Hagen ein und aus gegangen war. Diesen betreute Frau Brasch seit mehr als zwei Jahrzehnten; vorbildlich, geradezu hingebungsvoll. Man konnte sogar sagen: in ergebener Verehrung für einen Mann von gütigem Wesen, von nobler Geisteshaltung, von hohem politischen Anstand. Sie war die Witwe eines naziverfolgten Werkmeisters, der im KZ Dachau umgebracht worden war.

»Sagen Sie, Herr Klinger, daß Ihre Behauptungen nicht zutreffen«, beschwor sie ihn.

»Erlauben Sie mir, verehrte Frau Brasch, Ihnen zu empfehlen, diese Vorgänge so zu sehen: Die von mir veröffentlichten Vorgänge entsprechen den Tatsachen. Wobei dann allerdings diese Tatsachen nicht unbedingt auf Herrn Hagen zutreffen müssen. Vermögen Sie zu erkennen, was ich damit anzudeuten versuche?«

Das vermochte sie nicht; selbstverständlich nicht. Doch sie vermeinte, Klingers ehrliche Besorgnis zu erspüren, was sie sehr entgegenkommend stimmte. »Worauf, bitte, wollen Sie hinaus?«

»Ist Ihnen die erste Reaktion von Herrn Hagen auf meinen Artikel bekannt?« Diese kannte sie nicht.

»Herr Hagen hat dazu ganz schlicht erklärt: Das ist absoluter Unsinn.«

»Na, also!« rief Frau Brasch hörbar erleichtert aus. »Was kann eindeutiger sein!«

»Nun ja, das ist eindeutig – ganz gewiß. Doch das ist eine Äußerung, die leider nicht als sonderlich überzeugend, nicht als publizistisch wirksam bezeichnet werden kann. Und eben nicht zuletzt deshalb halte ich ein vertrauliches Gespräch mit Herrn Hagen für unbedingt notwendig. In seinem Interesse; und wohl auch in Ihrem. Ich bitte Sie, mir das zu ermöglichen.«

»Ich würde Ihnen gerne vertrauen . . .«

»Das dürfen Sie!«

» . . . doch das, was Sie vorschlagen, läßt sich zur Zeit leider nicht realisieren.«

»Warum nicht?«

»Herr Hagen ist von seinem Wochenendbesuch im Bayerischen Wald mit hohem Fieber heimgekehrt. Ich habe sofort dessen Hausarzt benachrichtigt; und der hat bei ihm eine schwere Infektionskrankheit festgestellt, bei der möglicherweise gefährliche Komplikationen auftreten können. Er sah sich veranlaßt, Herrn Hagen eine betäubende Spritze zu verabfolgen. Deren Wirkung kann bis zu vierundzwanzig Stunden andauern.«

»Heißt das«, wollte nun Klinger ehrlich entsetzt wissen, »daß Herr Hagen bis dahin nicht ansprechbar ist?«

»Kaum vor morgen mittag, meint der Arzt.«

Mithin, stellte Klinger bei sich fest, erst lange, nachdem die brisante Montagausgabe des ›Kuriers‹ erschienen war. Deren Inhalt konnte also zunächst völlig unbeeinträchtigt wirken. Ein Umstand, der eine überaus heikle Situation zu schaffen vermochte.

»Könnten wir dann wenigstens dies vereinbaren, Frau Brasch: Sobald Herr Hagen wieder ansprechbar ist, übermitteln Sie ihm meine Bitte, er möge mich anrufen. Es genügt auch, wenn er mich wissen läßt, wann ich ihn anrufen kann.«

»Durchaus denkbar jedoch, Herr Klinger, daß er weder das eine noch das andere wünscht.«

»Dann sollte er sich zumindest so schnell wie möglich mit seinem Anwalt verständigen. Wobei ich Sie bitte, sich zwei Begriffe zu notieren, um diese dann Herrn Hagen mitzuteilen. Sobald wie irgendwie möglich. Der eine lautet: *Gegendarstellung.* Der andere: *Einstweilige Verfügung.*«

»Das habe ich mir aufgeschrieben. Kann ich dazu sagen: Dies ist von Ihnen angeregt worden?«

»Nein, Frau Brasch. Das nicht. Dabei handelt es sich um Spielregeln, die Sie völlig gleichgültig lassen sollten. Doch

Herr Hagen, beziehungsweise sein Rechtsanwalt, werden genau wissen, was damit angedeutet worden ist.«

»Schwer«, bekannte sie mühsam, »nun noch jemandem zu trauen. Und jemandem, der so etwas wie Sie über Herrn Hagen veröffentlicht hat, traue ich schon gar nicht mehr!«

»Wie Sie das auch immer zu betrachten sich veranlaßt fühlen, Frau Brasch – entscheidend ist nun wohl allein dies: Herr Hagen muß sich nunmehr, und zwar ganz entschieden, gegen derartige Verdächtigungen zur Wehr setzen! Und wenn wir ihn dazu zwingen müssen – und zwar gemeinsam.«

»Eine Gemeinsamkeit mit Ihnen, nach allem, was Sie sich da geleistet haben, ist schwer vorstellbar, Herr Klinger. Sowohl, was Herrn Hagen betrifft, als auch mich. Doch wehren müssen wir uns wohl!«

»Genau das ist es, was ich erwarte.«

17

Hagens Reaktion auf diese Vorgänge erfolgte denn zwar reichlich spät, entsprach jedoch, fast exakt, Klingers Erwartungen. Denn dieser sogenannte ›große alte Mann‹ hatte, noch von heftigem Fieber geschüttelt, seinen von ihm sehr geschätzten juristischen Berater zu sich gebeten und diesen damit beauftragt, unverzüglich eine sogenannte ›Einstweilige Verfügung‹ zu erwirken.

Das war ein bewährtes rechtliches Vorgehen, noch dazu gar nicht sonderlich schwierig zu bewerkstelligen, um das Erscheinen einer Publikation zu verhindern, beziehungsweise weitere Folgen davon. So etwas war kaum mehr als Routine. Ein geringer, nachweisbarer Fehler reichte aus – und die Sache klappte!

Was jedoch in diesem Falle geschah, wollte wie ein Paradebeispiel jener Spielart von Demokratie anmuten, die sich betont konservativ, also werterhaltend gab. Dabei brauchte eine gewisse Vergangenheit nicht mehr verdrängt zu werden, da sie bereits seit Jahrzehnten so gut wie kaum existent gewesen war. Jetzt und hier, das Leben in unserer Zeit – darauf kam es an.

Nur wenige Stunden nach diesem Antrag auf eine ›Einstweilige Verfügung‹ eröffnete ein vom Landesjustizminister eingesetzter Richter das diesbezügliche Verfahren. Daß ersterer mit Herausgeber Stemmer befreundet war, zweiterer beider Parteien angehörte, war wohl offiziell nicht zu beanstanden. Mithin war alles rechtens!

Der Antragsteller auf eine ›Einstweilige Verfügung‹ sowie die auf ›Abweisung‹ bedachte Gegenseite wurden durch ihre Rechtsanwälte vertreten. Einer von ihnen fungierte für Hagen, die beiden anderen für den ›Kurier‹; beziehungsweise dessen Herausgeber und Chefredakteur. Der Staatsjurist gab sich höflich – rechtsfinderisch, schien die Absicht zu haben, einen Vergleich anzusteuern, bat um Argumente und Gegenargumente.

Diese wurden vor ihm ausgebreitet. Mit geschickten Reden, mit für wirksam gehaltenen Schriftstücken. Der auf diese Vorgänge angesetzte Richter besaß, was bekannt war, Staatssekretärsambitionen; was ihn keinesfalls daran hinderte, überaus gründlich vorzugehen, nichts übersehen, nichts auslassen zu wollen.

Überaus entgegenkommend brachte er die Frage vor, ob ein Vergleich erstrebt werde. Dieser Vorschlag wurde dreifach verneint; also von jedem der anwesenden Rechtsanwälte. Dasselbe geschah, als er wissen wollte, ob die Parteien den Wunsch hätten, einen Aufschub zu beantragen; zwecks Ergänzung des Materials, aus Gründen einer eventuellen internen Regelung. Doch der Richter mußte erkennen: Die vor ihm sitzenden Gegner waren entschlossen, ihre Position zu behaupten.

Woraufhin sich der Richter, nunmehr ganz direkt, an den Rechtsanwalt des Herrn Hagen wendete. »Sollten Sie völlig sicher sein, daß Sie Ihren Antrag aufrechterhalten wollen?«

»Absolut sicher! Diese im ›Kurier‹ veröffentlichten Auslassungen, von Herrn Hagen bereits als ›absoluter Unsinn‹ bezeichnet, müssen unverzüglich unterbunden werden; sind also nicht nur sofort einzustellen, sondern auch offiziell zu widerrufen. Alles Weitere wird dann bei einem Strafverfahren, das ich unverzüglich im Namen meines Mandanten zu beantragen gedenke, geklärt werden.«

Die anderen beiden Anwälte gaben sich grimmig amüsiert. »Was selbstverständlich eine sofortige Gegenklage zur Folge haben wird!«

»Doch zunächst ist wohl unvermeidlich, daß wir, wie von beiden Seiten gefordert, über die Einstweilige Verfügung entscheiden.« Und wenn diese richterliche Amtsperson ›wir‹ sagte, dann meinte sie wohl damit sich im speziellen und die Justiz im allgemeinen, die sie hier verkörperte.

Der Antrag wurde schließlich wie folgt beschieden:

»Erstens. Die im ›Kurier‹ erschienenen Artikel, gezeichnet mit ›Herbert Klinger‹, basieren auf uns vorgelegten Dokumenten, deren Echtheit nicht bezweifelt werden kann. Dabei handelt es sich um ein sogenanntes Kriegsgerichtsurteil aus dem Jahre 1944, mit erläuterndem Anhang. Unterlagen, die ich weder zu bewerten, noch gar zu würdigen gedenke. Doch diese Papiere sind vorhanden und müssen zur Kenntnis genommen werden.

Zweitens. Allein diese unbezweifelbar echten Dokumente sind in jenem Artikel des ›Kuriers‹, gezeichnet mit ›Herbert Klinger‹, verwendet und dort in entscheidenden Teile wortgetreu wiedergegeben worden. Ein Vorgang, bei dem keinesfalls irgendeine Strafverfolgungswürdigkeit zu erkennen, nicht einmal zu vermuten ist. Dagegen ist also nichts einzuwenden – nicht aus rechtspflegerischer Sicht.

Drittens. Aus diesen dokumentarischen Unterlagen ge-

zogene Folgerungen, welche, wie vom Antragsteller einge-
bracht, in einem sogenannten ›Kommentar‹, abermals gezeichnet mit ›Herbert Klinger‹, publiziert wurden, sind
gleichfalls, rein rechtlich, nicht zu beanstanden; wenn auch
möglicherweise zu bedauern. Doch objektiv betrachtet,
handelt es sich dabei, völlig eindeutig, um Ansichten, Meinungen, Folgerungen. Dagegen kann nichts eingewendet
werden; eine derartige Meinungsfreiheit ist in unserem
Grundgesetz garantiert.«

»Auch wenn das in Rufmord ausartet!« rief Hagens
Rechtsanwalt empört.

»Nehmen Sie diese Behauptung sofort zurück!« forder-
ten die gegnerischen Rechtsberater.

»Hier geht es um die Ehre eines bedeutenden Mannes!«

»Hier«, korrigierte ihn der Richter, leicht gähnend, was
vermutlich seine Überlegenheit demonstrieren sollte,
»handelt es sich einzig und allein um eine Einstweilige Verfügung. Und deren Beantragung wird abgelehnt.«

Mithin: Verworfen! Für Null und nichtig erklärt – be-
schlossen und verkündet. Es war amtlich.

»Na also«, meinte einer der Rechtsanwälte der Gegenseite befriedigt. Und der zweite von ihnen fügte hinzu: »Es
gibt eben noch eine Gerechtigkeit in Deutschland.«

»Die jedoch einen überaus verdienstvollen Menschen jeder erdenklichen Beschmutzung ausliefert!«

»Mäßigen Sie sich, bitte!« forderte der Richter streng,
dennoch nicht unnachsichtig. Wobei seine nächste Äußerung zu erkennen gab, daß er, tatsächlich berechtigt, eine
der ganz großen Hoffnungen seines Justizministers war.
Denn er hatte herauszufinden vermocht, was bisher offenbar noch niemandem gelungen war.

Und zwar dies: »Diese Artikel plus Kommentar beschäftigen sich mit einem Unteroffizier namens *Heinz Hagen*.
Daß es sich dabei jedoch unzweideutig um jene ›persona
grata‹, um jene Persönlichkeit des Herrn Heinz Heribert

Hagen handelt, wird in den Veröffentlichungen des ›Kuriers‹ nirgendwo, keinesfalls völlig direkt, also absolut unmißverständlich behauptet.«

Eine Feststellung, die ein großes, nachdenkliches, lang anhaltendes Schweigen bewirkte.

18

Eine richterliche Entscheidung jedenfalls, die Chefredakteur Warnemann ungemein zu erfreuen vermochte. Geradezu beflügelt ersuchte er Simone, in seiner Wohnung auf ihn zu warten. Zuvor bestellte er Klinger in sein Büro.

Um diesem nachdrücklich klar zu machen: »Hier entwickelt sich alles recht vielversprechend. Damit haben wir nun völlig freie Hand.«

»In welcher Hinsicht wohl, glauben Sie?«

»Ihre Artikel, mein Lieber, haben eingeschlagen. Damit ist hier einiges in Bewegung geraten, was in diesem Ausmaß kaum erwartet werden konnte. So haben sich noch weitere Zeugen zu Wort gemeldet – und das mit Auslassungen, die fast schon des Guten zuviel sind.«

»Nun ja – wo ein Hund hinpinkelt, da pinkeln auch alle anderen. Wo Aas ist, finden sich Geier ein.«

»Vögel allerdings, die als hygienische Wächter bezeichnet werden können – ohne sie würden Seuchen ausbrechen.«

»Wie immer Sie das zu sehen belieben, Herr Chefredakteur – ich würde nun gerne, ganz konkret, wissen wollen, was Sie sich weiterhin vorstellen.«

»Nichts wie dies, mein Bester: Sie bleiben unentwegt am Ball, hauen weiter auf die Pauke, um den Jargon von euch Nachrichtenleuten zu benutzen. Das könnte sich auszahlen!«

»Etwa durch Erhöhung meiner Honorare – sagen wir: um fünfzig Prozent?«

»Werden Sie nicht gleich unverschämt, Klinger«, warnte ihn sein Chefredakteur; das jedoch mit leicht belustigten Untertönen. »Vergessen Sie nicht, daß wir es sind, die es Ihnen ermöglicht haben, hier als brillanter Journalist in Erscheinung zu treten; was Sie gar nicht hoch genug veranschlagen können. Doch immerhin, wir sind da nicht kleinlich – über fünfundzwanzig Prozent extra, zunächst, ließe sich reden.«

»Akzeptiert!« münzte Klinger diesen Vorschlag zu einer offiziellen Tatsache um; glaubte er doch zu wissen, wie man mit einem Warnemann umgehen mußte. »Doch bei welchen Gegenleistungen?«

Die Belustigung des Chefredakteurs über die Unverschämtheit seines cleveren Reporters verstärkte sich – so gefiel der ihm! Denn nichts konnte bei diesem Kesseltreiben verwertbarer sein als dessen Chuzpe. »Also – zunächst einmal brüten Sie unverzüglich einen dritten Artikel aus. Und der muß mindestens so wirksam sein wie die zwei vorangegangenen; was Ihnen gewiß gelingen wird.«

»Sie sagten da soeben: zunächst einmal!« stellte Klinger fest. »Was stellen Sie sich denn sonst noch vor?«

Warnemann anerkennend: »Wir müssen und werden hier Nägel mit Köpfen machen – mit der hier bereits eingespielten intensiven Koordinierung! Das heißt: Sie werden sich genauestens darüber informieren, was die neuesten gesammelten Zeugenbekundungen beinhalten und was sich alles mit diesen Materialien anfangen läßt.«

»Wo sind diese verfügbar?«

»Bei Ramsauer – wo denn wohl sonst«, erwiderte der Chefredakteur. »Der läuft bereits auf vollen Touren! Das allerdings mit meiner verbindlichen Empfehlung, möglichst eng mit Ihnen zusammenzuarbeiten. Was er im übrigen unverzüglich akzeptiert hat.«

»Worauf haben Sie den angesetzt – vielmehr auf wen?«

»Ramsauer ist nun mal ein erstklassiger Mann. Und er hatte einen Einfall, der mir geradezu glänzend vorkommen will. Er hat angeregt, nicht nur sogenannte historische Zeugen zu mobilisieren – vielmehr ganze hier derzeit installierte Gruppen, Verbände, Organisationen; um diesen gewissermaßen offizielle Stellungnahmen zu entlocken. Und das scheint zu klappen. Was Sie gewiß interessieren wird.«

»Ungemein«, bestätigte Klinger.

»Dann also nichts wie ran an den Braten! Ramsauer wartet bereits auf Sie.«

Klinger begab sich in das Büro Ramsauers, wo er diesen an seinem Schreibtisch brütend antraf. Und wie stets mutete der ungemein bieder, gutbürgerlich, freundlich familienväterlich an – ein netter, geradezu harmlos erscheinender Mitmensch, eingebettet in Harmoniebereitschaft.

Diesem rief Klinger nun zu: »Na, was hast du denn da ausgeheckt, du Arsch!«

Was Ramsauer als kollegiale Herzlichkeit zu verstehen schien und somit nachsichtig gelassen hinnahm. »Sieh dir das an, Mensch! Eine stattliche Menge Material, was? Das wurde innerhalb weniger Stunden angeschwemmt.«

Klinger verzichtete darauf, sich den Stoß von Unterlagen anzusehen. Er ließ sich neben Ramsauer nieder und griff vielmehr nach dessen Thermoskanne – der darin befindliche Kaffee war gewiß von einiger Qualität. »Also los – dann laß mal deine Katzen aus dem Sack!«

Ramsauer war geradezu stolz auf seine Recherchen und deren Ergebnisse. Doch mit schlichter Untertreibung stellte er dann fest: »Notwendig war es dabei lediglich, gewisse Zusammenhänge herauszufinden, diese zu erkennen – alles andere ergab sich dann von selbst.«

»Zum Beispiel – was?«

Fast nachsichtig erklärte Ramsauer: »Jeder, dem es gelungen ist, eine exponierte Position zu erreichen, wie eben Hagen, hat nun mal unvermeidliche Konkurrenten – die um seine Nachfolge bemüht, die bei seiner Ausschaltung nachrücken; von Posten zu Posten. Das muß man wissen. Dann aber braucht man nur noch herauszufinden, um welche Typen es sich dabei handelt und ob sie in Erscheinung zu treten wünschen. Und genau das werden die dann auch tun, falls es gelingt, sie geschickt genug dazu anzuregen. Und so etwas kann ich.«

»Du meinst also: Irgendwelche Karrieristen lassen sich immer auftreiben? Fleißige mit dem Zeitwind – Spießer, die geil darauf sind, sich zu profilieren?«

»So, Kollege Klinger, würde ich deren Bereitschaft nicht bezeichnen – selbst dann nicht, wenn dem so sein sollte. Denn so was, mein Lieber, ist nichts wie Politik! Jedenfalls habe ich inzwischen mindestens fünf derartige schnelle Brüter für uns an Land gezogen: Jungpolitiker mit Ambitionen, unzufriedene Stadträte, emsige Umweltschützer, sich feierlich gebende Kulturbewahrer, Sittenwächter, die vor heiligem Eifer geradezu glühen!«

»Und alle diese Moralscheißer sind gegen Hagen?«

»Aus Überzeugung! Oder weil sie wohl erkannt haben: Mit dem läuft hier nun nichts mehr; nicht für sie! Auch könnte sein, daß die erkannt haben: Nichts ist leichter zu erledigen, als ein waidwunder Platzhirsch. Willst du dementsprechende Einzelheiten wissen?«

»Will ich, du Arsch – muß ich wohl. Auch wenn mir jetzt schon unsagbar schlecht ist, um nicht zu sagen: zum Kotzen.«

»Du trinkst eben zu viel«, stellte Kollege Ramsauer tadelnd fest. »Und dann noch deine Weibergeschichten! Du solltest dich endlich verheiraten. So etwas, weiß ich aus Erfahrung, kann ungemein ausgleichend wirken. Man lebt gelassener.«

Ohne sich noch weiter bei derartigen Erkenntnissen aufzuhalten, breitete er seine in diesem Fall an Land gezogenen

Recherchen aus. Sogenannte Gesinnungsgenossen, Partei-
freunde und Weggefährten von Hagen gaben sich nunmehr ungläubig und betrübt, bestürzt bis entsetzt. Mit
Kommentaren wie:

»Noch immer ist unsere Demokratie nicht gefestigt; und
manchmal hat es den Anschein, als wäre sie über ihre aller-
ersten Anfänge überhaupt nicht hinausgelangt. Sie ist auf
beklagenswerte Weise in die unrechten Hände geraten.
Erst in jene eines greisenhaften, altersstarren Bundeskanz-
lers, welcher der Denkweise eines geschäftstüchtigen
Großbürgertums aus der Vorhitlerzeit zutiefst verhaftet
war. Ihm folgten dann einige, die wohl die Nazizeit bereits
bewußt miterlebt hatten; das jedoch gewiß nicht, ohne davon gezeichnet, mehr oder minder infiziert zu sein. Erst ein
ehemaliger Nazi als Bundeskanzler, dann ein weiterer von
dieser Sorte als Bundespräsident. Was soll diesem unserem
Volke denn nicht noch zugemutet werden?«

»Die Öffentlichkeit scheint – und dies Bedürfnis zieht
sich durch die Geschichte – nach sogenannten ›Führungs-
persönlichkeiten‹ zu gieren. Heute sind dies: Staatsmän-
ner, Politiker, Landesfürsten, Bundestagsmatadore, Fern-
sehlieblinge. Das jedoch ist erklärter Personenkult, der
nicht das geringste mit erklärt demokratischer Denkweise
zu tun hat. Das sind hohltönende Götter! Und einer von jenen ist nun von seinem Podest gestürzt.«

»Heinz Heribert Hagen, ein vielfach als überaus ehrenwert erklärter Mann, gehörte zu jenen, die eine angeblich
neugewachsene Ordnung zu symbolisieren vorgaben. Er
versuchte als Schiedsrichter, als Verteidiger, geradezu als
Gralshüter dieser Bundesrepublik in Erscheinung zu treten
– wenn auch im vergleichsweise kleinen Bereich, so doch
mit großer Beharrlichkeit. Wenn er jetzt über seine Vergangenheit zu stolpern, zu Fall zu kommen droht, so sollte man
darob keine Krokodilstränen vergießen, dies vielmehr bewußt realpolitisch sehen. Irgendeine falsch-gefährliche,

sentimentale Schwäche dürfen wir uns jetzt nicht länger leisten. Dies ist das Gebot der Stunde.«

Und so weiter und so fort. Billig, doch mit laut tönendem Wortgeklingel. Säcke voller Bisse und Wind. Und angebissen hatten dabei fast alle, die von Ramsauer angegangen worden waren. Zumal ihnen bei Veröffentlichung ihrer Stellungnahmen auch die Abbildung ihres Fotos – und zwar zweispaltig – versprochen worden war. Darunter eine Kurzbiographie; nach ihren Angaben.

»Menschenskind, Ramsauer, Kollege«, stellte Klinger fest, wobei es ihm nur mühsam gelang, seine Verachtung nicht allzu deutlich werden zu lassen. Doch auch darin hatte er sich geübt. »Derartige Erklärungen sind doch nichts wie eine Menge warm-feuchter Gesinnungsfürze. Die verwehen bei jedem aufkommenden Gegenwind.«

»Na – und selbst wenn! Denn wen wohl von unseren lieben Lesern interessiert auch noch übermorgen, was vorgestern in der Zeitung gestanden hat? Eins jedoch muß aber auch dir bei allen diesen Stellungnahmen aufgefallen sein: Darunter befindet sich nicht eine einzige, die für ihn positiv ist. Nicht ein einziger stellt sich eindeutig vor Hagen. Sobald der seinen Trog verlassen muß, können sie mehr daraus fressen.«

»Von mir aus – bis diese Gesinnungsschweine, hoffentlich, Magenkrämpfe bekommen! Doch derlei ist nichts wie übliches, im Grunde ist das kaum mehr wie das hier gemeinhin übliche Politgeschwätz; was unsere empörungsgeilen, schadenfreudigen Leser ziemlich kalt lassen dürfte. Wenn du diese Konsumratten dort packen willst, wo vorgeblich deren Herz sitzt, mußt du ihnen wesentlich mehr bieten. Weniger Gehirnwindungen, mehr Unterleibsgekröse. Solltest du auch so etwas liefern können?«

»Kann ich!« Ramsauer zeigte sich fast stolz, als habe ihn sein Lieblingssohn mit allerbesten Zeugnissen erfreut; er war nun mal in jeder Lage ein familienträchtig denkender

Mensch. »Und zwar handelt es sich dabei um Ergebnisse von Recherchen bei einer gewissen Frau Brasch, der langjährigen Wirtschafterin des Hagen. Eine Person, die du vermutlich kennst. Sie ist so ganz der Typ treusorgende Frau aus dem Volke, mit höchst ehrenwerter Vergangenheit. Die Witwe eines Widerstandskämpfers. Publizistisch allerbestens zu gebrauchen.«

»Sollte es dir etwa gelungen sein, sogar der Äußerungen über Hagen zu entlocken?«

»Was gar nicht sonderlich schwer war.« Nicht mir, hieß das wohl. »Zunächst einmal versuchte ich, mit dieser Dame telefonisch Verbindung aufzunehmen, wobei sie bemüht war, allen meinen Fragen auszuweichen. Was allerdings ganz praktisch bedeutete, daß sie keinesfalls entschlossen war, für ihren Hagen auf die Barrikaden zu steigen. Also auch sie nicht. Und das machte mich hellhörig. Man sagt nun mal von mir, daß ich das Gras wachsen hören kann.«

»Mithin hast also du diese Frau Brasch bekniet – oder eben beknien lassen. Wenn letzteres der Fall war, was ich annehme, dann durch wen, Mensch – und mit welchem Ergebnis?«

»Auf sie habe ich unsere Simone angesetzt – im Einverständnis mit Warnemann. Dabei habe ich auch dich zu verständigen versucht, doch du hast dich wieder einmal mehr irgendwo herumgetrieben. Vermutlich bei irgendwelchen Weibern; was du endlich lassen solltest, kann ich dir nur raten. Simone jedenfalls ist es erwartungsgemäß gelungen, eine gute, ganze Arbeit zu leisten. Sie besitzt eben ein sehr ausgeprägtes Gefühl für menschliche Zwischentöne. Vermutlich willst du das Ergebnis davon wissen?«

Das konnte und durfte sich Klinger nicht entgehen lassen. Mithin nahm er diesen Simone-Bericht entgegen, um alsbald erheblich beunruhigt zu erkennen: Er enthielt etliche Details, die ausgesprochen fatal-gefährlich anmuteten – zog man die Gemütslage labiler Leser in Betracht.

Simone hatte aufs einfühlsamste folgendes herausgebracht: Frau Brasch war Herrn Hagen über Jahre hinweg aufs innigste ergeben gewesen – und dies vermutlich sogar in sehr persönlichen Bereichen. Doch nach Klingers Veröffentlichungen hatte sie begonnen, an Hagens Integrität zu zweifeln. Das mit klagenden, bitteren Worten. Dennoch hielt sie es jedoch nach wie vor für geboten, ihn pflichtbewußt zu betreuen – zumal er an einer heftigen fiebrigen Erkrankung leide, die ihn ans Bett fessele.

Dabei war Simone, von Ramsauer, mit allen bisher vorliegenden Unterlagen zum Fall Hagen ausgestattet worden. Und diese hatte sie dann der Frau Brasch vorgelegt und in allen Einzelheiten erklärt. Mit absolut eindeutigem Erfolg.

»Die habt ihr also fertig gemacht, was?« stellte Klinger fest.

»Die haben wir aufgeklärt. Und daraus hat sie dann ihre Folgerungen gezogen. Alsbald sah sie sich nicht mehr in der Lage, diesen Hagen, der sie so ungemein enttäuscht hatte, auch weiterhin zu betreuen. Aber dennoch, verantwortungsbewußt, wie diese Frau aus dem Volke nun einmal veranlagt ist, hat sie dafür gesorgt, daß für Hagen eine Krankenschwester engagiert wurde; eine ganz ausgezeichnete, vom Hausarzt empfohlen. Doch mehr für diesen Menschen zu tun, von dem sie sich maßlos mißbraucht fühlte, sehe sie sich nicht veranlaßt; stellte sie abschließend fest.«

»Unfaßbar!« bekannte Klinger. »Noch vor wenigen Stunden habe ich mit Frau Brasch gesprochen. Und dabei schien alles für sie klar und gut, in Ordnung zu sein.«

»Das war eben vor Stunden, Mensch! Doch inzwischen hat sie sich von ihm abgewendet. Also sogar sie – diese brave, anständige, getreue Seele. Die einstige Gattin eines gemeuchelten Nazigegners! Wenn so etwas wirksam publiziert wird, muß es einschlagen! Garantiert!«

»Ganz bestimmt! Denn selbst mich haut das beinahe um.« Klinger erhob sich und verließ Ramsauer.

Klinger begab sich zu Barbara Clemens, vermutlich in der Hoffnung, dort einer gewissen Tröstung teilhaftig zu werden. Doch eine ebensolche begehrte auch sie von ihm.

Denn die allerneueste, an diesem Abend erstaufgeführte Produktion ihres Theaters – ein Zweipersonenstück zwischen Mann und Frau, intensiv angesiedelt in Genitalbereichen – hatte sich als ein Reinfall sondergleichen erwiesen. Mittlerweile wollten derartig hervorgesprudelte Obszönitäten wie kleinbürgerlicher Mief anmuten. In einer aufklärerischen Zeit wie dieser besaßen derartige Worterwüsse den Charakter von Konservennahrung. »Die sind bereits so versaut, daß man kaum noch damit mithalten kann.«

Dementsprechend mutete Barbara, Schauspielerin und Kleintheaterchefin, ungemein verzagt, enttäuscht an; wie zerstört auf dem Boden jener Bretter, die ihre Welt bedeuteten. Ungemein wütend überdies auch. Sie empfand Haß – vielversprechend für einen Klinger – auf das sie umwimmelnde, versaute Gesindel.

»Und nun auch noch du!« rief sie ihm entgegen. »Bin ich denn eine Art Schuttabladeplatz für Gott und die Welt? Für alles, was sich irgendwie ausschleimen will! Aber warum ausgerechnet bei mir?«

»Wie kommst du denn darauf?«

»Deine Ingrid Reiner hat angerufen – bei mir. Sie verlangte dich zu sprechen.«

»Sie ist nicht *meine* Ingrid«, erklärte er ihr nachsichtig. »Derzeit ist sie jene des Herrn Stemmer – und das hofft sie wohl auch zu bleiben. Doch wie weit das ein vorübergehender Zustand ist, weiß ich noch nicht.«

»Jedenfalls hat sie dich bei mir vermutet, wobei ich sie enttäuschen mußte. Leider. Doch sie meinte: vielleicht kommst du noch.«

»Nun – ich bin da. Und, was weiter?«

»In diesem Fall, sagte Herrn Stemmers derzeitige Ingrid, soll ich dir folgendes ausrichten: Du könntest sie jederzeit in ihrer Privatwohnung anrufen oder aufsuchen. Das, sagte sie, wäre lohnend; in ganz bestimmter Hinsicht. Eile also zu ihr – um dich aufklären zu lassen.«

»Den Teufel werde ich tun!« rief nun Klinger höchst unwillig. »Diese Person wächst sich langsam zu einem Brechmittel sondergleichen aus. Die schreckt nun offenbar vor nichts mehr zurück. Die bringt es tatsächlich fertig, einen guten alten Freund in den Schmutz zu ziehen.« Womit er Hagen meinte. »Und das nur, um weiter hoffnungsvoll beischlafen zu können – in eine vielversprechende Ehe hinein.«

»Und das regt dich auf?«

»Allerdings! Doch in einer wesentlich anderen Art als du vermutest, Barbara. Jedenfalls ist deine Art, mich aufzuregen, die weitaus bessere.«

»Du bleibst also hier?«

»Um mit dir zu schlafen«, bestätigte er. »Um zu vergessen.«

»Was?«

»Alles.«

Ihm das zu ermöglichen, strengte sie sich an.

19

Am Vormittag des nächsten Tages versuchte sich Herbert Klinger mit Kriminalrat Kant im Polizeipräsidium in Verbindung zu setzen. Mehrmals vergeblich. Erst nach dem vierten Anruf meldete der sich.

»Sollten Sie tatsächlich darauf bestehen, sich mit mir zu unterhalten? Ich war eigentlich ziemlich sicher, daß Sie ein gewisses Interesse daran haben würden, diese Unterredung hinauszuzögern.«

Klinger verneinte diese Vermutung. Und das schien Kant

nicht ungern zu vernehmen. »Na schön – dann tun Sie also, was Sie offenbar nicht lassen können. Kommen Sie her.«

Klinger erschien eine knappe halbe Stunde später bei Kant. Er durfte unverzüglich das nichtssagend-neutral eingerichtete Büro des am Orte maßgeblichen Beamten für Gewaltkriminalität betreten. Dieser blickte seinem Besucher mit freundlicher Neugier entgegen.

»Lassen Sie mich zunächst einmal, lieber Herr Klinger, dies feststellen: Eine gewisse, in einigen unserer Publikationsorganen neuerdings erfolgte Wertung und Würdigung meiner Person weiß ich sehr wohl zu schätzen.«

»Was mich ungemein erfreut, verehrter Herr Kriminalrat.«

»Wobei Sie aber gewiß nicht annehmen, daß mich das irgendwie verpflichtet.«

»Ich habe lediglich, Herr Kriminalrat, an eine weitere gute Zusammenarbeit gedacht – zwischen Polizeipräsidium und Presse.«

»Das ist selbstverständlich, eine solche wird ja auch von uns gepflegt; was Sie gewiß bestätigen können. Wobei Sie jedoch eine Kleinigkeit niemals außer acht lassen sollten: In meinem Bereich erfolgt eine derartige Zusammenarbeit allein zu meinen Bedingungen. Akzeptiert?«

Klinger blieb nichts anderes übrig. »Und welche Bedingungen sind das diesmal?«

»Das, Herr Klinger, dürfte sich sehr schnell herausstellen. Denn ich glaube zu wissen, warum Sie mich aufgesucht haben. Um Einzelheiten über die von mir, von uns bei dem getöteten DDR-Überläufer Mauermeister sichergestellten Materialien zu erfahren.«

Na, was denn wohl sonst? Wobei Klinger abermals schnell erkennen mußte: Derlei scheinbar nichtssagende Wortgeplänkel waren bei Kant Taktik. Der versuchte beharrlich, seine ihn auszufragen versuchende Besucher zu verunsichern, sie zu verlassen, möglichst deutlich zu werden; um dann freie Hand bei der Wahl seiner Mittel zu haben.

»Könnten Sie meinem Wunsch entsprechen, Herr Kriminalrat?«

»Könnte ich, Herr Klinger, durchaus! Wobei sich leider eine intensive Einsichtnahme in das von mir noch nicht völlig durchgesehene Material derzeit nicht ermöglichen läßt. Doch immerhin: Zu gewissen Auskünften wäre ich unter Umständen bereit. Diese kann ich Ihnen jedoch nur dann geben, wenn Sie mir möglichst genau sagen, worauf es Ihnen dabei im einzelnen ankommt.«

Das wußte Kant; ganz genau. Dennoch gab er irritierend freundlich vor, das nicht zu wissen. Er schien mit seinem Besucher Katz und Maus spielen zu wollen. Und Klinger mußte mitspielen.

Er versuchte deshalb, ein wenig hochzustapeln. »Wie ich Ihnen wohl bereits bei unserer letzten Unterredung zu erkennen gab, habe ich mich mit einem ganz bestimmten Fall zu beschäftigen – im Auftrag unseres Herausgebers, Herrn Stemmer; in direkter Zusammenarbeit mit Herrn Chefredakteur Warnemann. Von letzterem soll ich Ihnen übrigens herzlichste Grüße bestellen.«

»Danke, danke!« Kant wirkte nun geradezu beklemmend munter. »Ich erwidere dessen Grüße – mit der gleichen Herzlichkeit. Im übrigen, Herr Klinger, habe ich alles gelesen, was Sie bisher über diesen Fall geschrieben haben; und das sogar recht gründlich.«

»Mit – einiger Verwunderung?«

»Aber nicht doch, mein Lieber! Vielmehr: mit Bewunderung – zunächst. Sie sind tatsächlich ein glänzender Journalist. Sie vermögen einprägsam zu formulieren, besitzen eine präzise Vorstellungskraft; und noch dazu schöpferische Fantasie.«

»Zunächst – sagten Sie?«

Kant registrierte diese Bemerkung mit Anerkennung:

»Sie scheinen ein Ohr für Nuancen zu haben. Bravo!« Er behandelte Klinger jetzt wie einen seiner hoffnungsvollsten Mitarbeiter. »Jedenfalls habe ich zunächst einmal Ihre Artikel mit Respekt zur Kenntnis genommen. Die mich sodann aber zu erstaunen vermochten, schließlich sogar zu amüsieren begannen. Sie werden sich denken können, warum?«

Das vermochte Klinger in der Tat. »Weil Sie hier vermutlich der einzige sind, der dabei so gut wie alle Zusammenhänge zu durchschauen vermag, der die wirklichen Tatbestände kennt, also um die ganze Wahrheit weiß. Eben anhand der bei Ihnen lagernden Materialien des inzwischen ermordeten Mauermeister.«

»Kompliment, mein Lieber!« Kant mutete nun geradezu entzückt an. »Wenn ich in dieser schönen Stadt jemals Polizeipräsident werden sollte, und wenn Sie dann hier noch existieren sollten, könnte ich mir keinen besseren Pressesprecher vorstellen als Sie!« Ob das nun ein mögliches Angebot für später war oder lediglich ein schöner Scherz, aus dem Augenblick geboren – nicht zu durchschauen.

»Welches ist denn«, wollte Klinger wissen, »bei Ihren Erkenntnissen nach Durchsicht der Mauermeister-Materialien – einer noch nicht vollständigen, wie Sie sagen – der dabei dennoch von Ihnen herausgefundene springende Punkt?«

»Bisher jedenfalls«, erwiderte der Kriminalrat prompt, »haben Sie lediglich von dokumentarischen Unterlagen gesprochen, von verwertbaren Einzelheiten, von erhofften Ergänzungen. Ziemlich allgemein.«

Dieses Gespräch, erkannte Klinger, nahm immer gefährlichere Ausmaße an – ein Kant war eben nicht zu blenden. Abermals schien eine gewisse Offenheit, diesem gegenüber, so gut wie unvermeidbar. »Zugegeben! Ich gestehe also ein, daß es mir dabei im Grunde allein auf ein einziges Detail ankommt. Und das könnten Sie kennen. Warum wollen Sie mir das nicht mitteilen?«

Der Kriminalrat gefiel sich nunmehr in einer Art Mona-Lisa-Lächeln – einer männlichen Variante davon, soweit eine solche überhaupt vorstellbar ist. »Ein Detail allerdings, Klinger, das Ihnen durchaus bekannt sein durfte und das Sie bislang bewußt ausgeklammert haben. Doch nun wollen Sie das, sozusagen amtlich, bestätigt bekommen. Ist dem so?«

»Eine Annahme, Herr Kriminalrat, die zutreffen könnte, aber doch wohl kaum zu beweisen ist.«

»Versuchen Sie nicht, mich zu amüsieren, Polizeifreund Klinger. Denn in unserem Metier, mit unseren Mitteln und Möglichkeiten, läßt sich so gut wie alles beweisen. Sofern wir das für notwendig erachten.«

»Zugegeben, Herr Kriminalrat. Doch wie, bitte, könnte die Beweisführung in diesem Falle aussehen?«

»Trauen Sie mir dabei, getrost, mehrere Variationen zu. Eine davon ließe sich etwa folgendermaßen vorstellen: Auf meiner Liste jener Personen, die mit dem Mord an Mauermeister direkt oder indirekt in Zusammenhang gebracht werden könnten, befindet sich, neben Ihrem Namen, auch der Ihres Kollegen Carlos. Falls ich mich nun gezwungen sehen sollte, diesen unter Druck zu setzen, dann wäre es doch durchaus vorstellbar, daß ich von ihm diverse brauchbaren Einzelheiten erhalte – über diese Materialaufkäufe. Meinen Sie nicht auch?«

»Haben Sie diese Absicht?«

»Nicht unbedingt – warum sollte ich? Ich bin schließlich kein Aufklärer um jeden Preis. Dann schon gar nicht, wenn es Ihnen gelingen sollte, ein überzeugendes Arrangement auf möglichst feste Beine zu stellen.«

Darüber nachzudenken, wurde Klinger ausreichend Zeit gegeben – einige Minuten lang. Er vermochte das, was ihm damit angedeutet worden war, auch ziemlich deutlich zu erkennen. Seine nächste Reaktion schien das zu bestätigen.

»Stellen wir, schlage ich vor, als Tatsache dies fest: Ich bin besorgt, sagen wir: sogar äußerst besorgt, bei Ihnen erschienen. Um Sie, verehrter Herr Kriminalrat, um eine ganz bestimmte Auskunft zu bitten. Diese geben Sie mir. Und somit erfahre ich, direkt von Ihnen, das wohl alles entscheidende Detail erst jetzt. In diesem Augenblick.«

»Einverstanden, Herr Klinger. Jedoch – was dann?«

»Dann suche ich mit dieser mir durch Sie ermöglichten Erkenntnis unverzüglich Chefredakteur Warnemann auf, um diesen dementsprechend zu unterrichten. Das mit dem eindeutigen Hinweis: Sie hätten mich, damit unsere Zeitung, also ansonsten zunächst niemanden, über eine bestimmte zum Vorschein gekommene Tatsache aufgeklärt. Was eine enorme Verpflichtung zur Folge haben würde – eindeutig zu Ihren Gunsten. Ist das ein brauchbarer Vorschlag?«

»Das«, meinte Kant, »könnte in Ordnung gehen. Fixieren wir es so: Sie haben mir da also eine ganz bestimmte Frage gestellt – und die habe ich beantwortet. Weiter nichts. Irgendwelche daraus resultierenden Pressereaktionen haben mich nicht zu interessieren.«

»Womit wir noch zwei bis drei Tage weiter so verfahren können.«

»Lediglich zwei Tage«, entgegnete der Kriminalrat. »Kaum mehr. Denn inzwischen, ist wohl anzunehmen, werden noch andere Interessenten an mich herantreten. Und die kann ich nicht endlos hinhalten.«

»Verstehe, Herr Kriminalrat.«

Kant lächelte und schwieg. Die Sache war gelaufen, sein Netz geknüpft. Nunmehr reagierte er ganz bündig.

»Notieren Sie sich, Herr Klinger: Ort, Datum und Uhrzeit dieser Unterredung. Auch ich werde für mich eine dementsprechende Aktennotiz anfertigen. Bei Ihnen sollte dabei wohl dies in Erscheinung treten: Gespräch mit dem für diese Vorgänge zuständigen Kriminalbeamten. Dieser wurde um Auskünfte über den ermordeten Ostagenten, beziehungsweise den Überläufer Mauermeister ersucht. Und das im Hinblick auf die bei diesem vorgefundenen und im Polizeipräsidium sichergestellten Betriebsunterlagen.«

Nachdem dies exakt präzisiert worden war, konnte endlich die erbetene Auskunft erfolgen. Dabei handelte es sich um ergänzende dokumentarische Einzelheiten zu jenem bereits veröffentlichten Kriegsgerichtsurteil, betreffend jenen Unteroffizier H. Hagen. Und diese hatte Mauermeister, wohl auf weiteren Zahlungen spekulierend, berechnend zurückgehalten; wie Kriminalrat Kant fast genußvoll ausführte.

»Klar soweit, Freund Klinger?«

»Absolut klar, Herr Kriminalrat.«

»Dabei hat es sich herausgestellt«, Kant weiter, »daß in jenem ehemaligen großdeutschen Infanterieregiment 334 tatsächlich ein Unteroffizier H. Hagen existierte, der unbezweifelbar mit jenem in unserer Stadt lebenden einflußreichen Heinz Heribert Hagen als identisch zu bezeichnen ist. Und das mit absoluter Sicherheit. Er diente dort in der 8. Kompanie.

Jener Hagen jedoch – ein ja nicht gerade seltener Nachname – wegen dessen Person damals ein Kriegsgericht tätig wurde, gehörte zwar auch zum IR 334, auch er im Range eines Unteroffiziers. Der war jedoch der 3. Kompanie zugeteilt und hieß mit Vornamen *Heinrich*. Gerufen wurde er Heinz.

Dies geht eindeutig aus den Mauermeister-Unterlagen hervor. Beide Männer jedenfalls waren nahezu gleich alt, sollen sich sogar etwas ähnlich gesehen haben; beide kamen sie aus kleinbürgerlichen Verhältnissen. Der Krieg hatte sie wie Brüder erscheinen lassen.

Daraus aber konnten sich dann – bedauerlicherweise – Irrtümer, Fehleinschätzungen und Verwechslungen ergeben. Ein Umstand, den, so sieht es aus, eine feindliche Spionage- und Abwehrmacht zu nutzen gedachte, wohl um hierzulande politische Verunsicherung zu bewirken. Jedenfalls wurde von dem als Ostagenten zu vermuteten Mauermeister jene in dem betreffenden Kriegsgerichtsurteil angeführte Kompanienummer 3 schlicht in eine 8 verfälscht. Ein schäbiger Ganoventrick – nichts weiter. Der sich jedoch – zumindest zunächst – als fatal wirkungsvoll erwiesen hat.«

Soweit diese amtliche Stellungnahme des Kriminalrats Kant. Klinger vernahm sie nicht ohne Erleichterung. Denn genau wohl das hatte er zu vernehmen gehofft.

20

Ausgestattet mit derartig weittragenden Kenntnissen, begab sich Klinger unverzüglich zu seinem Chefredakteur. Er bestand darauf, umgehend vorgelassen zu werden. Denn ihn verlangte danach, dessen stets demonstrierte protzige Souveränität endlich einmal zerbröckeln zu sehen.

Den vor vollendete Tatsachen stellen zu können, war ein Gedanke, der ihm erheblichen Genuß bereitete. »Da haben wir nun wohl, Herr Chefredakteur, eine ganze Menge Scheiße gebaut«, begann er, ohne jede Einleitung.

Warnemann lehnte sich indigniert in seinem Sessel zurück. »Was sollen derartige Vulgärausdrücke, Klinger – wen oder was meinen Sie damit?«

»Ich komme soeben von Kriminalrat Kant – der Sie übrigens herzlich grüßen läßt. Doch der hat inzwischen festgestellt, daß wir uns in der Hagen-Sache mit Sicherheit wohl auf dem völlig falschen Dampfer befinden.«

»Vermeiden Sie gefälligst einen derartigen Groschenheftjargon in meiner Gegenwart! Sie sollten wissen, daß ich, als Chefredakteur dieser Zeitung, entschieden Wert auf ein gutes Deutsch lege.«

»Na schön – dann eben das Ganze noch einmal; auf gut Deutsch! Kriminalrat Kant hat festgestellt: Wir haben da einen Hagen auf die Hörner genommen, der ganz einfach nicht identisch ist mit jenem Hagen, der da in unsere Schußlinie geraten ist.«

»Das ist doch Unsinn, Klinger! Wohl nichts wie ein Irrtum. Vielleicht auch eine hinterhältig ausgeklügelte Falle, Mensch! Wer weiß, von wem?«

»Leider nichts dergleichen, Herr Chefredakteur. Vielmehr handelt es sich dabei, wie wohl von einem Kant nicht anders zu erwarten, um feststehende, beweisbare Tatsachen.«

Und diese legte Klinger nun dar; mit munterer Deutlichkeit, sozusagen mit Wonne. Warnemann dabei aschfahl werden zu sehen, bereitete ihm ungeteiltes Vergnügen. Monate-, wenn nicht gar jahrelang hatte er auf einen derartigen Augenblick gehofft.

»Sind Sie sich da sicher, Klinger? Absolut sicher? Oder versuchen Sie hier etwa zu pokern? Ausgerechnet mit mir?«

»Nicht der geringste Zweifel, Herr Warnemann. Dabei handelt es sich um ganz realistische Tatsachen, denen wir jetzt möglichst gleichermaßen realistisch begegnen müssen.«

»Wieso – wir, Klinger?« Warnemann reagierte raubtierhaft schnell, zur Abwehr entschlossen, fast so, als sei er seit geraumer Zeit darauf vorbereitet. »Was wir in unserer Zeitung veröffentlicht haben, das sind allein *Ihre* Artikel gewesen. Die haben Sie, Sie allein, ausgebrütet, entworfen, verfaßt und mit vollem Namen gezeichnet!«

»Sie wollen damit doch nicht etwa sagen, daß ich, ich allein, dafür verantwortlich bin?«

»Falls so etwas zu behaupten unvermeidbar erscheint – wird dies auch behauptet werden, Klinger.«

»Versuchen Sie derlei besser nicht, *Warnemann*.« Der mittlerweile hellwache Reporter lungerte in Türnähe herum – so, als wolle er sich den parfümierten Ausdünstungen seines Vorgesetzten entziehen. In Wirklichkeit hatte ihn jedoch ein gewisser Fluchtimpuls erfaßt. »Nun auch noch mich anzugehen, könnte sich als ein nicht ungefährlicher Irrtum entpuppen.«

»So nicht, Mann!« Der Chefredakteur erkannte diese Pression – sich sofort und ganz hart dagegen zu stellen, war geradezu eine Art Notwehr. »Ich habe Sie keinesfalls dazu ermuntert, Klinger, in diesen Fall einzusteigen – Sie haben sich angeboten, geradezu aufgedrängt. Mithin liegt nun jede Verantwortung für das, was sich daraus ergeben könnte, ausschließlich bei Ihnen.«

»Soll das etwa heißen, Warnemann, daß Sie tatsächlich versuchen werden, mich als den alleinigen Sündenbock hinzustellen?« Klinger fühlte sich seinem Chefredakteur – endlich, endlich einmal – ungemein überlegen. Und das zeigte er auch. »Sie sollten sich nicht überschätzen.«

Warnemann wich prompt aus. Unverzüglich und geradezu bereitwillig gab er zu erkennen, daß er keinesfalls beabsichtige, radikale Maßnahmen einzuleiten. »Dabei wären geschickte Ausweichmanöver, Übergangslösungen, Kompromisse durchaus denkbar. Schließlich bin ich nicht abgeneigt, Ihnen entgegenzukommen. Ihr Eingeständnis vorausgesetzt, einem bedauerlichen Irrtum erlegen zu sein.«

Woraufhin Herbert Klinger bewußt heftig reagierte; dies zumindest versuchte. »Sie beabsichtigen doch nicht etwa, Warnemann, mir diese Vorgänge anzulasten – mir ganz allein. Aber doch nicht gleich so was, Mann! Dagegen werde ich mich wehren – und zwar wirksam!«

»Soll das etwa, Klinger, eine Drohung sein – wenn nicht gar der Versuch einer Erpressung?«

»Ungefähr das, Warnemann! Doch um mich dabei Ihrer gepflegten Ausdrucksweise zu bedienen: Ich würde einen derartigen Vorgang als Wahrung meiner berechtigten Interessen bezeichnen.«

»Von mir aus, Klinger, können Sie eine solche Schweinerei bezeichnen, wie immer Sie wollen! Doch wie stellen Sie sich ein derartiges heimtückisches Ansinnen vor? Wie weit glauben Sie denn, dabei gehen zu können?«

»Ich darf wohl hoffen, daß Sie mir einiges zutrauen. Zumal ich ja wohl kein schlechter Reporter bin. Und ich habe sogar einiges von Ihnen gelernt. Mithin weiß ich also, wie man Informationen sammelt, ohne gleich das Bedürfnis zu entwickeln, alle davon zu verwerten. Was praktisch bedeutet: Auch ich vermag durchaus einige davon auf Eis zu legen; für Zeiten, da deren Verwertung angebracht, notwendig, sinnvoll erscheint . . .«

»Stop!« rief Warnemann aus. »Kommen Sie mir nur nicht auf dumme Gedanken. Unternehmen Sie nichts, was Sie später, wenn nicht gar sehr bald garantiert bereuen müßten. Überdies gibt es nichts Schäbigeres, als schmutzige Wäsche zu waschen. Sollten Sie tatsächlich dazu entschlossen sein?«

»Ach wissen Sie, Warnemann – schmutzige Wäsche zu waschen ist eine Sache; doch Wäsche schmutzig zu machen eine andere. Aber man muß ja nicht unbedingt erhebliche Teile davon an die Öffentlichkeit bringen.«

»Eine Erkenntnis, an die Sie sich gefälligst halten sollten, Mensch!«

»Würde ich gerne. Das gehört ansonsten zu meinen Prinzipien. Es sei denn, daß ich mich meiner Haut zu wehren habe.« Klinger war zur letzten Deutlichkeit bereit. Er hatte nichts mehr zu verlieren. »Doch dabei existieren nun mal gewisse intime Vorgänge, auf die es ankommen könnte. Auf den jeweiligen Blickwinkel, der Präsentation von Details, einer gemachten Verwertbarkeit derselben.«

»Also doch!« Warnemanns Empörung besaß nun Untertöne echter Besorgnis. »Habe ich mir doch so was gleich gedacht! Sie versuchen mich anzusauen – mich ganz persönlich.«

»Aber doch nicht nur Sie, Warnemann! Einige andere kommen noch dazu. Zum Beispiel Ihr Herr Stemmer. Wobei ich mir allerdings Ihre Formulierung, von wegen ›ansauen‹, sehr verbitten möchte. Eine Wortwahl, die mir nicht sonderlich gefällt, Herr Chefredakteur. Wir sollten das wohl besser etwa so formulieren: Eine mir aufgedrängte, damit unvermeidliche Wahrheitsfindung hat stattzufinden. Dabei könnten Unannehmlichkeiten in diversen Bereichen nicht ausgeschlossen sein; vielleicht sogar zum Vorschein kommen müssen. Bei guten Freunden ebenso wie bei liebwerten Damen.«

»Was eine Gemeinheit sondergleichen wäre! Falls es Ihnen überhaupt gelingt, etwas derartiges vorbringen zu können, Klinger.«

»Das lassen Sie getrost meine Sorge sein, Warnemann. Das schaffe ich schon. Denn um derlei aufzuspüren, gehört nicht sonderlich viel – lediglich einige günstige Gelegenheiten, eine gewisse Beobachtungsgabe, eine Art Brancheninstinkt. Denn schließlich vermögen gar nicht wenige weibliche Wesen, die in dieser Stadt leben müssen, von fatalen Mißbrauchungen zu berichten; und das manchmal sogar sehr gerne. Auch darauf basieren Freundschaften.«

»Nicht doch, nicht doch, Klinger! Falls Sie so etwas versuchen sollten, werden Sie versinken wie in einem Sumpf, in den Sie sich selbst begeben haben.«

»Nur keine Sorge, Warnemann. Da komme ich schon durch. Und das sogar ziemlich mühelos und effektiv dazu. Und darauf sollten Sie nun gefaßt sein; Sie und Ihr *Stemmer*. Das jedoch, wie gesagt, immer unter der Voraussetzung, daß hier gewagt werden sollte, mich zum alleinigen Sündenbock zu stempeln.«

21

Herbert Klinger, der triumphieren zu können glaubte, suchte noch am selben Tag Hagen auf. Doch bei dem vorgelassen zu werden, verursachte einige Mühe. Ihn empfing eine Krankenschwester – hager, grau, straff, alterslos.

Diese erklärte ihm abweisend: »Frau Brasch befindet sich nicht mehr in diesem Haus. Die Betreuung von Herrn Hagen ist von mir übernommen worden. Dieser darf nicht gestört werden – er ist schwer krank.«

»Aber dennoch ansprechbar – hoffe ich. Was sehr wichtig wäre – auch für ihn. Bitte, nennen Sie Herrn Hagen meinen Namen.«

Was, nach einigem Zögern, erfolgte. Mit dem Ergebnis: der schwer erkrankte Hagen zeigte sich bereit, diesen Besucher zu empfangen. Wobei die Krankenschwester, gleichsam berufsmäßig besorgt, erklärte: nichts dürfe dabei besprochen werden, was den Patienten irgendwie aufregen könne.

Klinger versprach es.

Heinz Heribert Hagen lag, mumienhaft verpackt, in seinem Krankenbett – bestürzend klein wirkend, mit zerfurchtem Zwergengesicht. Dennoch versuchte er selbst jetzt noch zu lächeln – sogar Klinger gegenüber, der sich, ungemein bedrückt, an seinem Bett niedergelassen hatte.

»Auf Sie, mein lieber junger Freund, habe ich stets geglaubt, mich verlassen zu können. Und das tue ich auch jetzt noch.«

Klinger atmete tief beglückt auf. »Heißt das, Herr Hagen, Sie erkennen, anerkennen sogar meine Bemühungen, mich jederzeit für Sie einzusetzen – wenn auch auf vielleicht fürchterlich anmutenden Umwegen? Es scheint sich jedoch nun wohl zu lohnen.«

»Daß Sie so denken, mein lieber junger Freund Klinger, traue ich Ihnen zu. Dennoch muß ich nun wohl feststellen, daß derartige Versuche an einem falschen Objekt erfolgt sind. Denn ich bin ein alter, kranker Mann.«

»Sie werden bald wieder gesund sein.«

»Wohl niemals mehr völlig. Mein Leben liegt hinter mir. Die Zeiten meiner entschlossenen Bereitschaft, gegen Widerstände anzukämpfen, sind gewesen. Vergangenheit! Denn ich muß erkennen, daß ich verloren habe – was mich jedoch kaum sonderlich überrascht.«

»Geben Sie nicht auf!« beschwor ihn Klinger. »Denn erst jetzt geraten diese Vorgänge in die entscheidende Phase. Inzwischen hat sich nämlich offiziell herausgestellt, daß damals, in jenem Infanterieregiment 334, zwei Unteroffiziere mit dem Namen Hagen existierten. Doch eben jener Hagen des Kriegsgerichtsurteils, der da eine gewisse Schuld auf sich geladen hat, sind Sie nicht gewesen.«

»So ungefähr«, sagte dieser nun geradezu uralt wirkende Mann mit ergebenem Lächeln, »habe ich mir das vorgestellt. Denn Politiker mit Allerweltsnamen, wie etwa Brandt, Strauß oder eben Hagen, sind gar nicht selten gewissen Verdächtigungen ausgesetzt, die aus zufälligen Zusammenhängen entstehen. Doch wohl seltener gelingen dabei derartig vernichtend gemeine Manipulationen wie in diesem Fall.«

»Wogegen Sie sich wehren müssen – und das auch jetzt wirksam können. Mit meiner Hilfe, mit den von mir ermittelten Unterlagen. Wir werden jetzt hier ein Feuerwerk sondergleichen abbrennen.«

»Zu spät«, stellte Hagen mit müder Gelassenheit fest. »Und einmal ganz abgesehen davon, daß ich zeitlebens weder auf Galafeuerwerke noch auf große Zapfenstreiche zu meinen Ehren Wert gelegt habe.«

»Na schön – dann halten Sie sich eben weiter nobel im Hintergrund; lassen Sie andere vor. Ihre Rechtsanwälte werden jubeln, wenn sie von dem von mir recherchierten neuesten Material erfahren.«

»Ach wissen Sie, mein lieber junger Freund – einer Art Rehabilitierung war ich stets sicher; daran habe ich niemals gezweifelt. Doch leider ist hier inzwischen, in dieser schnellebigen Zeit, wie man sagt, so gut wie alles gelaufen. Nur drei bis vier düstere Tage haben genügt, die sogenannten Geister zu scheiden. Angebliche Freunde haben sich von mir losgesagt, einstige Parteigefährten mich für fragwürdig erklärt, und diverse sonstige Personen fühlten sich veranlaßt, mich als nicht ganz unbedenklich zu bezeichnen. Was hat man da noch zu erwarten?«

»Wollen Sie tatsächlich das alles einfach so laufen lassen? Haben Sie kein Verlangen danach, sich zur Wehr zu setzen, einen geradezu garantiert wirksamen Gegenangriff vorzunehmen?«

»Ach, mein lieber Klinger – soll ich denn Gleiches mit Gleichem vergelten, die Methoden der anderen zu den meinen machen, also ähnliche Dreckschleudereien veranstalten, wie die mir zugemutet haben? Sollten Sie so etwas, ganz ernsthaft, erwarten? Ausgerechnet von mir.«

»Nicht unbedingt gleich das, Herr Hagen. Jedoch – eine Art entschlossenes Beharren auf Gerechtigkeit . . .«

»Klinger, mein junger Freund – bei dem, was da geschehen ist, wurde vieles zerbrochen, in Trümmer gelegt; Charaktere haben sich als anfällig erwiesen, Überzeugungen als korrumpierbar, die menschliche Anständigkeit blieb auf der Strecke. Und so was, raten Sie mir, soll nun möglicherweise noch einmal geschehen? Dabei könnten auch Sie in die Knie gezwungen werden – vermögen Sie das nicht zu erkennen?«

»Auf mich, Herr Hagen, brauchen Sie dabei nicht die geringste Rücksicht zu nehmen. Schließlich besitze ich erhebliche praktische Erfahrungen; das dürfen Sie mir getrost glauben. Ich gedenke nunmehr Ihre Sache völlig zu der meinen zu machen.«

»Was ich aber gar nicht will, Freund Klinger. Denn ich ha-

be das als endgültig eingesehen: Man mag noch so sehr bestrebt sein, der Menschheit zu dienen, sich um Menschlichkeit zu bemühen; doch Dank darf man dafür nicht erwarten. Wer lebt, ist in sich selbst verloren.«

22

In den späten Abendstunden dieses wohl denkwürdig zu
nennenden Tages begab sich Warnemann, Chefredakteur
des »Kuriers«, innerhalb des Verlagsgebäudes abwärts,
zwei Stockwerke tiefer. Zum Büro des Herausgebers Stemmer, das sich im Erdgeschoß befand. Das war ein saalarti-
ger, holzgetäfelter Raum, mit einem dicken, braunen Teppichboden, der alles Geräusch verschluckte.

Die dann dort erfolgende Unterredung fand auf dringendes Ersuchen von Warnemann statt. Stemmer erwartete
ihn; voll bestrahlt von mehreren Lichtquellen – er allein.
Seine Sekretärin, obgleich voll vertrauenswürdig, hatte sich
entfernt. Der Herausgeber fühlte sich alarmiert.

Gleich einleitend stellte Stemmer fest: »Die mir von Ihnen, mein lieber Warnemann, bereits telefonisch angedeuteten Schwierigkeiten wollen mir recht heikel erscheinen.
Sie werden sich aber, hoffe ich, schnell und nachhaltig aus
der Welt schaffen lassen.«

»Falls Sie aber dabei der Ansicht sein sollten, Herr Stemmer, daß es sich um einen Fehler meinerseits gehandelt haben könnte, werde ich diesen auf mich nehmen. Bereitwillig
und loyal.«

»Setzen Sie sich, mein lieber Herr Warnemann. Und trau-
en Sie mir zu, daß es mir gegeben ist, verbindliche Einschätzungen vorzunehmen. Sollte ich mich also jemals zwischen
diesem Klinger und Ihnen zu entscheiden haben – keine
Frage, wie eine derartige Entscheidung ausfallen würde.«

»Danke, Herr Stemmer«, entgegnete der Chefredakteur ungemein erleichtert.

»Danken Sie mir nicht – kommen Sie zur Sache.«

Warnemann, referierend: »Klinger hat sich im Falle Hagen zu höchst fragwürdigen Folgerungen hinreißen lassen. Diesbezüglich habe ich ihn in die Enge getrieben. Doch nunmehr scheint der, wie verblendet, offenbar blindwütig um sich beißen zu wollen. Was zu nicht ganz ungefährlichen Ausweitungen führen könnte – meiner Ansicht nach.«

»Für wen – nicht ungefährlich?«

»Nun, wohl speziell für uns beide – bin ich versucht zu behaupten.«

»Warum?«

»Dieser Klinger hat sich mir gegenüber höchst eindeutige Anspielungen geleistet. Und zwar betreffend gewisser redaktionsinterner und lokalpolitischer Vorgänge. Darüber hinaus aber noch verfüge er, und das hat der mir glatt ins Gesicht gesagt, über ausreichendes Intimmaterial; über jeden von uns.«

Stemmer blickte auf seine Hände, die sich unruhig bewegten. »Was verspricht sich denn dieser Kretin davon? Mit derlei Anseichungsversuchen läßt sich doch erfahrungsgemäß nicht allzuviel anfangen! Höchst fragwürdige Verdächtigungen, von denen doch so gut wie jeder betroffen ist – ob er nun in Politik macht, Seelsorge betreibt, oder Geschäfte installiert. Worauf will der hinaus?«

»Unruhe stiften! Beunruhigung erzeugen! Alles, was sich ihm irgendwie anbietet, sozusagen vom Schwanz her aufräumen, wobei Klinger freilich weiß, daß er einen derartigen Mist nicht ohne weiteres unter die Leute bringen kann. Worauf er vermutlich spekuliert, scheint dies zu sein: Bei einem nun möglicherweise von Hagen eingeleiteten Gerichtsverfahren gedenkt der alles sich irgendwie Anbietende vor aller Öffentlichkeit zur Sprache zu bringen. Darauf müssen wir wohl gefaßt sein.«

Worauf Stemmer, ohne nun doch sonderlich zu zögern, viel erfahren und wirkungssicher wie er war, entschieden feststellte: »Wenn dem tatsächlich so sein sollte, dann haben wir doch gar keine andere Wahl, als diesem Kerl möglichst wirksam zuvorzukommen. Das gewissermaßen nach dem altpreußischen Militärgrundsatz: Angriff ist die beste Verteidigung. Doch wie hier wohl wäre mit dieser Erkenntnis am wirksamsten zu verfahren?«

Was darunter vorzustellen sein könnte, schien sich Warnemann bereits gründlich überlegt zu haben. »Bei diesem Klinger handelt es sich um einen Menschen, der niemals gezögert hat, sich überall, aber auch in jeden Hintern, hineinzudrängen. Zu seinem bevorzugten Bekanntenkreis gehören weibliche Wesen. Und eben von jenen scheint der sich einiges zu versprechen.«

»Berechtigt, Warnemann?«

»In meinem speziellen Fall scheint es sich dabei offensichtlich um Simone zu handeln. Wie weit sie eventuell da mit drinsteckt, werde ich unverzüglich, noch heute nacht, überprüfen. Mit eindeutig positivem Erfolg, hoffe ich.«

Stemmer nickte zustimmend. »Auch ich gedenke bei dem, was möglicherweise meinen internen Bereich berühren könnte, ein Gleiches zu tun. Aber das, Warnemann, ist wohl noch nicht alles?«

»Keinesfalls. Wie von mir vorausgesehen, müssen wir dem auch auf anderen Gebieten zielstrebig zuvorkommen. Also versuchen, sämtliche seiner angeblichen Trümpfe systematisch zu entwerten. Und daran arbeite ich bereits.«

In diesen Augenblicken schien eine erhebliche Erhöhung des Gehaltes des Chefredakteurs so gut wie garantiert zu sein. Herausgeber Stemmer signalisierte das unverkennbar. »Wenn wir aus dieser heiklen, uns aufgezwungenen Situation einigermaßen unbeschadet herauskommen, dürfen Sie meiner Anerkennung sicher sein. Dabei werde auch ich tun, was ich irgendwie kann – also nicht wenig.

Doch wie wohl, glauben Sie, könnten wir sonst noch wirksam vorgehen?«

»Indem wir uns unseres Ramsauers bedienen, schätze ich. Der ist über diese Vorgänge ziemlich intensiv unterrichtet; er kennt bereits die wohl wichtigsten Hintergründe davon. Eine vorsorgliche Unterredung mit ihm will mir als recht hoffnungsvoll erscheinen. Und der wartet, sozusagen tatendurstig, oben in meinem Büro.«

Selbstverständlich wußte Stemmer, wer Ramsauer war; dessen Wahl wurde von ihm unverzüglich akzeptiert. Der wurde herbeigerufen und erschien nach wenigen Minuten in Stemmers Büro. Ein demonstriert unscheinbarer, bescheidener, mausgrau-unauffälliger Mensch.

Er hatte sich, entsprechend von Warnemann angeregt, intensiv auf diese Besprechung vorbereitet. Er ließ sich artig vor ihnen nieder und wartete deren Aufforderung ab, seine Ansichten vorzubringen.

Diese sahen dann so aus: »Herr Warnemann hat mich, zwecks Erbringung von Zusatzmaterial, in die von Klinger gestartete Kampagne eingeschaltet. Dabei mußte ich aber zunehmend den Eindruck gewinnen: Klinger versuchte sozusagen mit gezinkten Karten zu spielen.«

»War das lediglich ein Eindruck?« wollte Stemmer wissen.

»Zunächst – ja. Doch daraus ergab sich dann, sehr schnell, der zwingende Verdacht, daß hierbei, und zwar wider besseres Wissen, eine Manipulation sondergleichen versucht wurde.«

»Und Sie glauben, so was beweisen zu können?«

»Durchaus. Denn die Art und Weise, in der Klinger diesen Fall anging, mutete für mich höchst unqualifiziert an. Um nicht zu sagen: sie war von äußerster journalistischer Fragwürdigkeit.«

»Sehr richtig!« bestätigte ihm Warnemann überaus ermunternd. »Denn das, was sich da inzwischen ergeben hat, droht Ihre Vermutungen auf beklagenswerte Weise zu bestätigen. Doch eben damit haben Sie sich als überaus vorausschauend erwiesen, mein lieber Ramsauer – und das gewiß nicht zum erstenmal. Wir hoffen also sehr, daß Sie nun nicht zögern werden, hier eine überzeugende Beweiskette zu schmieden; und zwar eine, die imstande ist, einen unseriösen Manipulierer zu Fall zu bringen.«

»Von Zögern kann dabei wohl kaum die Rede sein. Zumal ich mir bereits vorbeugend eine Reihe diesbezüglicher Notizen gemacht habe.«

»Sehr gut, Herr Ramsauer! Allerbestens! Falls Ihnen das nun unvermeidlich zu Erstrebende gelingen sollte, ist Ihnen unser Dank, unsere Anerkennung gewiß.«

Stemmer nickte ihm aufmunternd zu.

Ramsauer zeigte keinerlei erkennbare Regung. Wie austerngleich verschlossen wollte er lediglich wissen: »Wie weit kann ich dabei gehen?«

»Ohne die geringste Einschränkung«, bestätigte ihm Stemmer.

Woraufhin jetzt erst das ganz große Kesseltreiben begann.

Später ließen sich dann die Stationen dieses Kesseltreibens wie folgt rekonstruieren:

1. Position davon: Herausgeber Stemmer führte ein Telefongespräch mit Kriminalrat Kant.

Und dem versicherte er einleitend: Er habe, bei einem internen Abendessen, eine Unterredung mit dem ihm befreundeten Innenminister des Landes führen können. Auch dieser wäre keinesfalls abgeneigt, den Kriminalrat als den nächsten Polizeipräsidenten der Landeshauptstadt in Betracht zu ziehen.

Kant leistete es sich, auf diese Nachricht mit instinktiver Selbstsicherheit zu reagieren. »Das, Herr Stemmer, vernehme ich gerne. Danke verbindlichst. Wobei ich wohl nicht damit rechnen muß, daß Sie versuchen könnten, mich zu veranlassen, den bei Ihnen tätigen Herrn Klinger abzuschirmen?«

»Absolut richtig erkannt, Herr Kriminalrat. Denn um da ganz offen zu sein: dieser Mensch hat sich, in bestimmter Hinsicht, völlig übernommen. Dessen Stunden bei uns sind gezählt. Und eventuell Entlastendes, zu diesem Thema, dürfte ja wohl von Ihrer Seite kaum zu erwarten sein?«

»Eine völlig zutreffende Vorstellung, Herr Stemmer. Es gehört schließlich nicht zu meinem Amt, irgendwelche Ent- oder Belastungen vorzunehmen. Wenn dabei ein polizeiliches Aufklärungsgespräch, sozusagen unter vier'Augen, das ich mit Herrn Klinger geführt haben könnte, erfolgt wäre, dann nicht ohne meine verbindliche amtliche Schweigepflicht.«

»Ich danke Ihnen, verehrter Herr Kant. Und erlauben Sie mir, Ihnen nochmals zu versichern: Es wäre ein wahrer Gewinn für uns alle, Sie in unserer schönen Stadt alsbald sozusagen als obersten Ordnungshüter begrüßen zu können.«

Die Position zwei dieser Vorgänge: Herbert Klinger suchte die Disco »Go in« auf. Schwabing-Mitte. Ein Schuppen unter vielen anderen.

Dabei wie betäubt, erschlafft, von diesen Geräuschkaskaden und etlichen Gläsern mit hochprozentigem Gin gleichsam seiner Sprache nahezu beraubt, starrte er dennoch ein weibliches Wesen an, das sich auf seinen Wunsch hin zu ihm gesetzt hatte. Für deren Vermittlung hatte ein Kellner zwanzig Mark kassiert.

Diese Disco-Dame war nunmehr in gelacktes Lila gehüllt. Vor einer Viertelstunde noch hatte sie sich in einem Solo auf der Tanzfläche produziert, und zwar in einem Striptease-Akt mit einem pechschwarzen Gummimann. Ihr Künstlername lautete »Desdemona«; und dem versuchte sie alle Ehre zu machen.

»Du interessierst dich für mich, hat man mir gesagt.«

Sie neigte sich Klinger zu, hauchte ihn mit heißem Atem an. »Habe ich dir gefallen? Na fein! Doch so was macht durstig! Was darf ich mir bestellen – Sekt?«

»Was immer du willst – von mir aus sogar Champagner.«

»Tatsächlich?« Desdemona reagierte hocherfreut. »Na, bestens! Freut mich, wenn ich dir gefallen habe.«

»Wir sind uns eben ähnlich, Mädchen. Wir üben artverwandte Berufe aus – wir entblößen uns, sobald das eben von uns verlangt, aber auch möglichst gut bezahlt wird. Du setzt deinen Hintern ein, der gewiß ganz prächtig ist – ich mein Hirn, mit dem sich auch bisweilen höchst Wirkungsvolles veranstalten läßt.«

»Hört sich verdammt interessant an«, versicherte ihm Desdemona, die erklärte Künstlerin. »Wenn dem so ist, könnte zwischen uns einiges laufen. Wobei aber bei mir ansonsten, mußt du wohl wissen, nicht gleich immer was zu machen ist. Ich bin da sehr wählerisch. Doch nicht unbedingt bei dir. Auf dich spricht meine Antenne an. Also kläre mich mal auf, womit ich dich erfreuen kann.«

»Fangen wir zunächst einmal ganz bescheiden an, Desdemona. Mit einer kleinen Auskunft. Du sollst, hat man mir gesagt, zum ständigen Freundeskreis von Carlos gehören. Doch eben mit dem würde ich mich nun gerne unterhalten. Kannst du mir flüstern, wo ich den erreichen kann?«

»Ausgerechnet der!« Desdemonas Stimme überschlug sich geradezu. »Der ist ein Kerl, um den man einen möglichst großen Bogen machen muß!«

»Tatsächlich? Aber wieso? Wirklich. Das mußt du mir erklären. Wobei ich dir darüber hinaus noch dankbar wäre, wenn dir einfallen sollte, wie und wo ich, noch heute nacht, unseren Carlos erreichen könnte.«

Auskünfte, die dann Klinger auch erhielt – bei einer weiteren zweiten Flasche Champagner. Wobei dann allerdings Carlos unter der von Desdemona angegebenen Adresse nicht anzutreffen war.

»Der hat sich offenbar von dort verpißt«, stellte sie fest. »Der streunt herum wie ein räudiger Hund. Doch irgendwo werden wir den schon finden.«

Die dritte Position dieser Vorgänge: Stemmer begab sich zu Ingrid Reiner, seiner noch »derzeitig« genannten Lebensgefährtin; manchmal auch nur als »Freundin« bezeichnet, was sie gar nicht gerne hörte.

Bei ihr angekommen, versicherte er übergangslos: »Ich, mußt du wissen, liebe dich sehr.«

Und Ingrid erwiderte unverzüglich: »Ich dich auch.«

Ein Bekenntnis, das Stemmer gewiß nicht zum ersten Mal hörte, nun aber mit besonderem Wohlgefallen vernahm. »So ist es! Und so soll es auch bleiben. Denn schließlich bist du die einzige für mich in Frage kommende Frau, nach der ich ein Leben lang gesucht habe. Wir sollten nun nicht länger zögern, unsere Heirat endgültig zu beschließen. Um dein Einverständnis dazu bitte ich dich.«

»Aber ja, ja!« rief sie aus. »Danke, danke dir!« Sie schmiegte sich, wie in heftigem Verlangen, an ihn. Wie mit steter Bereitwilligkeit, sich über ihn fallen zu lassen, sich unter ihm auszubreiten – wie gerade gewünscht. »Meine Dankbarkeit ist grenzenlos. Für dich tue ich – einfach alles!«

»Wirklich alles, Ingrid?«

»Was immer du auch von mir verlangen solltest!«

»Auch wenn nun dazu ein totaler Abbruch aller Brücken zu deiner Vergangenheit gehören sollte – gehören muß?«

»Ich vermag nur noch an meine, an unsere gemeinsame Zukunft zu denken.«

»Bedingungslos?«

»Ja.«

»Und das auch im Hinblick auf Herbert Klinger?«

Ingrid vermochte nun klar zu erkennen, was hier von ihr verlangt wurde – eine eindeutige, endgültige Entscheidung. »Muß ich annehmen, daß er dich enttäuscht hat? Wenn er das getan, gewagt haben sollte, dann hat er damit auch mich enttäuscht. Dann ist er für mich erledigt – endgültig! Für alle Zeiten!

»Auch mit allen sich daraus möglicherweise ergebenden Konsequenzen?«

»Ja, Theodor – uneingeschränkt!«

Stemmers endlich erfolgtes Eheversprechen, dessen rechtsunverbindliche Eröffnung sie nicht zu durchschauen vermochte, machte sie dankbar, ihr Entgegenkommen kannte keine Grenzen. »Was auch immer du fordern wirst – ich werde es tun. Ich bin allein für dich da – niemand anderer zählt sonst!« Was nun wohl unbezweifelbar besagte: auch ein Klinger nicht.

Ein Bekenntnis, das dann höchst eindeutige Folgen zeitigen sollte.

4. Position: Ramsauer suchte noch spät am Abend den in seinem Chefzimmer gedankenschwer vor sich hinbrütenden Warnemann auf.

Warnemann: »Ich muß Sie bitten, mein Lieber, sich kurz zu fassen. Denn so gerne ich Sie auch bei mir sehe, so habe ich doch, gleich heute noch, einer sehr persönlichen Verpflichtung nachzukommen.«

Ramsauer: »Ich gedachte lediglich, Ihnen mitzuteilen, daß alles einigermaßen nach Wunsch läuft. Wozu ich Ihnen aber noch zwei Anregungen vorzutragen beabsichtige.«

»Sie haben da so gut wie freie Hand, mein lieber Freund. Sollte Ihnen dazu noch etwas Besonderes eingefallen sein? Nur zu – ich höre!«

»Eine etwas nähere Beschäftigung mit der Person Klingers könnte nicht schaden. Da der offenbar selbst vor sehr persönlichen Verdächtigungen nicht zurückschreckt, sollten wir umgekehrt auch nicht zimperlich sein, also Gleiches mit Gleichem zu vergelten versuchen. So was fordert er doch geradezu heraus.«

»Läßt sich dabei irgend etwas wirksam Verwertbares herausfinden?«

»Eine ganze Menge! Klinger ist schließlich alles andere als ein unbeschriebenes Blatt. Ihm könnte, unter anderem, dies nachgewiesen werden: Zechprellerei, Beteiligung an Schlägereien, Umgang mit zwielichtigen Personen aus dem Dirnenmilieu, Bestechungen, denen er erlag, Erpressungsversuche, die er seinerseits unternahm.«

»Na – bestens! Klären Sie das genauestens ab – was sein muß, muß sein.«

»Bin bereits dabei, das zu tun, Herr Chefredakteur. Wobei ich dann noch herausgefunden habe, daß zwischen Klinger und dem sogenannten Carlos in diesem Fall fast so etwas wie eine Arbeitsgemeinschaft existiert hat. Was bei solchen Typen niemals ein Dauerzustand ist. Diesen Carlos kann man umpolen – in unsere Richtung hinein.«

»Ausgerechnet dieser Hurenkerl!«

»Der ist vielfach brauchbar. Der springt, wenn es sich für ihn lohnt, durch jeden Reifen. Das kostet zwar einiges, wird jedoch garantiert Erfolg erbringen. Soll ich mich dementsprechend engagieren? Reichen meine Vollmachten auch so weit? Ja? Gut, dann mache ich das.«

5. Position: Simone in der Wohnung von Warnemann – die ihr in allen Einzelheiten bekannt war. Inzwischen zeigte die Uhr Mitternacht.

Warnemann eröffnete diese Begegnung mit dem umarmungsbereiten Satz: »Du sollst wissen, Simone, daß ich dich stets geliebt habe. Allein dich. Das mag, zugegeben, nicht immer deutlich erkennbar gewesen sein – doch dem war, dem ist so.«

Simone, wenn auch zunächst noch auf Distanz bedacht, vernahm diese Erklärung nicht unwillig. »Dabei, so meinst du also, habe es Mißverständnisse gegeben?«

»Höchst unerfreuliche, gewiß nicht notwendige, von mir sehr zu bedauernde – dies gestehe ich ein.«

»Tatsächlich?« Simone war jetzt ganz Ohr.

»Aber ja, ja, gewiß doch!« versicherte ihr Warnemann,

nahezu bereit, mit ihr ins Bett zu gehen. Doch zunächst offerierte er Bier mit Sekt. Irgendwann einmal, vermochte er sich zu erinnern, hatte Simone behauptet, ihr munde diese Mischung – daß er sich das gemerkt hatte, demonstrierte er nun. Sie tranken davon; allerdings ohne sich zuzuprosten.

Dann setzte er sich neben sie aufs Sofa – in einiger Entfernung, die sich jedoch schnell, falls angebracht, überwinden ließ. »In einer ganz bestimmten Hinsicht, mußt du wohl wissen, werde ich immer wieder verkannt – auch von dir; was aber keinesfalls ein Vorwurf sein soll.«

»Du – und verkannt?«

»Aber ja, meine Liebe! So etwa bin ich keinesfalls, wie man mir nachzusagen versucht, irgendwie wahllos in meinen Beziehungen. Wohl komme ich, wie sich das eben so ganz zwangsläufig bei meinem Beruf ergibt, mit Dutzenden sogenannter ungewöhnlicher Frauen zusammen – aus jenen Kreisen, die sich hierorts als die große Gesellschaft betrachten. Doch inzwischen habe ich unschwer zu erkennen vermocht, daß es sich bei diesen Anwanzerinnen um enthemmte, prominentengeile Frauenzimmer handelt. Deren höchste Befriedigung besteht darin, in irgendeinem Boulevardblättchen namentlich genannt zu werden. Wie in Griffnähe angeblicher Größen. Einfach zum Kotzen!« Kleine Pause sodann, als müsse Warnemann seine Empörung abklingen lassen. »Doch allein du wolltest mir immer wahrhaft bedeutsam erscheinen.«

»Na – wie schön!«

»Doch dabei, meine Liebe, hat es wohl einige Verwirrungen und Irrtümer gegeben. Doch die dürfen nun nicht zählen. Denn nach allen meinen gewiß recht bitteren Erfahrungen muß ich nunmehr einsehen, bekennen: Du allein bist für mich die wahre, ganz große Erfüllung aller meiner Wunschträume, auch heimlicher, gewesen.«

»Nun ja – im Bett bin ich wohl nicht schlecht.«

»Einfach unvergleichbar, Simone. Für mich! Und genau

das ist es, was ich inzwischen herausgefunden habe. Jetzt würde ich sehr wünschen, dich darum bitten, wieder für mich da zu sein.«

»Nur so – gelegentlich mal? Oder solltest du dir, was ich sehr hoffe, ein wenig mehr darunter vorstellen?«

Warnemann holte tief Luft, um dann fast feierlich zu erklären: »Du hast dich, vor noch nicht allzu langer Zeit, als meine heimliche Verlobte gesehen. Ein Zustand, so schlage ich vor, den wir nun legalisieren sollten.«

»Auf Kosten von Klinger«, erkannte sie absolut richtig.

»Aufgrund unserer wiederentdeckten Liebe, unserer neugewonnenen Leidenschaft, Simone! Dabei darf und wird es keinerlei Hindernisse geben – wie ich dich, wie ich uns kenne. Beschlafen wir diesen Punkt?«

Was sie denn auch taten.

6. Position: Ramsauer bei Carlos – in der Schwabinger Kneipe »Die Feuerspritze«.

Ein gemütlich verkommener Schuppen. Durchzogen von süßlichen Zigarettenschwaden, dumpfem Biergestank, scharfen Körperausdünstungen. Geradezu hirnvernebelnd; von den Anwesenden jedoch, angenehm betäubt, genossen.

Als Carlos hier Ramsauer ansichtig wurde, zeigte er sich überaus belustigt. »Ausgerechnet du – ein christlich-konservativer Sittenwächter in diesem Sündenpfuhl! Was hat dich denn dazu veranlaßt, Mensch? Willst du hier irgend etwas ausmisten – oder jemanden anmisten?«

Ramsauer rümpfte unwillig die Nase. Ihn beherrschte das dringende Bedürfnis, diesen stinkenden Stall schnellstens wieder zu verlassen. Weswegen er unverzüglich zur Sache kam.

»Ich habe dir, Carlos, und zwar auf Anregung von Warnemann, ein Angebot zu unterbreiten, das du gewiß nicht ungerne hören wirst, wie ich dich kenne. Dabei handelt es sich um eine feste Anstellung bei unserem ›Kurier‹. Und zwar mit einem Fünfjahresvertrag – in einer finanziellen Größenordnung, die über das Gehalt eines normalen Redakteurs hinausgeht.«

»Das ist doch ein meilenweit stinkender Köder, Mensch!«

»Ein ganz konkretes Angebot! Den diesbezüglichen Vertrag habe ich mitgebracht. Der ist bereits, absolut rechtsverbindlich, unterzeichnet worden; und zwar gleich doppelt – einmal von Herausgeber Stemmer und dann auch noch von Chefredakteur Warnemann.« Dieses Papier legte Ramsauer vor. »Du brauchst nur noch gegenzuzeichnen.«

»Womit ich mich zu was verpflichte?«

Er habe lediglich, wurde ihm bedeutet, und zwar noch vor Inkrafttreten des vorliegenden Vertrages, eine schriftliche Erklärung abzugeben. Und zwar dahingehend: Er, also Karl Peter, genannt Carlos, wäre als neutraler Vermittler bei den Verhandlungen des Klingers mit dem vermutlichen DDR-Agenten Mauermeister anwesend gewesen. Und eben deshalb könne er bezeugen: Klinger wäre bereits damals schon bekannt gewesen, daß es sich in dem betreffenden Falle um zwei verschiedene Hagen gehandelt habe.

»Und das ist schon alles, was ich zu bezeugen habe?«

»Darauf würden wir Wert legen – das wäre ein gutes Fundament für unsere künftige Zusammenarbeit.«

»Mache ich, Mensch«, erklärte Carlos ohne Zögern. »Also her mit dieser wohl bereits vorbereiteten Erklärung. Und dann her mit dem Vertrag! Für Realitäten, die sich auszahlen, bin ich immer zu haben.«

7. Position: Stemmer besuchte Barbara Clemens – die allein, völlig vereinsamt wirkend, in ihrem leeren Theater hockte.

Sie hatte, wieder einmal mehr, einen »Reinfall« zu verkraften – ihr von Kritikern des zweiten oder dritten Grades bescheinigt. Um so erfreuter war sie über seinen Anblick. »Wie schön, Herr Stemmer, Sie zu sehen.«

»Ich komme als Freund, meine Liebe!« Er streckt ihr beide Hände entgegen. »Als vertrauensvoller Freund; der Ihnen gerne einige seiner Sorgen anvertrauen möchte.«

»Ich stehe Ihnen stets zur Verfügung, Herr Stemmer.«

»Wofür ich dir dankbar bin, Barbara. Und inzwischen bist du mir derart vertraut geworden, daß ich dich bitten möchte, meine Verehrteste, mich fortan mit ›du‹ anzureden. Ich heiße Theodor.«

»Das weiß ich, Theodor. Herzlichen Dank für dein Angebot – ich empfinde es als eine Auszeichnung. Auch als Verpflichtung. Falls es dich interessieren sollte, Theodor – derzeit existieren einige Nachwuchskräfte in meinem Theater, von denen zwei oder drei recht vielversprechend anmuten.«

»Danke«, sagte Stemmer, »danke dir sehr, meine Verehrte für dein aufmerksames Entgegenkommen. Doch im Verlaufe der Jahre – womit ich sagen will: Wir alle werden schließlich nicht jünger – stellen sich andere Bedürfnisse ein. Man strebt dann im Privatleben Harmonie und Beständigkeit an; die Jugendtorheiten sind ausgelebt. Du verstehst?«

»Gewiß doch.«

»Daß du mir etliche dieser schönen Torheiten ermöglicht hast, dafür bin ich dir dankbar – sehr. In der Gewißheit, daß du wohl so was niemals zu bereuen hattest, meine Liebe.«

»Bisher nicht, mein Lieber.«

»Auch in Zukunft nicht – wenn du nur willst. Denn ich bin durchaus bereit, deine großen, durchaus bedeutsamen künstlerischen Pläne nicht nur weiterhin zu fördern, sondern diese auch so gut wie vollkommen abzusichern.«

»Unter welchen Voraussetzungen, Theodor?«

Stemmer betrachtete den leeren Theaterraum mit verständnisvoller Nachsicht – sechzig Zuschauer hatten darin Platz; wenn dreißig bei einer Vorstellung oder Darbietung anwesend waren, galt das bereits als ein Erfolg. »Ich habe schon immer, Barbara, deine energiegeladene Ausdauer bewundert, die dir gegebene Entschlossenheit, dich für dein Werk einzusetzen. Doch inzwischen ist mir klar geworden, daß ein so hochkünstlerisch veranlagter Mensch wie du möglichst frei und unbehindert schaffen können muß. Er benötigt Sicherheit, Geborgenheit, ein so gut wie garantiertes finanzielles Fundament.«

Barbara blickte ihn verzückt an. »Und das, Theodor – glaubst du mir bieten zu können?'

»Für die Kunst, meine Liebe, muß man stets bereit sein, Opfer zu bringen. In diesem Fall könnte ich mir folgendes vorstellen: Ich lasse die Räumlichkeiten deines Theaters aufkaufen, ich übernehme das Eigentumsrecht daran, um sie dir dann mietfrei zur Verfügung zu stellen. Wobei dann noch ein monatlicher Zuschuß von einiger Größenordnung hinzukommen würde.«

Barbara Clemens vermochte schnell zu erkennen: Eine derartige Übereinkunft würde einen Stemmer persönlich so gut wie nichts kosten; derlei ließ sich vermutlich steuerlich voll abschreiben, sich irgendwo auf irgendeiner Verlustseite unterbringen. Für sie jedoch bedeutete dieses Entgegenkommen ein großes, einzigartiges, hochwillkommenes Geschenk. »Für wie lange – und in welcher Höhe?«

»Sagen wir – auf fünf Jahre. Dabei keinerlei Mietzahlungen; vielmehr zugleich ein monatlicher Zuschuß von mindestens eintausend Mark. Nun – ist das ein Angebot?«

Und ob das eins war! Barbara reagierte darauf zwar überaus dankbar, doch zugleich mit vorsichtigem Mißtrauen. »Aber das – zu welchen Bedingungen?«

»Zu keinerlei besonderen, meine Liebe! Als erklärter Förderer künstlerischen Schaffens gedenke ich dir, alle von mir angekündigten Vorteile zu garantieren. Irgendwelche Dankbarkeit erwarte ich nicht. Doch immerhin – auf ein gewisses Entgegenkommen deinerseits würde ich Wert legen.«

»Und wie könnte das aussehen?«

»Du brauchst mir lediglich einen Brief zu schreiben.«

»Hast du dessen Entwurf bereits mitgebracht?«

»Diesen auszuarbeiten überlasse ich dir, verehrte Barbara – ich erlaube mir, lediglich dazu eine Anregung zu geben. Etwa dahingehend: Du bestätigst mir, in freundlichen Worten, meine völlig vorbehaltlose Förderung deiner künstlerischen Unternehmungen. Aus rein idealistischen, allein an der Kunst orientierten Beweggründen. Bist du dazu bereit, Barbara?«

Sie war es! Der Name Klinger, der in dieser Sache die wohl wesentlichste Rolle spielte, war dabei nicht ein einziges Mal gefallen. Derlei war nun überflüssig geworden.

8. Position: Klinger bei Desdemona – in deren Wohnhöhle.

Dominierend darin ein Doppelbett, wüst zerwühlt. Ungespülte, klebrig wirkende Gläser standen umher. Kleidungsstücke lagen wahllos verstreut.

»Versuche ihn nochmals anzurufen«, forderte sie Klinger auf – womit er Carlos meinte. »Das ist verdammt wichtig, Mädchen.«

Diese grellblonde, überschminkte, reichlich strapaziert wirkende Desdemona hockte völlig entblößt auf der Bettkante. Dabei wählte sie etliche der in ihrem roten Registerbüchlein aufgezeichneten Nummern. Nach etwa einer halben Stunde hatte sie endlich Erfolg – Carlos meldete sich.

Und dem rief sie dann zu: »Bei mir befindet sich ein gewisser Herbert Klinger. Der sagt: du kennst ihn. Er will dich dringend sprechen.«

Desdemona horchte sodann, geradezu angestrengt, ins Telefon hinein. Um schließlich geradezu genüßlich zu fragen: »Und das, genau das, soll ich ihm sagen?« Was ihr offenbar bestätigt wurde. Denn sie äußerte: »Nun gut, wenn du darauf bestehst, dann sage ich es ihm – wortwörtlich.«

Desdemona warf den Telefonhörer voller Abscheu auf

die Gabel. »Der ist nun mal eine Drecksau sondergleichen! Aber habe ich dir das nicht gleich gesagt?«

»Was sollst du mir ausrichten?«

»Carlos läßt dir sagen: Derzeit könntest du ihn am Arsch lecken. Und was das zu bedeuten hat, weißt du – sagte er dann noch.«

Was das zu bedeuten hatte, wußte Klinger. Was er jedoch dabei nicht so recht wußte, war dies: Hatte er nun in ein heftiges Gelächter auszubrechen – oder das große Kotzen zu kriegen? Um derartige Anwandlungen schnellstens wirksam zu betäuben, griff er nach Desdemona.

Denn immerhin: Diese Nacht besaß noch fast sechs Stunden.

In den Vormittagsstunden des nächsten Tages gedachte Herbert Klinger jenes Verlagsgebäude zu betreten, in dem ein Schreibtisch für ihn bereitstand. Dies geschah dunkel entschlosen, lässig kampfbereit, jedoch nicht ganz ohne Hoffnung. Doch über den Portier dieses Hauses kam er nicht hinaus.

Dieser, ebenso wohlbeleibt wie würdevoll, stellte sich ihm in den Weg. Offenbar weisungsgemäß. Ein Untergebener, an den inzwischen Befehle gelangt waren – die zu befolgen waren.

Und der erklärte geradezu erzengelhaft: »Ich habe Ihnen mitzuteilen, Herr Klinger, daß für Sie das Betreten dieses Hauses verboten ist.«

»Soll das ein Witz sein, Mann?«

»Eine ganz verbindliche Anordnung, Herr Klinger, von ganz oben – der ich nachzukommen habe. Sehen Sie das bitte ein. Ich kann nicht anders handeln. Tut mir leid.«

Damit schienen, erkannte Klinger, alle Würfel in diesem Spiel gefallen zu sein. Offenbar glaubte man nun, ihn als alleinigen Sündenbock brandmarken zu können. Was zuzugeben, einzusehen, hinzunehmen er keinesfalls gewillt war.

3. Teil

DIE WAHRHEIT DER ANDEREN

Das unvermeidliche Finale

Die abschließenden Recherchen des Berichterstatters
dieser Vorgänge – des Rechtsanwaltes Konrad Dreher,
dem Herbert Klinger sein Manuskript »Das Hagen-
Komplott« – zwecks Verwertung – übergeben hatte.

1

Der Berichterstatter suchte den inzwischen zum Kriminaldirektor ernannten Kant im Polizeipräsidium auf. »Meinen
Glückwunsch zu Ihrer Beförderung«, begann er das Gespräch.

»Danke«, sagte der Polizeimann gelassen. »Eine Beförderung, die routinegemäß erfolgt ist – weiter nichts.«

»Darüber hinaus sind Sie als kommender Polizeipräsident stark im Gespräch. Ein Amt, das Ihnen wohl so gut wie
sicher ist. Zumal der Innenminister persönlich Ihren Namen bereits in der Öffentlichkeit genannt hat. Wobei dann
noch hinzukommt, daß Sie von der hier derzeit maßgeblichen Partei und von einem Großteil unserer Presse unterstützt werden.«

»Was mich freut, aber noch nichts Endgültiges besagt.
Bis sich die Dinge klären, ist noch Zeit; bis dahin kann im-
mer noch einiges geschehen.« Er blickte den ihm bekannten
Besucher aufmerksam an. »Doch ich nehme nicht an, Herr
Rechtsanwalt, daß Sie lediglich gekommen sind, um mir zu
gratulieren.«

»Zugegeben, dies ist nicht der Fall, Herr Kriminaldirektor.«

»Und warum sind Sie hier?« Diese Frage stellte der Poli-
zeigewaltige ungeniert, obgleich er genau wußte, was der

Rechtsanwalt von ihm wollte. Seine Taktik war unverändert wirkungsvoll: Feststellungen ließ er möglichst andere treffen; er selbst begnügte sich mit Fragen und unverfänglichen Sachauskünften.

»Wie Ihnen vermutlich bekannt sein dürfte, Herr Kriminaldirektor, vertrete ich hier ganz bestimmte Interessen – und zwar jene des Journalisten Klinger. Dieser hat mir ein höchst brisantes Manuskript übergeben – zwecks Betreuung und Verwertung. Und dies beschäftigt sich auch mit Ihnen.«

»Na – und wenn schon!« Kants gewachsene Überlegenheit wirkte völlig überzeugend. »Schließlich komme ich bereits, mit vollem Namen, in zwei Büchern vor – in einem Standardwerk über Todesermittlungen und in den Memoiren eines Mörders. In letzterem übrigens wenig schmeichelhaft.«

»Wogegen Sie vorgegangen sind?«

»Warum sollte ich?« Kant lachte kurz auf. »Ich habe schließlich andere Dinge zu tun, als meine Zeit damit zu vergeuden, irgendwelchen Meinungsmachern Material zu liefern, mit dem Sie dann womöglich hausieren gehen.«

»Trauen Sie das einem Klinger zu?«

»Ach, wissen Sie, mein lieber Herr Rechtsanwalt – als Klinger noch hier in dieser Stadt Journalist war, mußte man auf ihn achthaben. Und zwar ziemlich intensiv – eingedenk seiner fantasievollen Eigenwilligkeiten, seiner unverkennbaren Begabung, komplizierte Vorgänge verdeutlichen zu können. Damals wurden dessen Artikel noch von einigen hunderttausend Zeitungskonsumenten gelesen, wenn nicht gar verschlungen. Doch wer interessiert sich schon für irgendein Buch; auch wenn darin noch so sehr auf Skandal gemacht wird?«

»Was jedoch, Herr Kriminaldirektor, wenn es diesem Klinger gelungen sein sollte, eine ganze Menge neuer Beweise zu erbringen, diese akribisch zu belegen?«

»Keinesfalls im Hinblick auf mich!« Der kommende Polizeipräsident war sich da sehr sicher. »Denn ich pflege keine Briefe zu schreiben, keinerlei Kommentare abzugeben – nur gelegentlich pflege ich, für den Amtsgebrauch, wie man so sagt, einige Aktennotizen anzufertigen. Diese sind jedoch noch niemals über meinen Schreibtisch hinausgelangt.«

Der Berichterstatter mußte erneut registrieren, was ihm bereits als hinreichend bekannt war: Kant war geradezu ein Meister der totalen Absicherung. »Immerhin haben Sie mit Klinger etliche Gespräche geführt. Diese sind in dem Manuskript aufgezeichnet – nahezu wortwörtlich; als wären sie mitstenografiert worden. Zumindest sind sie eindrucksvoll rekonstruiert. Sollte Sie das gleichgültig lassen?«

»Völlig, verehrter Herr Rechtsanwalt!« Dieser Topkriminalist zeigte sich nunmehr leicht amüsiert. »Ich bitte Sie, mein Lieber – das waren Gespräche unter vier Augen. Mithin ohne jede rechtliche Beweiskraft. Klinger mag seine Ansichten darüber äußern – ich habe die meinigen. Nur eben, daß er die dabei einzuhaltenden Spielregeln nicht beachtet hat – was ihn disqualifiziert.«

»Ich werde sie einzuhalten wissen, Herr Kriminaldirektor.«

»Was meinen Sie damit?«

»Ich erhoffe eine Art interne Aufklärung – über die ich schweigen werde.«

Kant nickte zustimmend, ein wenig nachsichtig auch. »Nun gut – ich weiß Offenheit zu schätzen und bin gerne behilflich. Wobei ich Ihnen aber wohl nur das bestätigen kann, was Sie bereits wissen; was hier so gut wie jeder weiß, der die Funktionen der Machtapparate kennt. Bei diesen Vorgängen wurden, wieder einmal mehr, scheinbar günstige Gelegenheiten gewittert und beim Schopfe gepackt – einige wurden fertiggemacht, andere vorgeschoben, alte Rechnungen konnten beglichen werden, etliche neuere auch, weitere wurden aufgemacht. Wobei sich Klinger als ebenso bereitwilliger, durchaus einfallsreicher, schließlich aber wohl auch als reichlich fragwürdiger Zu- und Zwischenträger zu betätigen suchte.«

»Mithin, so meinen Sie: Er glaubte zu schieben – doch er wurde geschoben!«

»Wie auch immer Sie das bezeichnen zu belieben, was der auch immer geleistet oder eben sich geleistet hat – das habe und gedenke ich auch nicht zu beurteilen. Das hat mich nichts anzugehen. Ist das an erhoffter Aufklärung ausreichend?«

»Sie waren damals, nicht wahr, mit dem Mordfall Mauermeister beschäftigt?«

»Ein immer noch ungeklärter Fall«, sagte der Kriminaldirektor lässig. »Und das wird er vermutlich auch bleiben. Doch nicht ich persönlich, bitte achten Sie auch darauf, war mit diesem Fall beschäftigt, vielmehr eine der mir unterstellten Mordkommissionen. Hochqualifizierte Spezialisten, die vorbildliche Arbeit leisten, denen es sogar gelungen ist, eine geradezu stolze, nahezu neunzigprozentige Aufklärungsquote zu erreichen. Doch so ein Agentensumpf ist schwer zu durchdringen, da tun sich dschungelhafte Verhältnisse auf.«

»Zustände, die denn auch, meinen Sie, einem Klinger zum Verhängnis wurden?«

»Dieser wohl ebenso klägliche wie beklagenswerte Klinger!« rief Kant geradezu erheitert aus. »Ein reichlich kühnes Kerlchen! Durchaus als clever zu bezeichnen und als Journalist wahrlich nicht unbegabt. Doch diesen vielfach verflochtenen, eng ineinander geschachtelten Vorgängen war der einfach nicht gewachsen.«

»Immerhin – ein gewisser Mut darf ihm wohl kaum abgesprochen werden.«

»Nun gut – Sie nennn so etwas Mut. Ich jedenfalls würde das eher als Mutwilligkeit bezeichnen. Der hat sich offen-

bar für einen ganz schlauen Fuchs gehalten – doch aufgeführt hat er sich wie ein Elefant im Prozellanladen. Vermutlich gedachte er, einen mühevoll gepflegten Gesellschafts-
rasen freudig zu zerstampfen. Was aber dabei auf ihn so gut
wie zwangsläufig zukommen mußte, war von jedem Kenner der hiesigen Verhältnisse vorauszusehen. Warum eigentlich nicht auch von ihm – habe ich mich manchmal gefragt.«

»Klinger behauptet, glatt aufs Kreuz gelegt worden zu
sein?«

»Wenn das erfolgt sein sollte, dann hat er sich das selber
zuzuschreiben. Er vermochte offenbar seine Grenzen nicht
zu erkennen. Er wollte einfach nicht wahrhaben, daß er im
Grunde nichts weiter war als ein bezahlter Angestellter – jederzeit einzudämmen, auszuschalten, abzulösen, zu erset-
zen, zu erledigen. Was dann auch prompt erfolgt ist. Das alles jedoch, Herr Rechtsanwalt, bitte achten Sie darauf, habe
ich Ihnen unter vier Augen gesagt.«

»Das, Herr Kriminaldirektor, beachte ich«, wurde unverzüglich versichert. »Und wo, meinen Sie, traten damals
Klingers Fehler besonders in Erscheinung?«

»Wo – nicht! Er hat sich Entgleisungen geleistet, die als
geradezu fantastische Fehlleistungen angesehen werden
müssen. So etwa hat er geglaubt, ausgerechnet Chefredakteur Warnemann, einen Zeitungslöwen, der seinesgleichen
sucht, für einen leicht abzusägenden Trottel halten zu können. Zugleich brachte er es fertig, in seinem Herausgeber
Stemmer, der sich mit großer Geschicklichkeit ein Medien-
imperium von enormem Ausmaß aufgebaut hat, einen ver-
waschenen Weichling und hörigen Erotomanen zu sehen.
Und seinen Kollegen Carlos, diesen ausgewachsenen Alli-
gator im Großstadtsumpf, hat er für einen zünftigen Kum-
pel gehalten. Klinger ließ so gut wie nichts aus, um hier im
trüben Wasser nach möglichst stattlichen Fischen zu an-
geln, was ihm schlecht bekam.«

»Weil hier jeder seine Ruhe haben will!«

»Habe ich nicht gesagt.«

»Ich habe auch nichts derartiges gehört, Herr Kriminaldirektor.«

»Dieser einsame Wolfshund Klinger! Der hat damals im übrigen sogar versucht, auch mir – ausgerechnet mir! – die Würmer aus der Nase zu ziehen. Und das ziemlich ausgekocht hinterhältig; selbstverständlich vergebens.«

»Sollte das der wahre Grund sein, warum Sie ihm nicht behilflich sein wollen, diese Angelegenheit zu bereinigen?«

»Um hier noch mehr Dreck zu produzieren? Dieser Klinger hat sich selbst erledigt. Der hat sich in seiner eigenen Falle gefangen – *in einer Falle aus Papier.*«

2

Der Berichterstatter, Rechtsanwalt Konrad Dreher, versuchte nunmehr erneut ein Gespräch mit Heinz Heribert Hagen zu führen. Dabei war es, als pralle er gegen eine Betonmauer. Die Hagen betreuende Krankenpflegerin erklärte ihm barsch abweisend: »Völlig ausgeschlossen!«

»Ich würde Sie sehr bitten, eine diesbezügliche Entscheidung allein Herrn Hagen zu überlassen. Hier ist meine Karte, die ich ihm zu überreichen bitte. Wobei ich anrege, hinzuzufügen: Ich ersuche ihn abermals im Namen meines Mandanten, Herrn Klinger, aber auch in seinem eigenen Interesse, um eine kurze Unterredung.«

»Das, Herr Rechtsanwalt, läßt sich leider nicht machen. Diesbezüglich habe ich ganz eindeutige Weisungen. Herr Hagen ist für niemanden zu sprechen.«

»Entscheiden Sie das?«

»Das ist bereits entschieden worden«, wies sie ihn unnachsichtig ab. »Und zwar absolut verbindlich für jedermann. Entschieden von dem Herrn Hagen behandelnden Arzt sowie von dessen Rechtsberater. Ich habe eindeutige Anweisung, eventuelle Besucher zu bitten, sich an diese zu wenden.« Sie hielt ihm eine vervielfältigte Notiz hin, auf der zwei Adressen verzeichnet waren. »Nehmen Sie diese Anordnung, bitte, zur Kenntnis.«

Der Rechtsanwalt erkannte, daß sich dieses menschliche Betonhindernis nicht überrennen ließ. Er zog sich zurück – geradezu flüchtend – vor diesem Panzerwagen in Schwesterntracht. Als seinen nächsten Gesprächspartner suchte er sich Hagens Rechtsberater aus.

Dieser erwies sich als hochbegabter, überaus soigniert wirkender Herr mit schneeweißen Haaren, gletscherbleichen Augen, sanfter Bergpredigerstimme. Er empfing seinen Besucher unverzüglich mit würdig-höflichem Entgegenkommen, nahezu zeremoniös – wie dies wohl kaum mehr üblich war; lediglich noch in den Anfangsjahrzehnten dieses Jahrhunderts vorzustellen.

Dementsprechend wirkte auch seine Kanzlei. Sie befand sich in der Martiusstraße. Dort gediegenes, altfränkisches Mobiliar, hohe, mit Stuckornamenten verzierte Räume, von weißen Tüllgardinen verhangene Fenster. Doch hinter denen wurde die Kulisse eines Altschwabings sichtbar, das gerade noch erhalten geblieben war.

Mildverwaschenes Licht umfloß den einst international bekannten Experten des bürgerlichen Rechtes – Professor Doktor Josef Archibald Wollenschläger. Er hatte an der Münchner Universität Jura gelehrt, die Nazizeit ehrbar überstanden, war dann Senator geworden. 1970 hatte er, schon damals bereits hochbetagt, sein Hauptbüro am Karlsplatz seinen beiden Söhnen überlassen. Er selbst betreute lediglich noch eine erlesene Klientel; und zwar in Privatangelegenheiten: Brauereiinhaber, Hotelbesitzer, Bauunternehmer – ausgesuchte Politiker von Rang und Namen. Hagen gehörte dazu.

In seinen Räumen, in seiner Gegenwart, herrschte eine geradezu geruhsame Stille. Keine Schreibmaschinen ratterten, kein Telefongeklingel war zu vernehmen; lediglich ein älteres männliches Wesen ging in diesen überaus privat anmutenden Zimmern ein und aus, schien Bürovorsteher- und Bürodiener gleichzeitig zu sein.

Wollenschläger lächelte seinen Besucher an, dessen Bedeutung er offenbar kannte. »Was, bitte, verehrter Herr Kollege, kann ich für Sie tun?«

»Ich habe versucht, Herrn Hagen zu sprechen. Vergeblich. Dabei bin ich an Sie verwiesen worden.«

Prof. Dr. Wollenschläger zeigte sich alsogleich ungemein betrübt; nahezu feierlich faltete er die Hände. »Alles, was Herrn Hagen betrifft, und in diesen Tagen erst recht, bewegt mich ungemein – rein menschlich gesehen. Denn Herr Hagen ist nicht nur, nicht für mich, einer von meinen Mandanten, sondern auch mit mir befreundet. Doch nun ist der schwerstens erkrankt. Lebensgefährlich. Sie sehen mich äußerst besorgt.«

»Das habe ich nicht gewußt«, bekannte Konrad Dreher ehrlich bestürzt. Woraufhin er dann, ganz bemühter Rechtsanwalt, von seinem altehrwürdigen Kollegen wissen wollte: »Könnte es sich dabei um eine unmittelbare Folgeerscheinung jener scheußlichen Kampagne gegen Herrn Hagen handeln?«

»Nein. Das nicht. Bitte versuchen Sie das nicht so zu sehen.«

»Ist das Ihre persönliche Ansicht?«

»Keinesfalls, Herr Kollege. Ich spreche und handle im Namen und im Sinne meines langjährigen Mandanten und Freundes Heinz Heribert Hagen. Noch in den letzten Tagen vermochte ich intensive Gespräche mit ihm zu führen.«

»Auch im Hinblick auf das, was seiner lebensgefährlichen Erkrankung möglicherweise ganz direkt vorausgegangen war?«

»Was Sie offenbar nicht wissen, auch gar nicht wissen können, was vermutlich nur sehr wenigen Menschen bekannt geworden ist, gedenke ich Ihnen nunmehr vertraulich mitzuteilen: Mein lieber, verehrter Freund Hagen leidet schon seit längerer Zeit an erheblichen Herzstörungen – die inzwischen zweimal zu einem Infarkt geführt haben; anfällig ist er stets gewesen. Vor etwa drei Jahren hat er, im unmittelbaren Zusammenhang damit, eine heftige Lungenentzündung gerade noch überstanden.«

»Anfälligkeiten, welche durch die fürchterlichen Vorgänge in letzter Zeit beschleunigt worden sein könnten.«

»Bitte, keinerlei derartige Folgerungen, auch keine Andeutung davon, Herr Kollege. Denn die wären nicht in seinem Sinne. Daß dem so ist, weiß ich – ich kenne ihn, wie wohl niemand sonst. Und Heinz Heribert hat, bei meinem letzten Gespräch mit ihm, nicht den geringsten Zweifel daran gelassen, daß er unter keinen Umständen wünscht, daß diese, seine Krankheit irgend jemandem angelastet werden sollte; darf. Ich hoffe sehr, daß Sie diese, von Herrn Hagen verbindlich geäußerte Feststellung, zu beruhigen vermag.«

»Ist mit dessen Tod zu rechnen?«

»Das Unvermeidliche muß wohl angenommen werden.«

»Sind Sie als sein Testamentsvollstrecker eingesetzt?«

»Auch diese Bürde habe ich schweren Herzens übernommen. Eine Notwendigkeit, der ich mich nicht entziehen kann.«

»Aber noch ist er nicht tot.«

»Dennoch muß mit seinem Ableben jederzeit gerechnet werden. Leider Gottes! Also habe ich hier gar keine andere Wahl, als die notwendigen Vorbereitungen in dieser Hinsicht zu unternehmen. Zumal es sich schließlich bei einem Hagen nicht um irgend jemand handelt. So etwa hat mich bereits dessen Partei dahingehend verständigt, daß sie für ihn eine würdige Trauerfeier auszurichten wünscht. Etliche Nachrufe von öffentlichen Institutionen und gemeinnützigen Verbänden liegen mir bereits vor; mit der Bitte, für diese, falls notwendig, und möglichst im Sinne von Herrn Hagen, Korrekturvorschläge vorzubringen. Und die Kanzlei des Herrn Ministerpräsidenden hat mich wissen lassen, daß man dort ein Staatsbegräbnis in Erwägung zieht.«

»Und so was, glauben Sie, Herr Professor Wollenschläger, wäre eindeutig im Sinne von Herrn Hagen?«

»Nein! Das haben Sie sehr richtig erkannt. Diesbezüglich existieren völlig unmißverständliche Weisungen meines Freundes, denen ich auch nachzukommen gedenke. Doch nun sollten Sie mich nicht fragen, welche. Diese Ihnen mitzuteilen bin ich nicht befugt.«

»Das habe ich auch keinesfalls erwartet. Doch erlauben Sie mir nun, verehrter Herr Kollege, Ihnen zu eröffnen, daß ich Sie allein im Interesse meines Mandanten Herbert Klinger aufgesucht habe.«

»Herbert Klinger?« echote Wollenschläger unverändert höflich. Worauf er dann aus einem kleinen, wohlgeordneten Stapel Aktenstücke, die linkerhand auf seinem Schreibtisch lagen, mit sicherem Griff die dafür in Frage kommende Aktenmappe hervorzog.

»Also – was nun diesen Herrn Herbert Klinger betrifft«, sagte er sodann mit leiser Bestimmtheit, »auch diesbezüglich existieren ganz exakte Weisungen meines Mandanten. Dieser hat mir, vorgestern nacht, zwischen zwei Schwächeanfällen, diktiert; gründlich veranlagt und weitsichtig, wie er nun einmal ist. Eine Persönlichkeit seinesgleichen werden wir wohl kaum noch einmal erleben. Selbst so schwer gezeichnet, wie er ist, war er dennoch bemüht, in jeder erdenklichen Hinsicht klar geregelte Verhältnisse zu hinterlassen.«

»In welcher Weise, bitte – im Hinblick auf Herbert Klinger?«

»Absolut exakte Einzelheiten, Herr Kollege.« Wollenschläger blätterte mit wachsbleichen Händen in seinen schmalen, aber doch wohl gewichtigen Unterlagen. »Herr Hagen scheint offenbar für Herrn Klinger eine ganz besondere, von mir als ungewöhnlich zu bezeichnende Sympathie zu besitzen.«

»Und wie, bitte, äußert sich diese?«

»Auf sehr eindeutige Weise. Herr Hagen hat folgendes festgestellt: Er habe Verständnis für das, was Herr Klinger glaubte tun zu müssen. Und, was auch immer sich daraus ergeben haben sollte, möglicherweise jetzt noch ergeben werde, er, Hagen, wäre überzeugt davon, daß Herr Klinger bei seinen Unternehmungen niemals die Absicht gehabt habe, ihm, Hagen, irgendwelchen Schaden zuzufügen. Diese Feststellung habe ich als verbindlich hinzunehmen – und jedem, der sich dafür interessieren sollte, unmißverständlich kundzutun.«

»Und dies gilt selbst jetzt noch, da Ihr Freund, zugleich mit dem Versuch, ihn um seinen Ruf, sein Ansehen zu bringen, an den Rand des Todes geraten ist?«

»Erlauben Sie mir, diese Fragestellung als absolut unzutreffend zu bezeichnen, verehrter Kollege – und zwar, weil Herr Hagen persönlich keinesfalls wünscht, daß die von Ihnen immer wieder zur Sprache gebrachten Vorgänge in dieser Hinsicht gedeutet werden. Weder jetzt oder in Zukunft – also auch nicht nach seinem Tod.«

»Und – Sie bejahen diese Ansicht?«

»Aber selbstverständlich!« versicherte Wollenschläger fast feierlich. »Was dessen langjährigen labilen Gesundheitszustand anbelangt, Herr Kollege, habe ich Sie doch wohl hinreichend aufgeklärt. Und was diesen immer wieder behaupteten versuchten Rufmord betrifft, so ist doch inzwischen diese Angelegenheit für Herrn Hagen in aller Öffentlichkeit bereinigt worden. Ein bedauerliches Mißverständnis, ein fataler Irrtum – nichts anderes. Mithin für Herrn Hagen – erledigt. Schwamm drüber! Was sonst noch gewesen, sich ergeben haben mag – eine Kette fragwürdiger Faktoren, ein Zusammentreffen mehrerer ungünstiger Umstände, eine beklagenswerte Anhäufung von Fehlinformationen – jetzt unwichtig; von unserer Position aus.«

»Und nichts davon wäre Herrn Klinger anzulasten – meint Herr Hagen?«

»Herrn Klinger, dies wünscht Herr Hagen ausdrücklich festzustellen, trifft bei diesen Vorgängen, soweit sie seine Person berühren, keinerlei Schuld.«

Der Berichterstatter fühlte sich versucht, die lapidare Feststellung ›Scheiße‹ zu treffen, aber auch die Äußerung zu tun: ›Welch großer Mann!‹ Doch er blieb stumm. Perplex und nicht ohne Bewunderung blickte er den unverändert würdig vor ihm sitzenden Greis an.

Dieser erklärte nun, als gedenke er den Fall Hagen für diesen Besucher und dessen Klienten endgültig abzusegnen: »Damit wäre nun wohl das für Sie Wichtigste gesagt. Und ich nehme an, daß Sie genau das zu vernehmen gehofft haben. Doch vielleicht noch eine Kleinigkeit, verehrter Herr Kollege: Falls Ihr Mandant Herbert Klinger den Wunsch haben sollte, am Begräbnis des Herrn Hagen teilzunehmen, so würde ihm das selbstverständlich nicht verwehrt werden. Doch Sie sollten wissen und weiterleiten, daß lediglich eine Beerdigung im allerkleinsten Kreis vorgesehen ist. Sie werden sich denken können, weshalb.«

Das konnte sich Dreher sehr wohl denken. Seine Sprachlosigkeit hielt an. Schließlich stammelte er einige Dankesworte und entfernte sich, leicht benommen, wenngleich nicht unoptimistisch.

3

Karl ›Carlos‹ Peter in dieser Stadt aufzuspüren, war stets eine Art Abenteuer. Dieser pflegte hier ein Lokal nach dem anderen »abzugrasen« – Nacht für Nacht; um, wie er vorgab, die Sündenpfuhle dieses Gemeinwesens einigermaßen im Auge zu behalten. Möglichst zeilenschindend; Material sammelnd.

Diesmal wurde er – auf einen sachverständigen, gut bezahlten Tip von Ramsauer hin – in einem Lokal in der Nähe des Hauptbahnhofs angetroffen; mit Namen »Eldorado«. Eines jener im Halbdunkel glitzernden Etablissements, wie sie in unserer derzeitigen Treibhauskultur häufig anzutreffen sind; riechend nach Parfüm und Schweiß, Urin und Alkohol; schnell betäubend. Dort schien er sich sichtlich wohl zu fühlen, mochte er sich als Mittelpunkt wähnen.

»Sie stören mich hier, falls Sie mich durch irgendwelche Probleme anzuöden gedenken«, rief er dem um Berichterstattung bemühten Rechtsanwalt zu. »Falls Sie jedoch an meine Hilfsbereitschaft zu appellieren gedenken, sind Sie mir willkommen. In diesem Falle brauchen Sie lediglich zu sagen, womit ich Sie erfreuen kann. Doch umsonst, mein Lieber, sollten Sie wissen, ist nicht einmal der Tod!«

Carlos unterbreitete, ebenso gekonnt sachverständig, wie auch bemüht ablenkend, seine Angebote, schlug sie gleichsam auf wie einen Fächer. Hier, in dieser Gegend, erklärte er, ganz Fachmann, gäbe es die billigsten, gleichwohl besten Nutten in diesem Millionendorf – die wüßten noch, was solides Handwerk sei. Aber auch deren schärfste Konkurrenz, nymphomane Hausfrauen nämlich, seien diesbezüglich um Kunden bemüht – noch dazu besonders willig und preiswert. Des weiteren vermöge er Rauschgift-, Devisen- und Fahrzeugzwischenhändler zu vermitteln. Aber auch, falls gewünscht, Homosexuelle, trainiert auf zwei Spielarten, doch auch kombiniert – gleichfalls noch preisgünstig. »Also – auf welche Sorte von Dienstleistungen sind Sie scharf?«

»Ich gedenke lediglich«, sagte Dreher, »eine Frage an Sie zu richten.«

»Das jedoch ist bereits eine Frage zuviel.« Carlos reagierte hellhörig, wachsam, mit sicherem Instinkt. »Besonders dann, wenn, wie zu vermuten steht, diese Frage Klinger betrifft.«

»Dem Sie immerhin einiges zu verdanken haben.«

»Schwierigkeiten – nichts weiter.«

»Nicht etwa auch einen gar nicht unbedeutenden Anteil an gewissen, von den locker gemachten Schmiergeldern? Und haben Sie nicht dann noch seine Stellung beim Kurier übernommen – mit erhöhten Bezügen?«

»Mann – falls Sie etwa beabsichtigen sollten, mich zu erheitern, dann müssen Sie mir mit ganz anderen Dingen kommen; etwa mit Champagner. Aber doch nicht mit solchen Lächerlichkeiten! Von wegen Anteile an Schmiergeldern – können Sie das beweisen, haben Sie Quittungen? Haben Sie nicht. Na also! Und was die sogenannte Übernahme von dessen Stellung anbelangt: ein völlig normaler Vorgang! Der schied beim ›Kurier‹ aus, also mußte er dort ersetzt werden. Und zwar von dem besten Mann, der zu kriegen war – das war nun mal ich.«

»Sie vermögen nichts irgendwie Fragwürdiges dabei zu empfinden?«

»Warum sollte ich? Sind wir denn auf dem Mond? Wir sind in München, Mann! Da weiß man noch wahre Werte zu schätzen – wer bezahlt, schafft an!«

»Klinger behauptet: Sie hätten ihn getäuscht!«

»Unsinn! Der hat mich *ent*täuscht; und noch etliche andere dazu. Etwa Simone, seinen Chefredakteur, sogar seinen Herausgeber; plus dessen Lebensgefährtin. Die alle gedachte wohl dieser verpißte Pinscher wie Figuren eines Schachspiels hin- und herzuschieben.«

»Doch immerhin – eine gewisse Bemühtheit werden selbst Sie ihm wohl kaum absprechen können.«

»Dem so was zuzugestehen, bin sogar ich versucht! Um jedoch zugleich festzustellen: Dieses Arschloch hat sich dabei geradezu idiotisch aufgeführt. Aber eben das hatte ich von dem nicht erwartet – den habe ich für reichlich clever gehalten. Von wegen! Der erwies sich als ein kläglicher Versager. Ist das deutlich genug?«

»Nein, noch nicht – nicht für mich«, bekannte der Rechtsanwalt. »Ich wäre Ihnen sehr dankbar, wenn Sie mich diesbezüglich noch ein wenig intensiver aufklären könnten.«

Nunmehr wurde Champagner bestellt. Und der schien hier stets für Carlos wie auf Abruf bereit zu stehen; bei einem noch halbwegs als normal zu bezeichnenden Preis. Denn eine Flasche davon kostete kaum das Doppelte von dem, was Großabnehmer dafür zu bezahlen hatten. Die Genußbereitschaft des Hinter- und Untergrundjournalisten schien grenzenlos zu sein. »Hierzu«, meinte er aufgekratzt, »schmeckt Kaviar besonders gut.« Er erhielt auch diesen vorgesetzt. Was ihn sichtlich befriedigte.

»Bei diesem Treiben«, sagte er sodann entgegenkommend, »sind erklärte Traumtänzer am Werk gewesen, sogenannte Weltbeglücker und Wahrheitsfinder – mit Klinger wie als Anführer. Wobei gerade der sich jedoch ganz entscheidende Fehler geleistet hat.«

»Welche?«

»Nun – Klinger muß doch schließlich genau gewußt haben, daß dieses von ihm entfesselte Spiel wahrlich nicht ungefährlich war. Mithin, glaubte ich, habe er sich weitgehend abgesichert. Von wegen! Der leistete sich einen Bockmist nach dem anderen. Wohl ließ er sich von diversen Miezen ausführlich informieren, doch ohne diese auch sofort schriftlich festzulegen. Der wußte genau, daß es in unserer Gesellschaft geradezu himmelwärts stinkt. Durchaus verwertbar, wenn man richtig vorgeht – was der aber nicht konnte. Doch damit nicht genug seiner leichtfertigen Dummheiten! Dieses Arschloch vermochte nicht einmal den wichtigsten Punkt bei dem Spektakel zu erkennen, diesen gebührend – vorausschauend zu berücksichtigen.«

»Sie meinen – Hagen?«

»Genau. Auf den kam es dabei in allererster Linie an! Mit ihm hätte Klinger, und zwar rechtzeitig vorher, alle Einzelheiten seiner Aktion genau absprechen, exakt absichern müssen – Punkt für Punkt, Zug um Zug. Dies habe ich denn auch, als dieser schäbige Anfänger seinen gigantischen Viehauftrieb versuchte, für absolut selbstverständlich gehalten. Aber nichts dergleichen! Klinger baute beharrlich an seinem Wolkenkratzer – auf Treibsand. Und mit soviel kläglicher Unzulänglichkeit will ich nichts zu tun haben.«

»Sie hatten aber damit zu tun – und zwar eine ganze Menge, Carlos. So etwa haben Sie die entscheidende Verbindung zu Mauermeister hergestellt. Und damit, gewiß sehr weitgehend, Einblick in das von diesem gelieferte Material gehabt.«

»Das sagen Sie!«

»Das behauptet Klinger!«

»Der kann von mir aus behaupten, wozu der nun noch lustig ist. Beweisen jedoch kann er nichts, nicht mir. Und Sie können das auch nicht, mein lieber Herr Rechtsanwalt. Damit sollten wir uns wohl abfinden – etwa bei einer weiteren Portion Kaviar und einer neuen Flasche Champagner.«

Carlos erhielt beides, was ihn ungemein anzuregen schien. Er machte den Vorschlag, zwei absolute, erprobt leistungsfähige Klassedamen an den Tisch zu bitten. Das allerdings wurde mit der Bemerkung abgelehnt: »Vielleicht später – nachdem wir uns noch ein wenig über Klinger unterhalten haben.«

»Über diese Null? Mann, der ist mir schließlich regelrecht auf die Nerven gegangen! Der hat nicht einmal bemerkt, daß ihn dieses grandiose Schlitzohr Warnemann regelrecht verbraten hat. Und das lediglich mit kleinen, doch höchst gewichtigen Korrekturen an Klingers Artikeln.«

»Vorsorglich? Instinktiv? Oder ganz bewußt?«

»Warnemann, da bin ich ziemlich sicher, vermochte eben zu erahnen, sogar zu erkennen, was da gespielt werden sollte. Seine diesbezügliche Vorsorge – oder eben Absicherungsmaßnahmen waren einfach genial. Als dann die Sache schief zu laufen drohte, konnte er geradezu ehrenhaft tönend erklären: In keinem Fall wäre in seiner Zeitung, dem ›Kurier‹, behauptet worden, daß jener in dem veröffentlichten Kriegsgerichtsurteil erwähnte Unteroffizier Hagen mit jenem namhaften Hagen in unserer Stadt identisch sei. Für dennoch entstandene, sehr zu beklagende Mißverständnisse könne er nicht verantwortlich gemacht werden – nicht er!«

»Sondern eben – Klinger.«

»Na – und wie! Dem wurde alles irgendwie Verwertbare angelastet. Den feuerten sie, kündigten ihm mithin fristlos, setzten Rechtsanwälte auf ihn an. Der mußte sich verkriechen – wie eine Maus!«

»Doch nun ist er wieder da. Und zwar mit einem Manuskript, das, wie Sie wohl sagen würden, nicht von schlechten Eltern ist.«

»Sollte dem tatsächlich so etwas zuzutrauen sein? Ich meine: eine überzeugende, durchschlagende, auch beweiskräftige Darstellung dieser Vorgänge?«

»Durchaus, Carlos. Falls es möglich sein sollte, die entscheidenden Einzelheiten dabei zu verdeutlichen, wirklich verwertbar zu machen. Wobei ich mir durchaus darüber im klaren bin, daß so etwas nicht gerade billig wäre. Doch ich könnte mir vorstellen, daß diesbezüglich gerade Sie, als Experte für derartige Korrekturen, sich vermutlich ganz bestimmte Größenordnungen errechnen könnten. Um nun ganz deutlich zu werden: Welch' eine Summe, glauben Sie, müßte dafür investiert werden?«

»Bei mir?« Carlos reagierte auf diese Anregung mit sichtlichem Vergnügen. »Also – nun mal ganz unter uns beiden
und Saufbrüdern gesagt, und das zunächst wohl rein theo-
retisch: Eine derartige Summe müßte das, was mir hier inzwischen an Honoraren garantiert worden ist, wesentlich
übersteigen. Wobei es sich, haben Sie wohl zu wissen, um
eine mir vertraglich zugesicherte Garantiesumme in dieser
Größenordnung handelt: zwölfmal viertausend Mark, was
achtundvierzigtausend Mark jährlich bedeutet – und das
mal fünf. Sollten Sie sich so was leisten können? Doch wohl
kaum! Falls dem aber so sein sollte – doch eben nur dann –
könnten Sie mit mir rechnen. Immer vorausgesetzt, ich erhalte den Betrag bar auf die Hand. Dann, aber eben nur
dann, wäre alles klar; kristallklar sozusagen.«

4

Der Berichterstatter dieser Vorgänge – ein immer noch bemühter, aber auch jetzt noch nicht voll überzeugter Anwalt
– ersuchte nunmehr, noch in derselben Nacht, den Herausgeber Theodor Stemmer um eine Unterredung. Und der
gab sich außerordentlich entgegenkommend. Er forderte
geradezu herzlich dazu auf, ihn in seiner prächtigen Stadtwohnung aufzusuchen.

Stemmer empfing seinen Besucher mit großer Willkom-
mensgeste. Und zwar gemeinsam mit Ingrid Reiner, seiner
nunmehr so gut wie offiziell anerkannten »Lebensgefährtin«. Sie hielten sich, ein Bild trauter Harmonie, bei den
Händen – idyllischer, in Gegenwart eines ihnen nicht privat
bekannten Dritten, ging es wohl nicht mehr.

Wobei Stemmer unverzüglich einladend-einleitend erklärte: »Sie kommen wegen dieser fatalen Vorgänge, die offenbar kein Ende nehmen wollen – wider jede Vernunft.

Wohl niemand, muß ich bekennen, bedauert das so sehr wie ich!«

»Vermutlich wollen Sie damit, und gewiß nicht zum ersten Mal, feststellen: Sie haben nichts von dem kommen sehen, was sich dann ereignet hat. Auch sind Sie daran völlig unbeteiligt. Nichts davon geht auf Ihre Anregung zurück.«

»Sie sagen es, Herr Rechtsanwalt. Ich muß als völlig ahnungslos gelten. Sprechen Sie mit Herrn Chefredakteur Warnemann – er wird es Ihnen bestätigen. Als dann jedoch diese fürchterlichen Verwirrungen erkennbar wurden, war ich zutiefst bestürzt. Was du mir gewiß bestätigen kannst, meine liebe Ingrid.«

»Voll und ganz!« äußerte Ingrid Reiner, wobei sie sich sogar, wie Geborgenheit suchend, an Stemmer schmiegte. »Auch ich habe mich einst versucht gefühlt, Herrn Klinger für einen guten, verläßlichen Freund zu halten; und Herr Stemmer hat in ihm einen seiner vorzüglichsten Mitarbeiter gesehen. Doch er hat uns, beide, maßlos enttäuscht.«

»Wobei dann noch hinzukommt . . .«, soufflierte Stemmer.

»Wobei dann noch hinzukommt«, spurte Ingrid augenblicklich, »daß für mich Herr Hagen eine außerordentliche, verehrenswerte Persönlichkeit gewesen ist.«

»Für mich ebenfalls!« tönte Stemmer. »Auch ich habe diesen großen alten Mann sehr verehrt.« Er zog Ingrid, soweit das überhaupt möglich war, noch enger an sich. »Wir beide hatten sogar in Erwägung gezogen, Herrn Hagen darum zu bitten, bei unserer vorgesehenen Eheschließung als Trauzeuge zu fungieren.«

»Herrn Klinger jedoch nicht?«

Sie starrten ihn unangenehm betroffen an – längere Zeit keines Wortes mächtig.

Stemmer fand sodann die Sprache wieder: »Kein anderer wie dieser Mensch hat mein Vertrauen jemals so schamlos mißbraucht!«

Ingrid sagte: »Was ich nur bestätigen kann! Leider.« Sie ließ Abscheu erkennen. »Er war ein bedenkenloser Ausnutzer! Er benutzte einfach alles und jeden, nutzte sogar herzliches, freundschaftliches Entgegenkommen aus, um damit persönlich Gewinne zu erzielen. Verbindungen, Freundschaften, Liebe – ja, sogar Liebe! – Es gab nichts, einfach gar nichts, was ihm heilig war.«

Stemmer nickte zustimmend, um sodann zu einer geradezu verständnisvollen Erklärung anzusetzen: »Im Grunde war er wohl nichts weiter als ein irregeleiterter Geist, wie es deren viele gibt in unserer Zeit – ein veränderungswütiger Aufbegehrer, ein sich selbst antreibender Revoluzzer, ein entfesselter Terrorist in internen Bereichen. Dies muß man gewiß bedauern; aber man sollte sich auch dazu durchringen, dafür ein gewisses Verständnis zu entwickeln.«

»Sagten Sie – *Verständnis?*«

»Sagte ich – und das trifft zu. Wohl mußte ich damals, notgedrungen, ein Exempel statuieren, reinen Tisch machen, den Alleinverantwortlichen zur Rechenschaft ziehen. Mithin Klinger. Das ist denn auch mit der unvermeidlich notwendigen Konsequenz geschehen.«

»Doch eben, wie Sie sagten – nicht ohne ein gewisses Verständnis.«

Stemmer überhörte die in diesen Worten möglicherweise mitschwingende Ironie – großzügig veranlagt, wie er nun einmal war. »Wohl mußte Klinger, nach derartig unschönen Vorgängen, in dieser Stadt als erledigt gelten – keine andere Zeitung nahm ihn hier mehr, schon gar nicht die ›Süddeutsche‹ oder der ›Merkur‹. Doch er war nun mal ein nicht unbegabter Journalist, der dazuhin etliche Jahre für uns gearbeitet hatte. Mithin durfte er nicht einfach fallengelassen werden – nicht auf die Dauer. In unserem Metier existiert nun mal ein gewisser Ehrenkodex.«

»Du«, hauchte Ingrid, »und dein nobles Wesen!«

»Meine Liebe, es gibt da gewisse verpflichtende Selbstverständlichkeiten in menschlichen Bereichen, denen ich mich noch niemals entzogen habe. Jedenfalls habe ich inzwischen einen mir befreundeten Herausgeber in Frankfurt gebeten, Klinger eine Chance zu geben. Was dann auch geschehen ist.«

»Doch mittlerweile«, sagte der Rechtsanwalt, »hat Klinger ein Buchmanuskript verfaßt – und mir dieses zwecks Verwertung übergeben. Dabei handelt es sich um eine Mischung aus Dokumentarmaterial und Erdichtetem – um einen Schlüsselroman, mithin – einen reichlich durchschaubaren im übrigen.«

»Das«, rief Ingrid Reiner erregt aus, »sieht ihm ähnlich. Er kennt eben keine Dankbarkeit!« Der wohl heftigen Versuchung, Klinger als »Charakterschwein« zu bezeichnen, erlag sie indes nicht.

Denn Stemmer streichelte beruhigend eine ihrer Hände. Wobei seine Aufmerksamkeit jedoch in allererster Linie dem Rechtsanwalt galt. Dessen krötenhafte Lauerstellung vermochte er absolut richtig zu deuten.

»Daß Klinger ein Manuskript über diese Vorgänge ausgekocht hat, und zwar aus seiner engen Sicht der Dinge, hat sich bereits intern herumgesprochen. Und das hat er also Ihnen übergeben?'

»Mir – als einem Spezialisten für Urheberrecht.«

»Einem recht bedeutsamen, erfolgreichen – bitte erlauben Sie mir diese Bemerkung, Herr Rechtsanwalt. Daran möchte ich aber auch die Feststellung knüpfen: Ich würde einen Fachmann wie Sie weit lieber an meiner Seite sehen – als in Konfrontation zu mir.«

»Was ich mir auch wünschen würde, Herr Stemmer. Doch in diesem Fall habe ich die Interessen meines Mandanten Klinger zu vertreten.«

»Gestatten Sie mir die Frage – wie, womit denn gedenkt dieser Sie, einen Mann von erheblicher Größenordnung zu honorieren?« Ohne eine Antwort darauf zu erwarten, fuhr

Stemmer fort: »Offenbar geschieht das auf sogenannter Erfolgsbasis. Mithin gehört auch zu Ihren Aufgaben, dieses Manuskript zu verkaufen, um dann den für Sie vereinbarten Anteil kassieren zu können.«

»Das ist nicht unüblich.«

»Absolut berechtigt!« stimmte Stemmer unverzüglich zu. »Da ist Ihnen also nun ein gewisses Objekt treuhänderisch übergeben worden; auch zwecks Verkaufs. Und das gedenken Sie dann an den Meistbietenden zu veräußern. Richtig so?«

»Sehr richtig.«

»Mithin also auch – an mich? Falls ich dabei der Meistbietende sein sollte?«

»Eine Erkenntnis, die ich nicht als unzutreffend bezeichnen kann. Allein auf den Betrag würde es dabei ankommen.«

»Könnten Sie es mir ermöglichen, einen Einblick in dieses Manuskript zu nehmen – in die Originalfassung davon?«

Der Rechtsanwalt reagierte absolut gelassen, schien auf eine solche Situation vorbereitet. »Einen Durchschlag davon habe ich vorsorglich mitgebracht – es existieren noch zwei weitere. Jedenfalls übergebe ich Ihnen diese Kopie des Originals gerne. Wobei ich Ihnen allerdings wohl kaum ›gute Lektüre‹ wünschen kann; zugleich hoffe ich auf ein alsbaldiges Ergebnis. Wenn möglich – gleich in den nächsten Tagen.«

5

Im Morgengrauen – mithin während jener Zeitspanne, in der die meisten Todkranken dieses Leben verlassen – starb Heinz Heribert Hagen. Der sogenannte große, alte Mann in dieser Stadt war nicht mehr. Eine Symbolfigur deutscher Nachkriegszeit hatte nun – auch körperlich – aufgehört zu existieren.

Es stellte sich heraus, daß er am Abend zuvor, entgegen der ausdrücklichen Weisung seines Arztes, eine Flasche Rotwein getrunken hatte – einen erlesenen *Chianti Classico;* das Abschiedsgeschenk eines italienischen Freundes, das dieser ihm bei seiner letzten Reise, die ihn noch einmal Florenz sehen ließ, überreicht hatte. Danach war er eingeschlafen. Um niemals wieder aufzuwachen.

Die für ihn engagierte Krankenpflegerin, bereits für zwei Wochen im voraus bezahlt, versorgte die Leiche mit sachlicher Verläßlichkeit. Sie schloß Hagens weit offene Augen, band dessen Kinn fest, versah ihn mit frischer Wäsche und verständigte den Arzt, der ihn behandelt hatte. Dieser erschien und stellte fest: Tod durch Herzversagen.

Darüber hinaus wurde Hagens Rechtsberater unterrichtet, Professor Doktor Wollenschläger. Dieser verweilte längere Zeit schweigend am Totenbett seines Freundes und Mandanten. Daraufhin verständigte er einen seiner Söhne und übergab diesem, für dessen Kanzlei, die Weisung, das nun unvermeidbar Notwendige abzuwickeln, und zwar mit den einleitenden Worten: »Höchste Vertraulichkeit, bitte!«

Danach erfolgten seine weiteren diesbezüglichen Anordnungen: »Ein würdiges, doch mit großer Diskretion durchzuführendes Begräbnis ist vorzubereiten. Dabei haben keine Benachrichtigungen, keine Einladungen, keinerlei Auskünfte zu erfolgen. Falls jedoch letztere gewünscht werden sollten, werden derartige unwillkommene Interessenten gebeten, sich direkt an mich zu wenden.«

Denn im Testament des Heinz Heribert Hagen, dessen Inhalt seinem Rechtsanwalt Wollenschläger genauestens bekannt war und das sich in seinem Panzerschrank befand, war folgende Bestimmung nachzulesen:

»Mein Ableben ist der Öffentlichkeit zunächst nicht zur

Kenntnis zu geben. Mein Begräbnis hat im allerkleinsten, privatesten Kreis stattzufinden; also ohne jede Beteiligung von Verbänden, Organisationen, Parteien. Ausnahmslos. Das dabei unvermeidbar erscheinende Zeremoniell ist auf ein Mindestmaß zu beschränken. Vor allen Dingen aber wird darum gebeten, daß keinerlei Reden gehalten werden. Erst nachdem die Grablegung erfolgt ist, könnte eine Bekanntmachung für die Öffentlichkeit erfolgen, die jedoch lediglich das Ableben zur Kenntnis bringt, versehen mit Datum und Ortsangabe. Mehr nicht.«

Ein testamentarischer Wunsch, dem selbstverständlich entsprochen werden mußte. Wobei allerdings diverse Unterrichtungen dennoch so gut wie unvermeidbar waren. So mußten etwa verständigt werden: Hagens Partei, diverse Verbände und Unternehmen, deren Vorstandsmitglied er war; auch der Senat. Das allerdings geschah jedesmal mit der verbindlichen fordernden Bemerkung: »Es wird gebeten, von Beileidsbekundungen jeder Art abzusehen. Entsprechend dem ausdrücklichen Wunsch des Verstorbenen.«

Hagen wurde in der Aussegnungshalle des Nordfriedhofs aufgebahrt – und von dort aus begraben. Ohne daß dabei viele Worte gemacht wurden, was an sich schon eine gewisse Feierlichkeit erzeugte. Und wunschgemäß blieben auch die Trauernden auf einen kleinen Kreis beschränkt.

An deren Spitze schritt Hagens Rechtsanwalt Wollenschläger, eingerahmt von seinen beiden Söhnen – würdig, weißhaarig, mit tief gezogenem Hut. Sodann folgte dessen Arzt, bewegt und beherrscht zugleich; begleitet von der Krankenpflegerin. Letztere hatte nahezu einen vollen Stundenlohn in Blumen investiert – die sie grabwärts zu werfen entschlossen schien.

Hagens langjährige Wirtschafterin, Frau Brasch, trug einen steifen, graugrün-fahlen Efeukranz vor sich her, von dem sie sich nicht trennen zu können schien. Sie zerfledderte ihn zwischen ihren bebenden Fingern. Ihr Gesicht war wie von Tränen überströmt.

Dennoch mutete das alles irgendwie von feierlicher Harmonie getragen an; sanft beglänzt von zartem, durch Gewitterwolken schimmerndem Sonnenlicht. Die Menschen an diesem bescheidenen Reihengrab schienen nicht unerlöst auf den Sarg zu blicken.

Ein wenig abseits davon hielt sich Kriminaldirektor Kant auf. Er war in dunkler Kleidung erschienen und wirkte merkwürdig streng; einem Buchhalter bei der Kassenprüfung nicht unähnlich. Ein wenig hinter ihm, wie seine Nähe suchend, befand sich Herbert Klinger. Doch es war, als hätten sie sich noch niemals vorher gesehen.

Drei Mammutkränze, schaufelräderartig groß, von dezent-aufdringlicher Pracht, dominierten an der Grabstelle. Einer stammte von Stemmer: »Hyänen wittern alles!« hatte einstmals Hagen von ihm gesagt. Auf samtartigen, überbreiten Schleifen in schwarz-rot-goldenen Farben stand in fetten, leuchtenden Silberbuchstaben zu lesen: »Unvergessen!« Den Kranz daneben hatte der Senat antransportieren und mit den Worten versehen lassen: »Dank für alles.« Der dritte Grabschmuck stammte von Hagens Partei und trug den Satz: »Du unser Vorbild!«

Der Sarg des Heinz Heribert Hagen wurde kunstgerecht in die Grube gehievt. Ein Geistlicher murmelte, wohltuend unverständlich, ein Gebet. Dumpf schlug sodann erste lehmige, klumpige Erde auf diesen Eichensarg der oberen mittleren Preisklasse.

Hagen hatte seine letzte Ruhe gefunden.

Die Teilnehmer dieser Aussegnung strebten geradezu fluchtartig auseinander.

Am Tage danach erschienen in diversen Zeitungen dieser Stadt höchst würdigende Artikel; im »Münchner Kurier« aber gleich ein wahrlich erhebend zu nennender »Nachruf«.

Diesen hatte der Chefredakteur des Blattes persönlich verfaßt – also Warnemann – und den dazuhin noch mit vollem Namen unterzeichnet. Tremolierend stellte er fest:

»Heinz Heribert Hagen hat uns verlassen. Das ist für uns alle ein Verlust ohnegleichen. Er hinterläßt eine große, durch niemanden auszufüllende Lücke. Wir haben seinen Hingang zutiefst zu bedauern, ja – unsagbar zu beklagen.«

Nach dererlei Ergüssen erfolgten, wenn auch mit behutsamer Vorsicht, einige einschränkende, recht hinterhältig formulierte Bedenken. Die jedoch waren lediglich einigermaßen erkennbar für jene, denen es noch gegeben ist, zwischen den Zeilen lesen zu können; wobei es sich um eine Gebrauchskunst handelt, in der man sich tagtäglich bei der Zeitungslektüre üben sollte.

»Heinz Heribert Hagen war ein unentwegt mahnender Mitmensch. Dabei konnte es nicht ausbleiben, daß er, gar nicht selten, als höchst unbequemes Element in Erscheinung zu treten schien, eine eigenwillige Außenseiterposition bezog. Dies jedoch ganz bewußt, wohl aus voller Überzeugung; was respektiert werden muß. Niemals darf ihm dabei sein guter Wille abgesprochen werden. Selbst ein Recht auf Irrtum ist auch ihm, wie jedem Menschen, zuzugestehen.«

Was wohl deutlich genug war – zumindest für jene, die noch den Verlauf der scheinbar alltäglichen Dinge zu durchschauen vermochten; auf die anderen kam es ohnehin nicht an. Hagen war damit am Boden zerstört worden; nun so gut wie nicht mehr vorhanden. Um so leichter ließen sich Ehrenkränze für ihn winden.

»Wir haben Heinz Heribert Hagen dennoch stets hochgeschätzt, ihn ungemein verehrt, ihm vorbehaltlos jene Zuneigung entgegengebracht, die er gewiß verdiente. Für uns ist dieser Mann zu einem tragenden Symbol unserer deutschen Demokratie geworden. Wir verneigen uns vor ihm in Dankbarkeit und Ehrfurcht.

Heinz Heribert Hagen hat sich um unser Vaterland verdient gemacht!«

6

Der Berichterstatter dieser Vorgänge suchte wenige Tage danach seinen Mandanten Herbert Klinger in dessen Frankfurter Mietwohnung auf. Dort ein zerschlissener Teppichboden, schmuddelig wirkende Tapeten, grellbunte Vorhänge, die in Fetzen herabhingen. Toilettengerüche mischten sich mit Schweißausdünstungen und dem Duft von Bratkartoffeln.

»Lassen Sie sich von so etwas nicht stören«, erklärte Klinger seinem Besucher ungeniert. »Meine Bruchbude in München ist nicht viel anders gewesen. So vegetieren nun mal wir niederen Zeitungsleute ohne Berufsbeamtenambitionen dahin – wie die Würmer im Dreck. Gebrauchstypen wie ich pflegen in schäbigen Redaktionen zu arbeiten; wir fressen und saufen uns durch diverse Lokale hindurch, schlafen zumeist bei Freundinnen. In diesem Scheißstall, meiner sogenannten Wohnung, nicht wie eine polizeilich begrüßte feste Adresse, wechsele ich lediglich meine Unterwäsche.«

»Eine Lebensform allerdings, Herr Klinger, bei der Sie sich nicht sonderlich unwohl zu fühlen scheinen.«

»Das dürfen Sie durchaus so sehen, Herr Rechtsanwalt. Zumal mir Äußerlichkeiten, gleich welcher Art, schon immer ziemlich scheißegal gewesen sind. Wer sich bei unserem Job auf Samt und Seide zu betten gedenkt, ist nichts als ein armer Arsch mehr. Das glaube ich erkannt zu haben – und das erst recht nach Hagens Tod.«

»An dem Sie sich, irgendwie, mitschuldig fühlen?«

»Ja.«

»Nun gut, Sie mögen nicht ganz unschuldig daran gewesen sein. Doch immerhin steht so gut wie fest, daß Sie dessen Tod niemals auch nur in Erwägung gezogen haben. Den haben jedoch andere, und wohl ganz bewußt, in Kauf genommen.«

»Was meine Mitschuld daran weder vermindert, noch gar ausgelöscht hat!« stellte Klinger unbeirrbar fest. »Und eben deshalb, nachdem ich das erkannt habe, gefällt mir mein Manuskript jetzt nicht mehr – es widert mich geradezu an! Von mir aus können Sie mit diesen Lokuspapieren Ihren Kamin heizen – ich bin sicher, Sie haben einen.«

»Noch nicht. Aber, was nicht ist, kann noch werden.« Dreher ließ lächelndes Verständnis erkennen. »Doch immerhin, Herr Klinger, was Ihr Manuskript anbelangt, das Sie mir übergeben haben, so kann ich dazu nur sagen: Es ist verwertbar.«

»Es ist stümperhaft, unvollkommen, unzulänglich!«

»Jedoch, wie gesagt, durchaus verwertbar.«

»Aber was soll jetzt noch eine derartige Veröffentlichung! Was ich damit erreichen wollte, war: Aufklärung, Verdeutlichung, Anklage! Kein Tod. Auch kein Nachruf auf einen Toten!«

»Versuchen Sie sich von einer derartigen Zwangsvorstellung zu lösen, Herr Klinger. Versuchen Sie das ganz real zu sehen. Dabei einmal dies: wir könnten Ihr Manuskript irgendeinem Verleger übergeben; was zu ermöglichen mir nicht sonderlich schwerfallen dürfte. Dann würde Ihr Buch garantiert erscheinen; aber eben als eines unter zehntausend anderen in jedem Jahr. Möglicherweise wird das dann von Kritikern, sogar Großkritikern besprochen, die nach Extremitäten geradezu gieren. Kann auch sein, daß sich danach Konsumenten einfinden; erfahrungsgemäß jedoch nur sehr wenige. Doch dabei sollten Sie auf die kalten Möglichkeiten achten. Auf Sie anschleichende Prozeßmanipulationen – etwa wegen Verleumdung, übler Nachrede, indirekter Erpressung und sonstigem mehr. Doch ich weiß, daß Sie darauf nicht scharf sind. Gar nicht sein dürfen. Weil Sie sich das eben nicht leisten können.«

»Wie habe ich also Ihre Andeutungen richtig zu verstehen?«

»Ich ziele dabei, um Ihre Interessen wirkungsvoll vertreten zu können, auf einen ganz anderen Abschluß der Dinge ab. Doch um diesen auch erreichen zu können, wäre es notwendig, daß Sie Ihre mir gegebene Vollmacht noch ein wenig erweitern.«

Eine entsprechende Erklärung war von Rechtsanwalt Dreher bereits vorbereitet worden. Diese legte er nun Herbert Klinger vor. Und dem war durchaus klar, was diese nunmehr »völlig uneingeschränkte Vollmacht« zu bedeuten habe.

Er unterschrieb sie dennoch.

Es steht dahin, wieviel gewisse einschlägige Personen, und nicht nur in den vergangenen Jahrzehnten, an dem verdient haben, was dann nicht veröffentlicht wurde. Derlei Praktiken sind nun einmal gang und gäbe.

Ein Stemmer jedenfalls vermochte das mühelos zu erkennen – zumal er, wahrlich nicht ungeschickt, darauf vorbereitet worden war. Als er nun von dem Berichterstatter erneut aufgesucht wurde, hob er das vor ihm liegende Klinger-Manuskript auf einer Handfläche wie auf einer Waagschale empor. »Muß denn das sein?«

»Dieses Erzeugnis, verehrter Herr Stemmer«, wurde ihm bereitwillig erklärt, »ist ein literarisches Produkt. Mithin ein Handelsobjekt – das seinen Preis hat. Was praktisch heißt: Dieses Manuskript steht zum Verkauf, läßt sich erwerben. Und zwar vom Höchstbietenden – wie gesagt.«

Stemmer winkte gelassen ab. Soviel an Deutlichkeit war bei einem Mann wie ihm wahrlich überflüssig. Er wollte lediglich wissen: »Wieviel?«

»Einhundertundfünfzigtausend D-Mark.«

»Zu viel – für ein derartiges Elaborat! Wobei ich jedoch zugebe, daß Ihr Honorar Ihren Bemühungen entsprechen muß. Ich bin bereit, Ihnen entgegenzukommen, wie Sie mir entgegengekommen sind. Ich bin sicher, wir werden eine brauchbare Lösung finden, uns auf einer akzeptablen Basis zu einigen.«

Bei dieser wohl wie abschließenden Unterredung war Ingrid Reiner nicht anwesend – mußte sie auch nicht sein. Sie hatte getan, was sie konnte; was von ihr verlangt worden war. Nun war sie so gut wie überflüssig; zumindest für dieses Spiel. Auch ihre ganz sicher geglaubte Ehe mußte ja nun nicht unbedingt gleich stattfinden – nicht bei den enormen Summen, um die es dabei ging.

»Ich pflege stets sehr praktisch zu denken, wie man weiß«, bestätigte sich Stemmer. »Aber wir beide, da bin ich nun sicher, werden eine angemessene Basis für unvermeidbare Bereinigungen finden.«

Sie einigten sich – nahezu mühelos. Was praktisch hieß: Einhunderttausend D-Mark wurden für das Manuskript veranschlagt – das jedoch bei einem Honoraranteil des Rechtsanwaltes, der dem eines Objektes von einhundertfünfzigtausend Mark entsprach. Zwei Drittel davon zahlbar durch den Mandanten, ein Drittel durch den Käufer.

Sie reichten sich die Hände. Der Vertrag wurde unterschrieben und mit zwei Barschecks besiegelt. Damit war das Klinger-Manuskript, genannt »Das Hagen-Komplott«, rechtlich voll abgesichert, in die Hände von Stemmer gelangt – mithin zum Eigentum seines Konzerns geworden.

Und eben jener Konzern war ein Großunternehmen, das mühelos Fehlinvestitionen von dieser Größenordnung verkraften konnte, die noch dazuhin steuerlich absetzbar waren. Doch entscheidend dabei war: Nunmehr konnte allein Stemmer darüber verfügen, also bestimmen, was mit diesem Manuskript zu geschehen hatte.

»Nur ein wenig Vernunft«, sagte dieser, gleichsam die Sache feierlich absegnend, »nur etwas gesunder Menschenverstand, Verständnis, Toleranz und ein ausgleichender Wille sind vonnöten, dann findet sich schon alles – zum guten Ende.«

Große Romane internationaler Bestsellerautoren im Heyne-Taschenbuch

Vicki Baum
Hotel Berlin
5194 / DM 4,80

C. C. Bergius
Oleander, Oleander
5594 / DM 8,80

Pearl S. Buck
Der Regenbogen
5462 / DM 4,80

Michael Burk
Ein Wunsch bleibt
immer
5602 / DM 6,80

Taylor Caldwell
Die Armaghs
5632 / DM 9,80

Alexandra Cordes
Und draußen sang
der Wind
5543 / DM 5,80

Utta Danella
Stella Termogen
5310 / DM 8,80

Marie Louise Fischer
Mit der Liebe spielt
man nicht
5508 / DM 4,80

Colin Forbes
Lawinenexpreß
5631 / DM 5,80

Hans Habe
Weg ins Dunkel
5577 / DM 5,80

Willi Heinrich
In einem Schloß
zu wohnen
5585 / DM 5,80

Victoria Holt
Die Rache der
Pharaonen
5317 / DM 5,80

Hans Hellmut Kirst
Der unheimliche
Freund
5525 / DM 5,80

*Wilhelm Heyne Verlag
München*

Heinz G. Konsalik
Das Doppelspiel
5621 / DM 6,80

Helen MacInnes
Die Falle des Jägers
5474 / DM 5,80

Alistair MacLean
Circus
5535 / DM 4,80

James A. Michener
Hawaii
5605 / DM 10,80

Sandra Paretti
Die Pächter der Erde
5257 / DM 7,80

Mario Puzo
Die dunkle Arena
5618 / DM 5,80

Frank G. Slaughter
Der Ruhm von morgen
5473 / DM 5,80

Leon Uris
Trinity
5480 / DM 8,80

Herman Wouk
Nie endet der Karneval
949 / DM 7,80

Frank Yerby
Spiel mir den Song
von der Liebe
5573 / DM 5,80

Weitere Titel von Hans Hellmut Kirst:

Ausverkauf der Helden
Roman. 450 Seiten

Generals-Affären
Roman. 379 Seiten

Hund mit Mann
Bericht über einen Freund.
Erzählung. 160 Seiten

Der Nachkriegssieger
Roman. 400 Seiten

08/15 in der Partei
Roman. 352 Seiten

C. Bertelsmann